微课版

21世纪实用礼仪系列教材

禮

第5版

大学生礼仪

金正昆 / 著

中国人民大学出版社
·北京·

目录

大·学·生·礼·仪

导论

目前，我国人民正在以习近平同志为核心的党中央领导下，齐心协力，以中国式现代化全面推进中华民族伟大复兴，为建设富强民主文明和谐美丽的社会主义现代化强国而奋斗。在此伟大进程中，随着我国社会主义物质文明建设的迅速发展，社会主义精神文明的建设也有了长足的进步。两个文明建设并重，必将极大地推进我国的社会主义现代化事业。

在社会主义精神文明的建设之中，讲文明、树新风是群众性社会主义精神文明建设的一项重要内容，目前已普遍赢得社会各界的重视、支持和参与。而在上述内容之中，规范礼仪、学习礼仪、应用礼仪，便是顺应民心、合乎民意的一大重点。在当前形势下，正如习近平同志所言："礼仪是宣示价值观、教化人民的有效方式"。

与此同时，社会主义市场经济的建设，极大地促进了人际交往。用现代人的眼光来看，人与人之间的交际应酬，不仅是一种出自本能的需要，而且是适应社会发展、个人进步的一种必不可少的途径。因为从某种意义上来说，交际实质上就是一种信息交流，而信息乃是现代社会上最为宝贵的资源。由此可见，具有较强的交际能力，是现代人立足于社会，并求得可持续发展的重要条件。其重要意义，绝对不在掌握外语、互联网、汽车驾驶等热门的专业技术之下。在此背景之下，作为交际之规的礼仪自然迅速升温，备受人们的青睐。规范礼仪、学习礼仪、应用礼仪，已经成为大势所趋、人心所向。

规范礼仪、学习礼仪、应用礼仪，必须首先从思想上、理论上解决下述九个方面的重要问题，唯有如此，才能更自觉、更准确、更全面地掌握礼仪，遵守礼仪。

一、礼仪的界定

要真正了解礼仪，有必要首先明确礼仪的基本含义。

在一般性的表述之中，与“礼”相关的词最常见的有三个，即礼仪、礼节、礼貌。在大多数情况下，它们是被视为一体并混合使用的。其实，从内涵上来看，三者不可简单地混为一谈。它们之间既有区别，又有联系。

礼貌，一般是指在人际交往中通过特定的言语、动作向交往对象所表示的谦虚和恭敬。它侧重于表现人的品质与素养，实际上是做人的一种基本要求。

礼节，通常是指人们在交际场合相互表示尊重、友好的惯用形式。它实际上是礼貌的具体表现方式。《礼记》曾明确指出：“礼节者，仁之貌也。”它与礼貌之间的相互关系是：没有礼节，就无所谓礼貌；有了礼貌，就必然需要具体的礼节。

礼仪，则是对礼节、仪式的统称。它是指在人际交往中，自始至终地以一定的、约定俗成的程序、方式来表现的律己、敬人的具体行为。显而易见，礼貌是礼仪的基础，礼节则是礼仪的基本组成部分。换言之，礼仪在层次上要高于礼貌、礼节，其内涵更深、更广。礼仪，实际上是由一系列具体的、表现礼貌的礼节所构成的。它不像礼节一样只是某一种具体做法，而是一个表示礼貌的系统而完整的过程。从本质上讲，三者所表现的都是对人的尊敬、友善。

有鉴于此，为了更完整、更准确地理解“礼”，采用礼仪这一概念来对其加以表述，是最为可行的。

站在不同的角度上，往往还可以对礼仪的概念做出种种殊途同归的界定。

从个人修养的角度来看，礼仪可以说是一个人的内在修养与素质的外在表现。也就是说，礼仪即教养、素质在一个人行为举止中的具体体现。

从道德的角度来看，“道德仁义，非礼不成”。礼仪可以被界定为为人处世的行为规范，或曰标准做法、行为准则。因此，2019 年 10 月 27 日中共中央、国务院印发的《新时代公民道德建设实施纲要》中明确地指出：“礼仪礼节是道德素养的体现，也是道德实践的载体。”

从交际的角度来看，礼仪可以说是人际交往中的一种通行的规则，也可以说是一种用以处理人际关系的交际方式或交际艺术。正是在此意义上，孟子明言：“礼，门也。”《礼记》上则说：“礼者，履此者也。”

从民俗的角度来看，礼仪既可以说是在人际交往中必须遵行的律己敬人的习惯形式，也可以说是在人际交往中约定俗成的示人以尊重、友好的习惯做法。此即所谓“礼出于俗，俗化为礼”。简言之，礼仪是待人接物的一种惯例；礼仪即“习惯法”。

从传播的角度来看，礼仪可以说是一种在人际交往中进行有效沟通的技巧。

从审美的角度来看，礼仪可以说是一种形式美。有道是“礼由心生”，它是人的心灵美的必然的外化。

了解上述各种对礼仪的诠释，可以进一步加深对礼仪的理解，并且更为准确地对礼仪进行把握。

礼仪的界定

二、礼仪的内容

从内容上讲，礼仪是由礼仪的主体、礼仪的客体、礼仪的媒体、礼仪的环境四项基本要素构成的。

礼仪的主体，指的是礼仪活动的操作者和实施者。它既可以是个人，也可以是组织。当礼仪活动规模较小、较为简单时，其主体通常是个人；当礼仪活动规模较大、较为复杂时，其主体通常则是组织。没有礼仪主体，礼仪活动就不可能进行，礼仪也就根本无从谈起。

礼仪的客体，又称礼仪的对象。从内涵上讲，它指的是礼仪活动的具体指向者和承受者。从外延上讲，它可以是人，也可以是物；可以是物质的，也可以是精神的；可以是具象的，也可以是抽象的；可以是有形的，也可以是无形的。没有礼仪客体，礼仪就失去了对象，就不成其为礼仪。礼仪的客体与礼仪的主体二者之间既对立，又相互依存，并且在一定条件下相互转化。

礼仪的媒体，指的是礼仪活动所依托的一定的媒介。进而言之，它实际上是礼仪内容与礼仪形式的统一性载体。任何礼仪都必须使用礼仪媒体，不使用礼仪媒体的礼仪不可能存在。礼仪的媒体，具体是由人体礼仪媒体、物体礼仪媒体、事体礼仪媒体等构成的。在具体操作礼仪时，这些不同的礼仪媒体往往是交叉、配合使用的。

礼仪的环境，指的是礼仪活动得以进行的特定的时空条件。大体说来，它可以分为礼仪的自然环境与礼仪的社会环境。礼仪的环境，通常制约着礼仪的实施。不仅实施何种礼仪由其决定，而且礼仪具体的实施方法也由其决定。

进而言之，由上述四项基本要素所构成的礼仪，依据其适用范围的不同，大致上可以分为政务礼仪、商务礼仪、服务礼仪、社交礼仪、国际礼仪等几个基本分支。

政务礼仪，亦称公务员礼仪，指公务员在执行国家公务时应当遵守的礼仪。

商务礼仪，主要是指公司、企业的从业人员以及其他一切从事经济活动的人士在经济往来中应当遵守的礼仪。

服务礼仪，指各类服务行业的从业人员在自己的工作岗位上应当遵守的礼仪。

社交礼仪，亦称交际礼仪，指社会各界人士在一般性的、日常性的交际应酬之中应当遵守的礼仪。

国际礼仪，亦称涉外礼仪，指人们在国际交往中同外国人打交道时应当遵守的礼仪。

在上述五个基本分支礼仪中，政务礼仪、商务礼仪、服务礼仪等，主要是按照行业划分的，并且是人们在其工作岗位上所应遵守的礼仪，故可称之为行业礼仪或职场礼仪。而社交礼仪、国际礼仪的划分，则主要以其交往范围为依据，所以二者均可以交往礼仪相称。

在实践中，礼仪因其具体适用对象有别，又有教师礼仪、幼儿礼仪、学生礼仪、青年礼仪、妇女礼仪、军人礼仪、警官礼仪、护士礼仪、公务员礼仪、外交官礼仪、乘务员礼仪、售货员礼仪、快递员礼仪等等之分。

上述几个基本分支，涉及人类交际活动的各个主要方面。因此，礼仪主要以这些方面构成自己的基本内容。

三、礼仪的归属

一般而言，礼仪主要以礼仪活动、礼仪规范、礼仪规律作为自己的研究对象。

总的说来，礼仪是一门人文应用科学。具体而言，礼仪的学科特点是：

首先，它是一门应用性学科。礼仪具有很强的实用性和可操作性。从某种意义上说，它实际上就是有关交往艺术的科学。

其次，它是一门实践性学科。与纯粹的理论演绎、概念探讨、逻辑抽象显然不同，礼仪来源于社会实践，并且直接服务于社会实践。它拒绝夸夸其谈，注重一切从实际出发，坚持实事求是。正因为如此，也有人称之为一门经验科学。

再次，它是一门普及性学科。在现实生活中，每个人都必须参加交际活动，每个人都希望自己的交际活动取得成功，而礼仪正是一门可将人们的交际活动导向成功的科学。由此可见，礼仪应当是一门人人必修的普及性学科。随着整个社会文明程度的提高，它必将进一步得到普及。

最后，它是一门综合性学科。不容置疑的是，礼仪是一门专门研究人的交际行为规范的科学。这是它有别于其他学科的主要标志。但是，它又广泛吸纳了其他许多学科的成果，用以充实、完善自身。在这个意义上，又可将它视为一门综合性学科。

作为一门综合性学科，礼仪与多门学科关系密切，其中尤其与法学、民俗学、传播学、美学、伦理学、心理学、社会学、公共关系学密不可分。

其一，礼仪与法学。法学，是以法及其一般规律为研究对象的学科。礼仪与法的关系一向密切，并合称“礼法”。二者的关系是：礼属于习惯法，同时它又与法的功能有别，正如司马迁所言：“夫礼禁未然之前，法施已然之后；法之所为用者易见，而礼之所为禁者难知。”

礼仪与其他学科的关系

其二，礼仪与民俗学。民俗学研究的是流传于民间的文化民俗事象。如前所述，礼仪与民俗的关系是：“礼出于俗，俗化为礼。”二者相互联系，相互影响，相互转化。正因为如此，礼仪有时又被称为“礼俗”。研究民俗学，将有助于进一步解释礼仪；学习礼仪，则将使人深入地理解民俗。

其三，礼仪与传播学。传播学研究的是信息传播的规律。运用传播学的观点来看待交际活动，它实际上是一种人际传播。礼仪与传播的关系是：礼仪活动通常与传播有关，传播学则是礼仪规范的一个重要的理论基础。交际即信息传播，传播制约着交际，传播力决定影响力与公信力，交际与传播密不可分，互相依存。

其四，礼仪与美学。美学研究的是美的一般规律。社会美是其研究的一个重要方面，而社会美又往往表现于人的交际活动之中。礼仪与美学的关系是：美即和谐，“有礼则雅”。符合礼仪的做法必然是美的，而美又是衡量礼仪是否完善的一大标尺。从某种意义上说，礼仪实际上是交际活动的一种形式美。

其五，礼仪与伦理学。伦理学研究的是道德问题。它是一门纯理论的学科。礼仪则是对伦理学研究成果的具体运用，它反映着社会的道德关系，体现着社会的道德标准。礼仪与伦理学的关系是：伦理学是礼仪的基础，而礼仪则是伦理学所提出的道德要求的具体表现形式。在人际交往中，讲礼仪就是讲规矩，讲礼仪就是讲道理。因此，讲道德就必须讲礼仪，而讲礼仪又反过来有助于讲道德。自古以来，中国人往往称礼仪为“礼义”，以强调其崇德尚义。正如《礼记》所言：“礼也者，义之实也”；“礼之所尊，尊其义也”。在交际实践中，有礼走遍天下。为人处世，既要以礼为先，更要以德为本；要时刻坚持明大德、守公德、严私德。

其六，礼仪与心理学。心理学所研究的是人的心理活动及其一般规律。礼仪与心理学的关系是：心理学是礼仪活动的一个基础。人是交际活动的主角，只有掌握人的心理活动，才能更好地理解人、尊重人，才能更好地运用礼仪。洞察人心、尊重人格，是礼仪与心理学共同的主旨。

其七，礼仪与社会学。社会学研究的是社会生活和社会行为。礼仪与社会学的关系是：交际活动是社会学的重要研究对象之一，而研究社会生活、社会行为的社会学所提供的一系列成果，则又必然有助于礼仪所关注的交际活动的成功。

其八，礼仪与公共关系学。公共关系学研究的是组织所面对的公众关系。礼仪与公共关系学的关系是：公共关系是交际活动中的每一位成功者必须妥善处理的，而礼仪则又是处理公共关系的一种重要的技术手段；公共关系重在塑造组织形象，而礼仪则意在维护组织中每一名成员的个人形象，后者是前者的重要组成部分。总之，礼仪与公共关系往往密不可分。

四、礼仪的扬弃

礼仪的科学体系，主要是在现代形成并得以逐步完善的。但是，这并不等于说它是无源之水、无本之木。没有对我国古代传统礼仪的继承和扬弃，实际上就不可能有我国的现代礼仪。在正确地传承我国古代传统礼仪的同时，还必须向国际礼仪学习，取人之长，补我之短。

我国自古就是一个闻名世界的礼义之邦。早在 3 000 多年前的西周初期，就由周公姬旦制礼，并已基本成型。到了春秋时期，更是由孔子集其大成，继续发扬光大。此后，由孔子所构建的礼仪体系一直影响中国社会长达 2 500 多年。

在中国古代，礼仪的含义十分广泛。一般而言，它至少有以下四种解释。

第一，它是一种包括政治、经济、文化、军事制度在内的典章制度。因此，被视为“国之基”“君之大柄”。左丘明就明确地提出“礼以体政”的主张，孔子则明言：“礼者何也？即事之治也。”

第二，它是一种做人的基本道德规范。孔子认为：“礼也者，理也”；对人必须“约之以礼”。孟子强调：“以礼存心”。荀子进一步指出：“礼者，养也”；“礼者，人道之极也”；“礼者，节之准也”。程颐明言：“礼者人之规范，守礼所以立身也。”他们都明确了礼仪在道德生活中的重要作用。《礼记》则更是强调：“凡人之所以为人者，礼义也。”

第三，它是个人及社会必须遵守的行为准则。在《说文解字》中，许慎的解释是：“礼者，履也。”孔子曾提出：“非礼勿视，非礼勿听，非礼勿言，非礼勿动。”在这里，他就将礼仪视为一种做人的行为规范。在著名的礼仪典籍《礼记》中则强调：“礼，不逾节，不侵侮，不好狎。”其含义，也是要求以礼仪来调节人际交往。

第四，它是各种正式的仪式。管仲曾说：“礼仪者，尊卑之仪表也”，“万物之程式也”，“故动有仪则令行”。由此可见，他所说的礼仪，主要就是指的仪式。

综上所述，我国古代礼仪的主旨是：明确地规定并严格地维护封建等级制度；强调并坚持人的等级差异。对于这一点，荀子早就讲得很明白：“礼者，贵贱有等，长幼有差，贫富轻重皆有称者也。”

如此看来，我国古代礼仪具有明显的两重性。一方面，它提出了礼仪的一些基本原则，制定了人际交往的行为规范，并且强调“礼之用，和为贵”，这些都是可以为现代礼仪所借鉴的。另一方面，它并不尊重人，而重在维护封建统治制度。这些糟粕，则必须为现代礼仪所否定。

从总体上讲，现代礼仪与我国古代礼仪主要存在三点差异：

其一，二者的基础不同。古代礼仪是以封建等级制度为基础的，现代礼仪虽承认身份差异，但更强调以人为本、人格平等、社会公平，并且以尊重人作为自己的立足点与出发点。

其二，二者的目标不同。古代礼仪以维护封建统治秩序为目的，而现代礼仪则重在追求人际交往的和谐与顺利。

其三，二者的范围不同。古代礼仪所讲究的是“礼不下庶人”，因而与平民百姓无关，而现代礼仪则适用于任何交际活动的参与者。

应当说，与古代礼仪相比，现代礼仪更关心的是人际交往的成功，因此其核心内容就是人际交往的行为规范，而不是像古代礼仪那样以自我约束为主。

在继承我国古代礼仪的精华的同时，现代礼仪也十分注意汲取各个国家的礼仪，特别是注重吸收目前通行的当代国际礼仪的长处，并且为我所用。

当代国际礼仪主要具有如下三个特点，它们与我国礼仪，尤其是我国古代传统礼仪具有显著的区别。

其一，国际礼仪强调个人至上。国际礼仪强调个人至上、个性自由，反对损害个人尊严，要求尊重个人隐私、维护人格自尊。这一点，贯彻在它的各个环节之中。

其二，国际礼仪强调女士优先。国际礼仪强调，在一切交际场合，不仅要讲究男女平等，反对性别歧视，而且更要讲究尊重女性、关心女性、体谅女性、帮助女性、照顾女性、保护女性，这就是所谓的女士优先。

其三，国际礼仪强调入乡随俗。国际礼仪适用于国际交往，尤其是跨国的双边性、多边性交往，因此有必要彼此尊重各自的风俗习惯，并且入乡随俗 。与此同时，国际礼仪还非常跨文化沟通，坚持求同存异，要使礼仪成为“一座桥”，而不可使之变成“一堵墙”。

与我国的现代礼仪相比，国际礼仪最大的不同，是其主要起源于西方，受西方文化影响较深；而我国的现代礼仪，则更多地出自本国的优秀传统文化与民族习俗。

有必要明确的是：一方面，我国的现代礼仪对于国际礼仪中一些适合我国国情、切实可行的原则可以借鉴。离开了这一点，就不可能有它在今日的发展。另一方面，对国际礼仪也没有必要全盘照抄照搬进来。只有在国际交往中，才有必要以国际礼仪约束自身。

江泽民同志曾经要求我们：“弘扬中国古代优良道德传统和革命道德传统，吸取人类一切优秀道德成就，努力建设人类先进的精神文明”。习近平同志则多次强调：“培育和弘扬社会主义核心价值观必须立足中华优秀传统文化。”与此同时，他亦曾指出：“文明因交流而多彩，文明因互鉴而丰富。”在探讨现代礼仪的扬弃问题时，也应该采取上述正确的态度。唯有如此，才能真正使我国的现代礼仪不但有所继承，而且会有所发展。

五、礼仪的特征

与其他学科相比，礼仪具有一些自身独具的特征。这主要表现在其规范性、限定性、操作性、传承性、时效性五个方面。

第一，规范性。孟子尝言："不以规矩，不能成方圆。"礼仪，指的就是人们在交际场合待人接物时必须遵守的行为规范。规范者，标准也。这种规范性，不仅约束着人们在一切交际场合的言谈话语、行为举止，使之合乎礼仪，而且也是人们在一切交际场合必须采用的一种"通用语言"，是衡量他人与判断自己是否自律、敬人的一种尺度。正如法国人拉罗什富科所言："在所有规范中，礼仪是最微小但又最稳定的一种规范。"总之，礼仪是约定俗成的一种自尊、敬人的惯用形式。因此，任何人要想在交际场合表现得合乎礼仪、彬彬有礼，都必须对礼仪无条件地加以遵守。另起炉灶、自搞一套，或是只遵守个人适应的部分，而不遵守自己不适应的部分，都难以为交往对象所接受和理解。

第二，限定性。礼仪，顾名思义，主要适用于交际场合，适用于普通情况之下的、一般的人际交往与应酬。在这个特定范围之内，礼仪肯定行之有效。离开了这个特定的范围，礼仪则未必适用。这就是礼仪的限定性特点。理解了这一特点，就不会把礼仪当成放之四海而皆准的规则，就不会在非交际场合拿礼仪去以不变应万变。必须明确，当所处场合不同、所具有的身份不同时，所要运用的礼仪往往会因此而各有不同，有时甚至还会差异很大。这一点，是不容忽视的。一般而论，适合应用礼仪的主要是初次交往、因公交往、对外交往等三种交际场合。

第三，操作性。切实有效，实用可行，规则简明，易学易会，便于操作，是礼仪的一大特征。它不是纸上谈兵、空洞无物、不着边际、故弄玄虚、夸夸其谈，而是既有总体上的礼仪原则、礼仪规范，又在具体的细节上以一系列的方式、方法，细致而周详地对礼仪原则、礼仪规范加以贯彻，把它们落到实处，使之"言之有物""行之有礼"，不尚空谈。礼仪的易记、易行，能够为其广觅知音，使其被人们广泛地运用于交际实践，并受到广大公众的认可；反过来，又进一步促使礼仪以简便易行、容易操作为第一要旨。

第四，传承性。任何国家的礼仪都具有自己鲜明的民族特色，任何国家的当代礼仪都是在本国古代礼仪的基础上发展起来的。离开了对本国、本民族既往礼仪成果的传承、扬弃，就不可能形成当代礼仪。这就是礼仪传承性的特定含义。与"成文法"相对应，礼仪本质上乃是一种约定俗成、沉淀传统的"习惯法"。作为一种人类文明的沉淀与积累，礼仪将人们在交际应酬之中的习惯做法固定下来，流传下去，并逐渐形成自己的民族特色，这不是一种短暂的社会现象，而且不会因为社会制度的更替而消失。对于既往的礼仪遗产，正确的态度不应当是食古不化、全盘沿用，而是应当有扬弃、有继承，更有发展。

第五，时效性。《礼记》指出："礼，时为大。"从本质上讲，礼仪可以说是一种社会历史发展的产物，并具有鲜明的时代特点。一方面，它是在人类长期的交际活动实践之中形成、发展、完善起来的，绝不可能凭空杜撰、一蹴而就，不可能完全脱离特定的历史背景。另一方面，社会的发展，历史的进步，以及众多社交活动的新特点、新问题的出现，又要求礼仪有所变化，有所进步，推陈出新，与时代同步，以适应新形势下新的要求。与此同时，随着世界经济的全球化倾向日益明显，各个国家、各个地区、各个民族之间的交往日益密切，它们的礼仪随之也不断地相互影响，相互渗透，不断地被赋予新的内容。这就使礼仪具有相对的时效性。了解了这一点，就不会把它看作一成不变的东西，而能够更好地以发展、变化的眼光去对待它；就不会对礼仪搞"教条主义"，使之一成不变，脱离生活，脱离时代。

六、礼仪的原则

在日常生活之中，学习、应用礼仪，有必要在宏观上掌握一些具有普遍性、共同性、指导性的礼仪规律。这些礼仪规律，即礼仪的原则。

礼仪的原则共有如下十项。它们同等重要，不可缺少。掌握这些原则，将有助于更好地学习礼仪、运用礼仪。

第一，遵守。在交际应酬之中，每一位参与者都必须自觉、自愿地遵守礼仪，以礼仪去规范自己在交际活动中的一言一行、一举一动。对于礼仪，不仅要学习、了解，而且更重要的是学了就要运用，要将其付诸个人社交实践。任何人，不论身份高低、职位大小、财富多寡，都有自觉遵守、应用礼仪的义务，否则就会受到公众的指责，交际就难以成功，这就是遵守的原则。离开了它，就谈不上礼仪的应用、推广。

第二，自律。从总体上来看，礼仪规范由对待个人的要求与对待他人的做法两大部分所构成。司马光说："礼莫大于分。"对待个人的要求，是礼仪的基础和出发点。学习、应用礼仪，最重要的就是要自我要求、自我约束、自我控制、自我对照、自我反省、自我检点，这就是所谓自律的原则。子曰："克己复礼"；"己所不欲，勿施于人"。若是没有对自己的严格要求，人前人后不一样，只求诸人，不求诸己，不讲慎独与克己，遵守礼仪就无从谈起，就是一种蒙骗他人的大话、假话、空话。

第三，敬人。孔子曾经对礼仪的基本理念有过高度的概括，据《孝经》记载，他说过："礼者，敬而已矣。"孟子亦云："有礼者敬人。"所谓敬人的原则，就是要求人们在交际活动中，与交往对象既要互谦互让，互尊互敬，友好相待，和睦共处，更要将对交往对象的重视、恭敬、友善放在第一位。在礼仪的两大构成部分中，有关对待他人的做法这一部分，比对待个人的要求更为重要，这一部分实际上是礼仪的重点与核心。而对待他人的诸多做法之中最重要的一点，就是要敬人之心常存，处处不可失敬于人，不可伤害他人的个人尊严，更不能侮辱对方的人格。掌握了这一点，就等于掌握了礼仪的灵魂。在人际交往中，只要不失敬于人，哪怕具体做法一时失当，也不能算是失礼。

第四，宽容。有道是："大德必宽。"《礼记》也曾倡导："慎静而尚宽。"宽容原则的基本含义，是要求人们在交际活动中运用礼仪时有容乃大。既要严于律己，更要宽以待人。要多容忍他人，多体谅他人，多理解他人，而千万不要求全责备，斤斤计较，过分苛求，咄咄逼人。在人际交往中，要容许他人拥有个人行动和独立进行自我判断的自由。礼仪的基本要求是尊重人。在人际交往中，尊重他人，实际上就是要尊重其个人选择。对不同于己、不同于众的行为耐心容忍，不必要求他人处处效法自身、与自己完全保持一致，实际上也是尊重对方的一种表现。

第五，平等。在具体运用礼仪时，允许因人而异，根据不同的交往对象，采取不同的具体方法。但是，与此同时必须强调指出：在礼仪的核心之点，即尊重交往对象、以礼相待这一点上，对任何交往对象都必须一视同仁，给予同等程度的礼遇。不允许因为交往对象彼此之间在年龄、性别、种族、地域、国别、性格、文化、职业、身份、地位、财富、健康以及与自己的关系亲疏远近等方面有所不同，就厚此薄彼、区别对待，给予不同待遇，这便是礼仪中平等原则的基本要求。

第六，从俗。由于国情、民族、文化背景的不同，在人际交往中，实际上存在着"十里不同风，百里不同俗"的局面。对这一客观现实要有正确的认识，不要自高自大、唯我独尊、以我画线，不宜简单否定其他人不同于己的做法。必要时，必须坚持入国问禁、入乡随俗、入门问讳，与绝大多数人的习惯做法保持一致，切勿目中无人、自以为是、指手画脚、随意批评，动辄否定其他人的习惯性做法。遵守从俗原则的规定，会使礼仪的应用更加得心应手，更加有助于人际交往。此即所谓"礼从宜，使从俗"。

第七，真诚。礼仪上所讲的真诚原则，就是要求在人际交往中运用礼仪时，务必待人以诚、诚心诚意、诚实无欺、言行一致、表里如一。只有如此，自己在运用礼仪时所表达的对交往对象的尊敬与友好，才会更好地为对方所理解和接受。与此相反，倘若仅把运用礼仪作为一种道具和伪装，在具体操作礼仪规范时，口是心非，言行不一，弄虚作假，投机取巧，或是当时一个样、事后另一个样，有求于人时一个样、为人所求时另外一个样，则有悖礼仪的基本宗旨。将礼仪等同于庸俗至极的“厚黑学”，肯定是行不通的。

第八，适度。适度的原则，是要求应用礼仪时，为了保证取得成效，必须注意技巧，合乎规范，特别要注意做到把握分寸、认真得体。这是因为凡事过犹不及，运用礼仪时假如做得过了头，或者做得不到位，都不能正确地表达自己的自律、敬人之意。当然，运用礼仪要真正做到恰到好处、恰如其分，只有勤学多练，积极实践，此外别无他途。

第九，沟通。在人际交往中，人们通常有接触才会了解，有了解才会交流，有交流才会沟通，有沟通才会互动。因此，可将沟通视为人际交往中人与人之间的互动之桥。在现代礼仪中，沟通的原则要求人们：在其人际交往中，既要了解交往对象，更要为交往对象所了解，并积极地推广自己，与交往对象彼此之间增进理解与共识。礼仪的主旨在于“尊重”。而欲尊重他人，就必须首先了解对方，并且令自己为对方所了解。只有这样，才能实现有效的沟通。

第十，互动。《礼记》曰：“往而不来非礼也，来而不往亦非礼也。”在人际交往中如欲取得成功，就必须无条件地遵守互动的原则。所谓“互动”，在此具体含义有二：一是要求人们在其交往中必须主动进行换位思考。换位思考的基本要求，就是人们必须善于体谅交往对象的感受。二是要求人们在其交往中时时处处努力做到“交往以对方为中心”。也就是说，不允许无条件地“以自我为中心”，更不允许凡事自以为是。具体运用礼仪时，互动的原则永远都不允许忽视。

七、礼仪的功能

读书是学习，使用也是学习，而且是更重要的学习；学习的目的在于运用。当前，礼仪之所以被提倡，之所以受到社会各界的普遍重视，主要是因为它具有多重重要的功能，既有助于个人，又有助于社会、有助于国家。

礼仪的功能之一，在于它有助于提高人们的自身修养。

在人际交往中，礼仪往往是衡量一个人文明程度的准绳。它不仅反映着一个人的交际技巧与应变能力，而且反映着一个人的气质风度、阅历见识、道德情操、精神风貌。因此，在这个意义上，完全可以说礼仪即道德、即教养。而有道德才能高尚，有教养才能文明。这也就是说，通过一个人对礼仪运用的程度，可以察知其教养的高低、文明的程度和道德的水准。由此可见，学习礼仪、运用礼仪，有助于提高个人的修养，有助于“用高尚的精神塑造人”，真正提高个人的文明程度。

礼仪的功能之二，在于它有助于人们美化自身、美化生活、美化社会、美化祖国。

个人形象，是一个人仪容、表情、举止、服饰、谈吐、教养的集合，而礼仪在上述诸方面都有自己详尽的规范。《易经》有言："君子以非礼弗履。"因此学习礼仪，运用礼仪，无疑将有益于人们更好地、更规范地设计个人形象、维护个人形象，更好地、更充分地展示个人良好的教养与优雅的风度，这种礼仪美化自身的功能，任何人都难以否定。当个人重视了美化自身、大家个个以礼待人时，人际关系将更加和睦，生活将更加温馨，社会将更加和谐，祖国将更加美丽。那时，美化自身便会发展为美化生活、美化社会、美化祖国；在国际交往中，亦将有助于中国人更好地、言行一致地"讲好中国故事，传播好中国声音"。这也是礼仪的运用所发挥的作用。

礼仪的功能之三，在于它有助于促进人们的社会交往，完善人们的人际关系。

古人云："世事洞明皆学问，人情练达即文章。"这句话，讲的其实就是交际的重要性。《素书》上说："礼者，人之所履。"《礼记》上则有言："礼也者，报也。"在人际交往中，礼仪属于与他人良性互动的艺术。一个人只要同其他人打交道，就不能不讲究礼仪。运用礼仪，除了可以使个人在交际活动中充满自信、胸有成竹、处变不惊之外，其最大的好处就在于能够帮助人们规范彼此之间的交际活动，更好地向交往对象表达自己的尊重、敬佩、友好与善意，增进大家彼此之间的了解与信任。假如人皆如此，时时、处处、事事如此，长此以往，必将促进社会交往的进一步发展，帮助人们更好地取得交际成功，进而造就和谐、完美的人际关系，取得事业的成功。

礼仪的功能之四，在于它有助于净化社会风气，推进社会主义精神文明的建设。

礼仪的本质，是令人向美、向善、向上，是用以提升个人素质的。学礼、明礼、守礼，重在促使人们向美、向善、向上。《左传》有云："礼，经国家，定社稷，序民人，利后嗣者也。"一般而言，人们的教养反映其素质，素质体现于其细节，而细节则往往决定着一个人的成败。反映个人素质与教养的礼仪，是人类文明的标志之一。一个人、一个单位、一个国家的礼仪水准如何，往往反映着这个人、这个单位、这个国家的文明程度与整体素质、整体教养。古人曾经指出"礼义廉耻，国之四维"，将礼列为立国的精神要素之本。而在日常交往之中，诚如英国大哲学家约翰·洛克所言："没有良好的礼仪，其余的一切成就都会被人看成骄傲、自负、无用和愚蠢。"荀子也曾说过："人无礼则不生，事无礼则不成，国家无礼则不宁。"反过来说，遵守礼仪，应用礼仪，将有助于净化社会风气，提升个人乃至全社会的精神文明方面的品位。当前，我国正在大力推进社会主义精神文明建设。其中的一项重要内容，就是要求全体社会成员讲文明、讲礼貌、讲卫生、讲秩序、讲道德，并且心灵美、语言美、行为美、环境美。这些内容，与礼仪完全吻合。因此，完全可以说，提倡礼仪的学习、运用，与推进社会主义精神文明建设是殊途同归、相互配合、相互促进的。这种社会主义的礼治，对于我国的现代化建设绝对是不可或缺的。

八、礼仪的学习

学习礼仪，要想取得理想的效果，就应当在学习途径、学习方法与学习重点这三个方面多加注意，切不可敷衍应付、只走过场。

对一般人来讲，学习礼仪主要有三大途径：

其一，进行理论学习。即利用图书资料、广播电视、互联网络、教学函授、业务培训，系统地、全面地学习礼仪。

其二，向社会实践学习。实践是检验真理的唯一标准，同时也是学习礼仪最好的教师。交往的成功，往往有赖于必要的经验。交际实践作为学习礼仪的一个具体过程，不仅可以使人加深对它的了解，强化对它的印象，而且可检验其作用，并且据以判断个人掌握、运用礼仪的实际水平。

其三，向专人学习。这里所指的专人，可以是教师、培训专家、礼仪顾问，也可以是在某些方面确有经验或所长者、堪称楷模之人。其共同之处，是对礼仪有一定的了解，或是具有一定的实践经验和心得体会。向他们学习，可使自己取长补短、见贤思齐、益智开窍。

学习礼仪，有多种方法可以采用。一般而言，其最主要的方法有四：

第一，联系实际。礼仪本身就是一门应用学科，因此学习礼仪，务必坚持知和行的统一。要注重实践，将知识运用于实践，不断地向实践学习。这是学习礼仪的最佳方法。

第二，循序渐进。学习礼仪不可贪多务得，细大不捐，而应当有主有次，抓住重点。若从与自己生活与工作最密切的地方开始，往往可以事半功倍。然而必须注意，学习礼仪是一个循序渐进的过程。对一些规范、要求，只有反复运用、重复体验，才能真正掌握。

第三，自我监督。古人强调提高个人修养要注意反躬自省："躬自厚"，"修己以敬"，"吾日三省吾身"。学习礼仪，也应进行自我监督，对自己既要在这一方面有所要求，又要处处注意自我检查。这样做，将有助于自己发现缺点，找出不足，将学习、运用礼仪真正变为个人的自觉行动和习惯做法。

第四，多头并进。在学习礼仪的同时，不应将其孤立于其他学科，而应当将这种学习与其他学科、其他文化知识的学习结合起来。如此一来，不但可以全面提高个人素质，而且有助于个人更好地掌握、运用礼仪。

从总体上看，礼仪是由一系列的规范、技巧与法则所构成的。学习礼仪，要讲究其全面性、系统性，但是不能搞烦琐哲学，不能脱离实际、死抱着条条框框不放。要是把礼仪搞得过分复杂、烦琐，是不利于礼仪的普及、推广的。古人曾就此一针见血地指出："礼繁则难行，卒成废阁之书。"将礼仪搞成繁文缛节，必将使礼仪曲高和寡。

学习礼仪，最切实可行的方法，是要抓住其重点。礼仪的重点，就是那些对交际活动具有普遍指导意义的各项主要原则。礼仪的原则可分为两大类：其一，适用于所有交际活动的原则。例如，“主随客便原则”。其二，适用于局部交际活动的原则。例如，在正式场合必须遵守的有关着装的“三色原则”。对这两类礼仪的主要原则，都要尽可能地加以掌握。这样认真去做，就能以点带面，掌握其精华。

总而言之，这些礼仪的主要原则高度凝练，可举一反三，适用范围甚广。对其悉心掌握，则会大获裨益。

九、礼仪的操作

在具体运用现代礼仪时，人们所面临的一个亟待解决的重要问题是：应当如何对其具体地加以操作？

解决这一问题时，主要应当关注以下两个方面：一是坚持正确的理念；二是掌握有效的方法。

第一，坚持正确的理念。所谓理念，亦即有关某一事物的基本观念。有道是：“理念决定思路，思路决定出路。”倘若人们在具体操作礼仪时基本理念有误，则难免徒劳无益。

一般而言，现代礼仪以“尊重”为基本理念。在具体操作礼仪时，这一基本理念又体现于如下两点：

其一，摆正位置。在人际交往中，每一个人都拥有自己的具体位置，而且自己的具体位置往往还会不断地发生变化。在操作礼仪、以礼待人时，每一个人关键是要明确自己的具体位置、各就各位，切勿错位或越位。一言以蔽之，不论自己处于何种位置，始终都要做到“勿不敬”。即以尊重之心待己、待人。

首先，对自己而言，每一个人都必须维护自尊：一是必须尊重自我；二是必须尊重自己的职业；三是必须尊重自己所归属的团队；四是必须尊重自己所在的单位；五是必须尊重自己所处的社会；六是必须尊重自己所属的国家；七是必须尊重自己所生存的世界。

其次，对他人而言，每一个人亦应以尊重为本：尊重上司是一种天职；尊重同事是一种本分；尊重下级是一种美德；尊重客户是一种常识；尊重对手是一种风度；尊重所有人则是一种教养。

其二，调整心态。在人际交往中，每一个人不仅需要智商，而且更需要情商。一般而言，一个人的情商的高低，通常具体体现于其个人心态，即对自己、对他人、对社会的态度。在具体处理人际关系、运用礼仪时，每一个人均应自觉地进行心态调整。因为对自己的工作生活乃至人际关系而言，心态不仅决定状态，而且往往决定一切。

在具体操作礼仪时，人们所应进行的心态调整主要涉及如下三点：

一是需要“接受他人”。在人际交往中，现代礼仪要求每一个人都必须尊重他人。进而言之，所谓尊重他人，实际上就是要求人们必须善解人意地接受对方的一切合乎情理的选择。换言之，操作现代礼仪时，不仅需要严于律己，而且更需要宽以待人。

二是应当“换位思考”。在人际交往中，不仅内外有别、中外有别、外外有别，而且人人有别、时时有别、处处有别、事事有别。既然在操作现代礼仪时强调“交往以对方为中心”，那么人们必须善于进行“换位思考”自然不言而喻。

三是坚持“合作共赢”。进行人际交往时，每一个人都必须明确与人合作的重要性，并善于与他人和睦相处。与此同时，还必须真正地意识到自己所面对的世界是多有“不同”的：世界是具有多样性的，文明是具有多样性的，交际行为与交际规范也是具有多样性的。习近平同志曾经强调：在对外交往中，智者求同，愚者求异。唯其如此，才能真正地为自己打造出一种良好的人际环境。

第二，掌握有效的方法。一般而言，它主要涉及“有所不为”与“有所为”两个互有联系的不同层面。

其一，必须明确“有所不为”。所谓“有所不为”，即具体操作礼仪时，首先需要了解“不能做什么”。例如，不能讲什么话，不能做什么事，等等。在这些方面不出现差错，即可“问题最小化”，不仅自己可以不出洋相，而且可以避免失礼于他人。

其二，必须尽力“有所为”。所谓“有所为”，在此指的是具体操作礼仪时，应该了解“应当如何做”，或者“如何做得更好”。例如，应该怎样讲话，应该怎样办事情，等等。在这些方面尽量做到符合礼仪规范，就会令自己的所作所为好上加好。

孟子说过：“人有不为也，而后可以有为。”在操作礼仪时，需要强调的是：“有所不为”，是每个人皆须力戒的；“有所为”，则是人们所共同努力的目标。在任何情况下，二者均不可偏废。

第一章 公共礼仪

公共礼仪，在此是指大学生在公共场合所必须遵守的个人行为规范。它的基本要求如下：举止有方、以礼待人。本章所讲授的内容，具体包括有关公德、交通、会面、介绍、礼品、电话、社交媒体等方面的礼仪规范。

学习目的

1. 规范个人在公共场合的表现。
2. 掌握基本的公共礼仪。
3. 在公共场合严于律己。
4. 在公共场合礼待他人。
5. 避免在公共场合失礼于人。

本章小结

◆ 本章讲授的是公共礼仪，是指大学生在公共场合所必须遵守的个人行为规范。它的基本要求是：举止有方、以礼待人。
◆ 本章第一节讲授的是公德礼仪，具体涉及维护秩序、关心他人、讲究卫生、爱护环境等。
◆ 本章第二节讲授的是交通礼仪，具体涉及徒步行走、骑自行车、驾驶汽车、乘坐汽车、乘坐火车、乘坐轮船、乘坐飞机等。
◆ 本章第三节讲授的是会面礼仪，具体涉及称呼他人、互致问候、相互握手、交换名片等。
◆ 本章第四节讲授的是介绍礼仪，具体涉及自我介绍、他人介绍、集体介绍等。
◆ 本章第五节讲授的是礼品礼仪，具体涉及选择礼品、赠送礼品、接受礼品等。
◆ 本章第六节讲授的是电话礼仪，具体涉及拨打电话、接听电话、移动通信等。
◆ 本章第七节讲授的是社交媒体礼仪，具体涉及合法使用、文明使用、理性使用、适度使用等。

在日常生活中，只要与其他人进行接触，就有必要运用礼仪。所谓公共礼仪，对大学生而言，就是其在公共场合所必须共同遵守的个人行为规范。无论在校园生活中还是在社会生活中，大学生均应自觉地遵守相关的公共礼仪。

就其实质而言，公共礼仪是大学生介入社会生活的一种基本工具，亦为展现其个人修养的软实力。大学生要想使自己在日常生活中言之有方、行之有道，就必须恪守公共礼仪，一切依礼而行。公共礼仪的主旨，就是要让每一个人在公共场合懂得如何做文明人、如何待人接物、如何言行得体。

一般而论，公共礼仪是大学生在日常生活中与他人和睦相处、增进信任、建立友谊的一座桥梁。要求大学生遵守公共礼仪，意在使公共礼仪成为大学生解决其人际交往中种种难题的帮手。运用礼仪，绝非要拒人于千里之外，而是要以之缩短人与人之间的距离。进而言之，运用公共礼仪，实际上就是为大学生架设一座与别人发展友谊、增进信任、有效合作的桥梁。因此，学习和运用公共礼仪，对于广大热爱生活、喜欢交际、渴望友谊的大学生十分重要。

第一节　公德

所谓公德，通常指的是人们在社会生活中需要共同遵守的行为准则，它主要通过社会舆论对人类的社会生活发挥一定的约束作用。讲究公德，不仅是每一位公民的义务，而且也是社会维持稳定、有序发展的重要保证。

在日常生活中，讲究公德与讲究礼仪之间的关系十分密切。讲究公德是讲究礼仪的重要基础，讲究礼仪则是讲究公德的具体表现。因此，对于每一位大学生而言，讲究礼仪就一定要讲究公德，而讲究公德则又必然会对讲究礼仪有所帮助。在社会生活中，大学生既要懂得并应用礼仪，又要讲究公德。

一般而言，不同的阶级有着不同的社会公德。在不同时代，社会公德的具体内容又有所不同。

《中华人民共和国宪法》规定：国家“提倡爱祖国、爱人民、爱劳动、爱科学、爱社会主义的公德”。2006 年，胡锦涛同志提出了“八荣八耻”社会主义荣辱观，即以热爱祖国为荣、以危害祖国为耻，以服务人民为荣、以背离人民为耻，以崇尚科学为荣、以愚昧无知为耻，以辛勤劳动为荣、以好逸恶劳为耻，以团结互助为荣、以损人利己为耻，以诚实守信为荣、以见利忘义为耻，以遵纪守法为荣、以违法乱纪为耻，以艰苦奋斗为荣、以骄奢淫逸为耻。中国共产党十八大进一步明确地提出：倡导富强、民主、文明、和谐，倡导自由、平等、公正、法治，倡导爱国、敬

社会公德

业、诚信、友善。此即当代中国的社会主义核心价值观。实质上，它们就是当代社会主义社会的社会公德的基本内容。当前，中国的社会主义现代化建设要求大学生不仅学有所长，而且必须在社会生活中讲究公德，真正做到品学兼优。

习近平同志曾经强调："一个没有精神力量的民族难以自立自强，一项没有文化支撑的事业难以持续长久。"有道德才能高尚，讲礼仪才会文明。要求大学生讲究公德，与要求其讲究礼仪一样，都意在使之成为真正有教养的人、高尚的人、文明的人、有益于国家与社会的人、有益于人民的人。要真正做到这些，绝对不能只是口头上谈谈而已，而是必须在行动上将这一要求付诸实践。它的最重要之点，就是要求大学生在维护秩序、关心他人、讲究卫生、爱护环境四个具体方面身体力行。

一、维护秩序

维护秩序，是对大学生讲究公德的首要要求。所谓秩序，在此指的主要是社会秩序，亦即社会井然有序或呈现为动态平衡的基本状态。良好的社会秩序，是避免混乱与动荡的基本保证。只有全体公民自觉维护社会秩序，社会才有稳定、祥和、发展与进步可言。在维护秩序方面，大学生应当努力做好下列四点。

（一）遵法守纪

具体而言，富强、民主、文明、和谐，是社会主义核心价值观从国家层面提出的基本道德规范；自由、平等、公正、法治，则是它从社会层面所提出的基本道德规范。作为一名当代公民，在社会生活中，大学生必须以自己的实际行动遵法守纪，切不可言行不一、口是心非。

法律，通常是指由立法机关制定、国家政权保证执行的行为规范。它体现着统治阶级的意志，是阶级专政的一种工具。中国是一个实行法治、依法治国的国家。因此，大学生一定要自觉做到有法必依。

所谓纪律，则是指一个团体或者组织为了维护集体利益并保障其正常运作而制定的，要求其每一名成员自觉遵守的规章、条文。在学校里，作为一名学生，大学生必须严格遵守学校纪律；在组织内，作为一名成员，大学生则必须自觉遵守组织纪律。

（二）保护公物

保护公物，是人们维护社会公共秩序应有的觉悟。在社会生活中，大学生必须以自己的实际行动保护公物，并积极与一切破坏公物的行为进行坚决斗争。

所谓公物，此处指的是公有、公用处所之中为大众提供服务的、属于社会所有的一切公共设施和物品。每一位具有良知的社会成员，对任何公物都要倍加爱惜、自觉保护，有意或无意损坏公物都是不应该的。

大学生应当特别注意，不可将任何公物窃为己有，也不应当以任何形式独占或者私用公物。在公共场所活动时，不要四处乱刻、乱画、乱涂、乱抹，不要破坏公共建筑物，不要随意攀缘公园内的树木或者偷折其树枝，偷采其花卉、果实，同时要爱惜公用的桌椅、电话亭、卫生间以及其他设施或用具。

（三）礼让有序

大学生在公共场所活动时，必须注意慎独，即严于律己，自觉地检点个人行为。对于自己遇到的其他社会成员，不论相识与否，都要谦让，并尽量与之和平共处。不要无事生非、寻衅滋事，更不允许欺软怕硬、刁蛮无理、打架骂人。

需要与其他人同时使用公用设施或是进行某项活动时，要讲究先来后到、有先有后，并依次而行。除去按照规定可以给予某些特殊人士照顾之外，维护现场秩序的最佳良方就是大家自觉排队。

在某些不需要排队但又需要分出先后的场合，大学生切勿争先恐后，要懂得在这类场合礼让别人。

在谈及与人为善之“仁”时，孔子的见解是：“仁远乎哉？我欲仁，斯仁至矣。”大学生在公共场所礼让他人，亦应从我做起，从现在做起。

（四）无碍于人

在日常生活中，大学生必须时刻注意，切勿因为自己的粗心大意而有意或无意地妨碍别人。如下三点，特别应当为大学生所重视。

（1） 不在公共场所大声喧哗

在公共场所活动时，不论交谈、行走，都不应当制造噪声。无视别人的存在，甚至大呼小叫、高声谈笑、引吭高歌、打打闹闹，都是极度失礼的。

（2） 不尾随或围观其他人士

在公共场所活动时，每一位有教养的人都不可尾随、围观、窥视或反复打量陌生人。指点、议论别人，甚至不邀而至地自动加入别人的谈话，都是不礼貌的。对异性、少数民族、外国友人或者残障人士采取此种做法，则尤为不妥。

（3） 不与其他人士相距过近

人与人之间相处时的距离，往往会因彼此关系不同而有所不同。在正常情况下，与亲密者相处，双方距离可小于 0.5 米。与他人打交道，双方距离宜在 0.5～1.5 米之间。对别人欲表达尊敬之意，宜与其保持 1.5～3 米的距离。在公共场所与陌生人共处时，若非环境十分拥挤，双方距离应当不小于 3 米。若无任何原因而与陌生人相距过近，则难免令对方感觉不快。

二、关心他人

爱国、敬业、诚信、友善，是社会主义核心价值观从公民的个人层面所提出的基本道德规范，就是要求我国全体公民爱祖国、爱人民。在社会生活中，人与人之间理当相互关心、互助互爱、彼此友善。大学生在公共场所应在力所能及的范围内积极而主动地关心他人，具体来讲，需要同时注意以下两个方面的问题。

一方面，大学生要真心实意地关心他人。所谓关心他人，就是要对对方加以重视和爱护，并且把对方的事情放在心上。对于需要关心的人而言，来自别人的关心犹如雪中送炭。大学生对别人的关心，既要出自真心、发自诚意，又要体现在实际行动中。

另一方面，大学生对别人的关心必须注意适度。在关心别人时，大学生要力戒过犹不及，不要因为自己对别人的关心而妨碍对方的私生活，或者直接干涉对方的个人自由。必须谨记：关心虽为善举，但亦应适可而止。倘若对别人过分地关心，有时对方非但不会领情，往往还会因此而不快。

从讲究社会公德方面来讲，在社会生活中，大学生要关心别人，需要将重点放在下述四个具体的方面。

（一）照顾老人

对大学生而言，老人既是其长辈，又是需要其关心的弱者。在任何情况下，大学生都应当主动关心老人。具体而言，有下列三点必须注意。

（1） 敬重老人

在日常生活里，大学生一定要以自己的实际行动敬重老人，对老人不恭不敬，是没有教养的表现。敬重老人，实际上就是在敬重将来的自己，所以古人才会提出“老吾老，以及人之老”的为人处世的基本要求。

（2） 礼待老人

与老人相处，大学生务必时时、处处待之以礼。在任何情况下，大学生都要在心中和实际行动上将老人置于“上位”，而让自己身居“下位”，以礼待之。

（3） 关照老人

由于生理原因，老人往往需要人们给予更多的照顾。必要时，大学生应当挺身而出，在日常生活中主动而耐心地照料老人。

（二）尊重妇女

大学生必须认识到：妇女是人类的母亲。没有妇女，就没有整个人类的延续，人类社会也将不复存在。从某种意义上讲，尊重妇女，就是在尊重自己的母亲，就是在尊重人类自己。在尊重妇女方面，大学生有以下三点要自觉地做好。

(1) 体谅妇女

由于在社会生活中负担甚重，妇女往往会面临种种困难。作为一名成年人，大学生一定要对妇女真心体谅，不要难为妇女，不要苛求妇女，不要对妇女求全责备。

(2) 平等相待

《中华人民共和国宪法》规定：中华人民共和国妇女在政治的、经济的、文化的、社会的和家庭的生活等各方面享有同男子平等的权利。因此，大学生在思想上、行动上都要做到男女平等。在任何情况下，都不可搞大男子主义、男尊女卑，不允许歧视妇女。

(3) 积极保护

保护妇女，是每一位公民的义务。对大学生来说，保护妇女不仅应当体现为维护妇女的正当权益，而且还应当体现为使妇女不受任何形式的伤害。

(三) 保护儿童

古人曾要求："幼吾幼，以及人之幼。"大学生必须认识到：儿童是人类的明天和希望。保护儿童，从广义上来讲，就是保护人类的未来。大学生必须将保护儿童视为一种义不容辞的责任。具体而言，在保护儿童方面，主要应当注意以下两点。

(1) 以身作则

儿童的可塑性与模仿性极强，在社会生活中，朝气蓬勃的大学生通常都是令其心悦诚服的学习榜样。因此，大学生们在儿童面前必须注意检点自己的言谈举止，努力为儿童树立正面的榜样。如果大学生的言谈举止过于随便，则会对儿童造成误导。

(2) 悉心爱护

作为未成年人，儿童缺乏自主意识，而且在现实生活中往往也难以保护自己，因此需要包括大学生在内的全体成年人给予其全心全意的爱护。爱护儿童，应做到以下四点：一是要对其进行正面教育；二是要对其进行全面保护；三是要维护其正当的权利和利益；四是要同伤害儿童的人和事做坚决斗争。

(四) 帮助病残

在日常生活中，病人、残障人士都是最需要别人帮助与照顾的弱者。在力所能及的前提下，大学生应当对病人、残障人士给予热情的帮助。以下三点均为大学生帮助病人、残障人士时应注意的重点。

(1) **尊重人格**

病人、残障人士在人格上与其他人是完全平等的。因此，即使在对其进行帮助时，也应当首先尊重对方的人格，切勿居高临下、出言不逊，或在口头上、行动上对其造成侮辱或伤害。例如，对其敬而远之、指指点点，或者对其以贬低、蔑视甚至带有侮辱意味的称呼相称，都是极为错误的。

(2) **鼎力相助**

在现实生活中，大学生对于病人、残障人士，尤其是那些急需别人帮助的病人、残障人士，一定要及时而热情地援之以手，在帮助对方时要尽心尽力，不求任何回报。

(3) **体贴入微**

平时在帮助病人、残障人士时，大学生一定要表现得耐心细致、体贴入微、热情周到、不厌其烦。最为重要的是，不要在帮助对方时搞形式主义，仅仅走走过场，而是要真心实意地替对方办一些实事，为对方排忧解难。所以，要在帮助对方时了解对方的所思所想，想其所想，急其所急，应其所需，使自己的行动真正地有助于对方。

三、讲究卫生

在现代社会里，讲卫生不仅是一种基本的社会公德，也是每一位文明人所必须具备的素质。

所谓卫生，指有益于常人健康生活的一种状态，是提高人们生活质量的一种必然要求。讲究卫生，在实践中就是要求人们的所作所为合乎卫生的有关要求。对于大学生而言，能不能在平日生活里自觉地讲究卫生，不仅与防止疾病直接相关，而且还会影响个人形象。在讲究卫生方面，大学生既要守公德，也要严私德。

具体而言，大学生讲究卫生一定要从我做起，从身边做起，从每一件小事做起。最关键的是要主动而自觉地讲究卫生，不要只是装装样子、走走过场。在个人卫生、生活卫生、环境卫生三个不同的层次上，大学生都应当认真地加以注意。

（一）个人卫生

讲究卫生，首先必须从讲究个人卫生做起。一个人假如不注意个人卫生，那么在人际交往中必定难以树立起良好的个人形象。一般来讲，讲究个人卫生，主要体现为如下三个要点。

(1) **讲究身体卫生**

在日常生活中，大学生对于个人的身体卫生要多加重视。要养成讲究身体卫生的良好习惯，尤其是要养成平日勤于洗手、勤于洗头、勤于洗澡的习惯。唯有如此，才能保证个人干净卫生、清爽宜人。

(2) **讲究仪表卫生**

对于个人的仪表，大学生平日尤须予以注意。与身体卫生相比，仪表卫生更加容易受到交往对象的高度重视。

(3) **讲究服饰卫生**

平时，大学生所穿戴的服饰应讲究卫生，并且勤于换洗。一个人穿戴的服饰不论多么高档，如果不够卫生，也会令人生厌。

（二）生活卫生

在日常生活中，大学生应讲究卫生。在以下三个方面特别要做到严于律己、不得大意。

(1) **作息规律**

人体的生物钟有其自身正常的运行规律。因此，人们平日工作、学习和休息的时间都应当同样讲究规律性。遵循作息规律，对大学生而言，既有益于自身健康，又有不妨碍他人之效。

(2) **饮食卫生**

俗话说，病从口入。大学生在日常生活中要讲究个人的饮食卫生。既要避免食用不卫生的东西，不暴饮暴食；也要讲究进食方式，并且不在大庭广众下大吃大喝。

(3) **忌烟忌酒**

人所共知，吸烟与喝酒都无益于身体健康。吸烟过量、酗酒无度，更是对身体危害极大。大学生必须自觉地忌烟、忌酒，尤其不要在公共场所吞云吐雾、酗酒猜拳。

（三）环境卫生

在日常生活里，大学生对环境卫生应当倍加爱护。个人卫生、生活卫生与环境卫生三者相辅相成。假如只注意前两者而忽略了第三者，就不是真正的讲究卫生。对大学生来讲，讲究环境卫生，一是要重视环境卫生，二是要积极参与环境卫生建设，三是要保持环境卫生。具体到下述三点，尤须加以注意。

(1) **清理环境**

讲究环境卫生，就要积极动手，亲自参与与本人相关环境的打扫与清理。对于环境卫生不理不睬，是缺乏社会公德的表现。

(2) **废物归位**

在任何情况下，大学生都应当对废弃之物主动进行收拾、整理、打扫，并将其投入垃圾桶内。不要把自己的废弃物乱丢乱扔，或者擅自对其进行焚毁。

（3） **不乱吐痰**

随地吐痰是一种极其不文明的恶习，既会破坏环境卫生，又有害于他人的身体健康。因此，大学生必须自觉地做到不随地吐痰。

四、爱护环境

在提及遵守公德时，爱护环境是人们始终不应当遗忘的。所谓环境，通常是指人类生存的外部条件。它被视为人类社会赖以生存和发展的基础。爱护环境，一般是指每个人在日常生活中都有义务对人类赖以生存的环境自觉地加以保护和爱惜。从本质上讲，爱护环境归根结底就是倡导生态文明，就是爱护人类自己。

大学生身为今日社会的骄子、明日世界的栋梁，必须具备一定的环境保护意识，否则同大学生的身份不相称。以下三点，尤应予以重视。

（1） **节约有限资源**

人类的生存与发展需要利用资源，而资源往往是有限的。过度地开采、浪费资源，实质上是对环境的一种破坏甚至毁灭。因此，大学生要以个人的实际行动节约资源。节约资源，本身就是对环境的一种保护。

（2） **保护自然环境**

自然环境是人类生存和发展的基础，人类与自然界属于同一个命运共同体。因此，大学生应当自觉成为保护环境的卫士，敢于同破坏环境的行为做斗争，阻止一切有意无意破坏环境的行为。要保护绿水青山，更要保护空气、水源，以及一切与人类生存息息相关的自然环境。与此同时，还要自觉保护生物，不允许滥捕、滥杀动物，尤其是不允许滥捕、滥杀珍稀动物，不允许虐待动物、残害动物，或是随意殴打动物。

（3） **禁止污染环境**

平时，大学生应力戒任何污染环境的个人行为，以个人的实际行动践行绿色低碳理念。与此同时，大学生还应与污染环境的行为做斗争。

第二节　交通

在日常生活中，大学生不论进行何种活动，往往与交通不无关系。无论个人徒步行走，还是乘坐公共交通工具，大学生均须自觉地遵守相关的礼仪规范。不遵守交通礼仪，既会破坏交通秩序、有碍于他人，也会给人表里不一、缺乏自律之感。交通礼仪，是对与交通相关的各种具体礼仪规范的一种泛称。对大学生而言，应认真掌握并遵守的基本交通礼仪，主要集中在徒步行走、骑自行车、驾驶汽车、乘坐汽车、乘坐火车、乘坐轮船以及乘坐飞机七个具体方面。

一、徒步行走

徒步行走，又称步行或者走路。对于每一位正常人来说，徒步行走无一例外都是其平日进行活动的基本方式。大学生在徒步行走时，尤其是在公共场所或室外正规的道路上徒步行走时，必须严格遵守下述四个方面的相关礼仪规范。

(一) 遵守交规

在室外的道路上行走时，尤其是在交通干道上行走时，大学生首先必须严格遵守交规。交规是对交通规则的简称，所谓交通规则，是由国家为了确保交通的顺畅与安全，专门制定出来以供全体社会成员共同遵守的有关交通的章程制度。遵守交规，在现实生活中是每一位公民义不容辞的责任，大学生自然也不能例外。

大学生在遵守交通规则时，尤其需要在其具体实践中关注下列五个方面。

(1) 走人行道

在室外行走时，一定要选择走人行道。若是没有明显的人行道，则要尽量靠路边行走。千万不要在机动车道上行走，更不要在交通干道的正中央行走，或者有意与车辆抢夺道路。

(2) 靠右行走

为了确保交通的顺畅，我国规定：不论行人还是车辆，在道路上一律靠右侧行进。在室外行走时，特别是在正规的道路上行走时，大学生一定要遵循此点。

(3) 通过街道

需要横穿道路时，要走指定的过街人行横道或专用的过街天桥、地下通道等，千万不要随随便便地横穿马路，或者任意跨越专用的隔离护栏。

(4) 看红绿灯

按照交规，行人或车辆通过路口时，均应遵从红绿灯的指示。常规的做法如下：红灯禁行，绿灯通行，黄灯警示“停一停”。对于这一点，既要了解，更要遵守。不要对红绿灯视若不见，不能只顾埋头查看自己的手机，或在黄灯亮时贸然抢行。不论是否有人监督，均应遵守此项规定。

(5) 服从管理

在路上行走时，大学生切莫自高自大、我行我素。对于交警与其他交通管理人员善意的批评、教育，应当心悦诚服。对对方的正常管理，不仅要自觉服从，而且还应当积极地予以配合。

(二) 明确方位

徒步行走时，在方位方面有一定的讲究。在正式场合里，大学生一定要重视这一点，并要在平时努力养成良好的习惯。行走时的具体方位问题，往往与其他人一道同行时才会有所涉及。对大学生来讲，通常需要注意以下五点。

(1) 单行行走

当多人一同单行行走时，通常以前排为上。因此，当大学生与老师、领导、长辈、贵宾一起单行行走时，应当自觉地随行于其后。唯有当对方初来乍到、不认路时，方可在前方为其引导带路。

(2) 并排行走

假若许多人一同并排行走，其方位上的讲究，应视具体人数的不同而有所不同。当两人并排行走时，一般以内侧为上，即靠道路内侧、靠墙的位置较为尊贵。而当三人或三人以上并排行走时，则往往以中间的位置为上。

(3) 出入房门

当大学生与其他人一同出入房门，特别是当自己以学生、晚辈、主人的身份陪同他人一起出入房门时，通常应遵循"后入后出"的规则，即自己应当在他人之后进入房门，并在他人之后走出房门。

(4) 上下楼梯

在一般情况下，上下楼梯，包括使用自动扶梯时，大学生一定要牢记目前国内通行的"单行右行"的规则，即不要在楼梯上并行，不要不分左右地横行占道或者居中而行，以免阻挡他人。礼貌的做法是：单行行进，并居右而行。此外，与老师、领导、客人、长辈、女士、儿童一道走下楼梯时，为安全起见，大学生还必须主动行走在前。

(5) 进出电梯

使用升降式电梯时，必须切记"先出后入"的规则，即电梯内的乘客出来之后，电梯外的人方可进入。陪同他人一同乘坐升降式电梯时，若无人控制，则陪同者通常应当先进后出，以便操控电梯；若有人控制，则陪同者应当后进后出。

（三）礼让他人

大学生在徒步行走时，尤其是在大街小巷、公共场所行走时，难免会路遇他人。与他人一道行走时，一定要不分亲疏地一律以礼相待，并彼此谦让。

(1) 不争抢道路

多人一同行走时，一般都讲究先来后到、依次而行。若有急事，则可轻声对身前之人道一声"对不起，请让一下"，然后侧身通过，并向对方道谢。切勿争先恐后、横冲直撞，毫不在乎其他人。

(2) 不阻塞交通

在道路狭窄之处，应当快速通过，不要逗留。在此席地而坐、徘徊不前、与人交谈，显然都不适宜。还须注意，不要在通过道路狭窄之处时与同行者并行，尤其不要与其勾肩搭背、搂抱或携手而行。

(3) 不目无弱者

徒步行走时，对于老、幼、病、残、孕者，大学生不但应当予以礼让，而且还应当在必要时主动对其加以照顾。对于问路的外地人、外国人，更应尽量地提供帮助。

(4) 不蛮横无理

在道路上或者公共场所内行进时，大学生一定要礼待他人，并保持风度。通过狭窄之处或门庭时，可请他人首先通过。需要让路时，应当立即采取行动。在不小心碰撞、踩踏别人之后，则应立即向对方致歉。得到他人的礼让、帮助后，应当道谢。切不可自高自大、目中无人，待人蛮不讲理。

(四) 严于律己

即便一个人外出行走，大学生亦应对自己严格要求，在种种细微之处多多留意。除了要严格遵守上述各项规定之外，还必须注意以下四点。

(1) 忌手舞足蹈

在人多之处手舞足蹈，不但显得自己缺乏教养，而且往往还有可能因此而冒犯他人，进而酿成事端。

(2) 忌吃吃喝喝

在行走之际大吃大喝，不仅吃相不雅，而且极其不卫生，甚至会有损个人健康。在人多之处进食，有时还会妨碍别人。

(3) 忌过度亲昵

同异性一起外出时，大学生要对个人举止多加检点，不要在大庭广众之前表现得与之过分亲热，显得轻浮浅薄。

(4) 忌围观尾随

外出行走时，为了自觉维护公共秩序，大学生切莫少见多怪地在街头巷尾围观、起哄。不要对陌生人过分好奇，不要极其失礼地对对方指指点点、说长道短，或者长时间地尾随其后。

二、骑自行车

自行车，亦称单车、脚踏车，是一种国人常用的两轮小型陆上车辆。因其使用者人数的不同，又可分为单人自行车、双人自行车、多人自行车。平时，单人自行车最为常用。由于使用自行车时凭借的是人力，故此它也被视为绿色环保的交通工具。

骑自行车，俗称骑车，以下仅指骑单人自行车。在日常生活里，不论代步、出行，还是旅游、健身，骑自行车都颇受青睐，并且也是人们短途出行的首选。

骑自行车时，大学生既要掌握一定的骑车技巧，也应在遵守法规、尊重他人、安全至上、共享单车、境外骑车诸方面知礼、守礼。

（一）遵守法规

《中华人民共和国道路交通安全法》以及其他相关的交通法律、法规，必须为骑车的大学生所自觉遵守。

(1) 须依法骑行

我国规定：包括自行车在内的非机动车，应当在非机动车道内行驶。在没有非机动车道的道路上，则应当靠车行道的右侧行驶。

(2) 避禁行之路

虽说骑车时可以自行选择的具体路线往往甚多，但仍须主动回避相关法规所明确规定的禁行之路。诸如高速公路、机动车道、人行道（步道）、盲道，以及军事禁区、住宅小区、步行街、旅游区等等，皆应自觉予以回避。

(3) 行指定之路

目前，不少城市都设有专门的自行车道。它自然是骑车时的最佳之选。不论在非机动车道、自行车道还是慢行道上骑行，均不得越线。

（二）尊重他人

与走路、开车一样，尊重他人也是骑车者所应具备的基本教养。以下几个时刻，骑车的大学生尤须以礼待人。

(1) 与人寒暄时

倘若方便，骑车时路遇熟人，宜首先下车，并随后致意，以示尊重。待对方离开自己的视线后，方可上车继续骑行。

(2) 出入大门时

出入有人值守的办公大院、居民小区时，骑车者应提前下车推行，以示对值守者的尊重。

(3) 礼让行人时

骑车之际，必须时刻礼让行人。骑车者届时务必做到：遇红灯不越线，遇黄灯不抢行，遇人行横道宜等行人率先通过，遇老人、残疾人、孩子、孕妇，则更要以礼相让。

(4) 面对骑友时

骑车时偶遇其他骑友，不论与对方相识与否，均不得吵吵闹闹、争先恐后。遇到驾驶汽车、非机动车者，亦应予以礼让。骑行中需要拐弯掉头时，务必要提前向身后的骑友、车友以手势示意。

（三）安全至上

骑车时，尽管往往属于个人独来独往的“自由行”，并无上级、前辈、师友在旁监督，但依旧不可忘乎所以，置自身与他人的安全于不顾。以下各点，大学生均应予以特别关注。

(1) **不违法载人**

依照我国现行的交通法规，骑自行车时均不得载人。

(2) **不违规载物**

骑车时搭载超大、超重、超长、超宽的物品，也是违反相关交通法规的。

(3) **不自“秀”车技**

骑行之中，切莫反身、站立、单手或双手撒开车把。如此大“秀”其车技，有可能会伤己或伤人。

(4) **不冒险骑车**

与其他骑车者勾肩搭背、动手动脚、相互追逐、飞车比赛，甚至曲折行驶，皆为骑行时安全之大忌。

在非比赛场地上与其他骑车者擅自进行自行车比赛，亦为不妥。

在雨雪天骑车，同样绝不应该。

(四) 共享单车

进行室外活动，尤其是在外地活动时，人们往往喜欢使用共享单车。骑共享单车时，大学生亦应在下列三方面“慎独”、守礼：

(1) **扫码付费**

使用共享单车，一定要按照其规定的程序扫码、付费。

(2) **停放到位**

共享单车使用完毕，务必要将其停放于指定之处，并且成行成列地摆放整齐。附近未设停放地点的，则应在停放时以不妨碍其他车辆、行人通行为宜，切不可将使用完毕的共享单车随处乱放，更不得将其直接扔倒在地。

(3) **爱惜车辆**

从某种意义上讲，共享单车亦为公众所共同使用之公物。对其加以爱惜，乃大学生所应遵守的社会公德。

(五) 境外骑车

大学生在境外骑自行车，务必要事先“入国问禁”。下述两方面的特殊规定，骑车爱好者应一清二楚。

(1) **有关室外禁骑的规定**

有的国家规定：自行车属于健身器械。它只能在室内健身时使用，绝对不得骑行于室外。

(2) **有关配套护具的规定**

另有一些国家规定：在指定的路段可以骑自行车，但骑车时必须佩戴专用的头盔、眼镜、护掌、护肘、护膝，甚至还要穿特制的骑行服，否则属于违规甚至违法。

使用摩托车、电动车（电动自行车）、平衡车、滑板车以及滑板时，大学生均可参照上述骑自动车的礼仪规范执行。

三、驾驶汽车

有必要驾驶汽车时，每一名大学生都必须牢记：出行有礼、礼让三先，时时刻刻不允许忘乎所以、目中无人。应在技术合格、服从管理、安全驾驶、礼让他人四个方面，努力表现得好上加好。

（一）技术合格

在世界各国，驾驶者驾车上路均应提前取得正式的资格，并进行系统的知识学习、技术培训与正规考试。技术不合格者，绝对不准许其驾驶汽车外出。

具体而言，每一名驾驶汽车的大学生均应一丝不苟地对待下述三点。

(1) 掌握驾驶技术

掌握熟练的驾驶技术，是每一名汽车驾驶者畅行无阻的前提条件。只有在驾驶车辆的过程中找到“人车一体”的感觉，并且能够逐渐对车辆的速度、位置，车辆所在的空间及其周边的各种动态、静态物体的间距了然于心，才算是自己所驾驶的车辆的真正主人。

(2) 精心维护车辆

任何一名具有责任心的汽车驾驶者，都必须爱车如己，精心地对自己所驾驶的汽车进行定期或不定期的保养、检查与维护。经验证明：每一部汽车自身状况的好坏、涉及行车安全的相关部件是否齐全与有效，往往是发生交通事故与否的关键因素。

(3) 取得正式资格

根据《中华人民共和国道路交通安全法》的规定：我国的每一名机动车驾驶者，均须经过车辆管理机关考试合格，领取驾驶证后，方可驾驶车辆。申请机动车驾驶证时，申请者在其身体条件、技术掌握、交规学习、手续合法等方面，必须符合规定。此外，我国还规定：对机动车驾驶者进行定期审验。

（二）服从管理

驾驶汽车外出时，大学生如欲高兴而出、满意而归，就必须认真遵守有关规定，虚心接受管理。

(1) 遵守规定

依照《中华人民共和国道路交通安全法》，我国的每一名机动车驾驶者都必须自觉地遵守如下基本点。

第一，驾驶人应按照驾驶证载明的准驾车型驾驶机动车；驾驶机动车时，应随身携带机动车驾驶证。

第二，驾驶人驾驶机动车上路行驶前，应对机动车的安全技术性能进行认真检查；不得驾驶安全设施不全，或机件不符合技术标准等具有安全隐患的机动车。

第三，饮酒后，服用国家管制的精神药品或者麻醉药品，患有妨碍安全驾驶机动车的疾病，或者过度疲劳影响安全驾驶者，不得驾驶机动车。

第四，机动车驾驶人应遵守道路安全法律、法规的规定，并按照操作规范安全驾驶、文明驾驶。

第五，应定期接受公安机关交通管理部门对机动车驾驶证的审验。

(2) 接受管理

在驾车行驶时，每一名大学生为了自己与他人的安全，为了交通的畅行无阻，都应以小我服从大我，自觉地接受管理。

第一，严格地遵守交通法规。在任何时候、任何情况下，每一名汽车驾驶者均应严格地遵守各种交通法规。此乃保证自己安全驾驶的第一准则。

第二，自觉地服从交警管理。对于交通民警的指挥、检查、处罚与管理，必须无条件地服从。

第三，及时地了解临时状况。要及时地掌握交通管理部门就有关重大活动场所、路线所发布的相关道路交通管理通告，以便确定、调整自己的行车时间与路线。

第四，认真地进行车辆检验。依照国家的有关法规与标准，公安交通管理部门负责对机动车进行初次登记检验、核（补）发牌证、变更、转籍、过户、报废、停驶、定期检验。对驾驶机动车的交通违规、违法行为，有关部门要进行教育、处罚。此外，每一部机动车还须定期缴纳养路费、保险费。以上环节，都不可忽略。

（三）安全驾驶

俗话说，“行车走马三分险”，“安全是金”。在驾驶汽车外出时，大学生不论为了自己还是为了他人，都必须始终牢记安全第一。

(1) 树立安全意识

平时，每一名驾车外出的大学生均应认真地树立安全意识，力求有备无患。具体而言，树立所谓安全意识，就要做到“查一查”“想一想”“严一严”“看一看”“停一停”“让一让”。

第一，“查一查”。开车上路前，一定要耐心细致地再次对所要驾驶的汽车进行例行检查。

第二，“想一想”。为了自己、家人与其他人的安全与幸福，在驾驶车辆时，始终都要想到安全第一。

第三，“严一严”。在驾驶期间，律己务必从严。务必切记：没有休息好不要开车，吃了某些容易令人嗜睡的药品不要开车，喝了酒不要开车，情绪欠佳不要开车，使用手机时不要开车，未系安全带尤其不要开车。夜间行驶时，不要随意用大灯照射。

第四，“看一看”。通过陌生路段时，一定要首先看清楚路况再行驶。

第五，“停一停”。遇到红灯、拥堵、人行横道、道路管制，以及幼儿园、中小学上学与放学时，当停则停。严格地讲，当黄灯亮起时，即应停车。

第六，“让一让”。万一遇到其他车辆驾驶者驾驶车辆不遵守交通法规，不必与之争强斗胜，更不要为此去当“路怒族”。务必谨记：当让则让，“退一步海阔天空”。

(2) 采取安全措施

要真正做到安全驾驶车辆，还应当采取一些必要的安全措施。

第一，掌握道路特点。通过平坦道路时，不可麻痹大意。通过高速公路时，应保持合理的车速。通过坡路、窄路、胡同、隧道、坑洼、沟槽、泥泞或涉水路段时，则需要依据具体情况减速、限速。

第二，警惕异常天气。当遭遇大风、降雨、下雪、起雾、结冰、沙尘暴等异常天气时，应尽量减少驾车外出。万一有此必要，要及时了解道路管制情况，并谨慎再三。

第三，重视夜间行车。有必要夜间行车时，要注意个人休息、人身安全、夜灯使用等问题。尤其要注意集中精力，保持警惕，因为夜间能见度差、视野变窄、光亮有限，往往容易出现问题。

第四，善于处理危险情况。在驾驶汽车出行时，万一遇到危险情况，不论自己的车辆出了问题，还是前方道路或车辆发生问题，均应沉着冷静地去面对。

第五，始终坚持安全至上。在任何情况下，驾车的大学生均不得无视行车安全，不得聊天，不得玩微信，不得接打电话，不得连吃带喝，不得飞车或充当“飙车党”。

（四）礼让他人

行车之礼，让人第一！在任何条件下，汽车的驾驶者均应以自己的实际行动对其他人、其他车辆礼让三分。

(1) 礼让其他机动车

当驾驶机动车行驶时，大学生应当具有平等意识。大车不宜欺负小车，新车不宜欺负旧车，高档车不宜欺负低档车。同样的道理，老司机不可欺负新司机，大车司机不可欺负小车司机，本地司机不可欺负外地司机。

在行驶期间，每一名驾车的大学生都要遵守交通法规。不要强行超车，不要动辄挤占其他车辆的车道。万一有人那么做了，则不妨主动避让，让出车道，令其先行。

需要停车时，不要随意停车，不要乱占车位或因此而阻碍交通。

一旦自己的车辆与其他车辆发生

事故，不要与对方吵嘴、打架，更不要制造交通拥堵。应与对方协商处理办法，或听从交警的处理意见。

(2) 礼让非机动车与行人

对“实力”不如自己的非机动车与行人，机动车驾驶者更要认真礼让。切勿在行驶时“唯我独尊”“仗势欺人”，更不可以“车匪”或“路霸”自居。

第一，礼让非机动车。对自行车、三轮车、架子车等非机动车，最好避免并行，错开行驶。

第二，礼让行人。对行人，尤其是老人、孕妇、孩子、残障人士，一定要予以照顾。该避让就要避让，该减速就要减速，该停车就要停车。遇到雨雪天时，要防止自己的车辆通过时溅起的污泥浊水弄脏行人。

第三，礼让外国贵宾。遇到外国贵宾乘坐的车辆通过时，不论当时是否进行了交通管制，机动车驾驶者均应对其礼让。

四、乘坐汽车

在日常生活中，大学生乘坐汽车的机会甚多。在正常场合乘坐汽车时，上下车的顺序、就座时的座次、乘车时的表现等，无一不与礼仪规范密切相关。下面就来介绍乘坐公共汽车、轿车、地铁、城市轻轨时应当恪守的主要礼仪规范。

乘坐轿车的规则

(一) 上下车的顺序

乘车之时，上下车的顺序问题十分重要。从总体上讲，上下车时必须注意礼让他人，但具体来说，车辆的类型不同，则又有各不相同的讲究。

(1) 乘坐公共汽车、地铁、城市轻轨

乘坐公共汽车、地铁、城市轻轨时，需要遵守的有关顺序的礼仪主要有以下四点。

一是上车依次排队。上车的人数较多时，一般都讲究：先来后到，排队依次上车。唯有老、幼、病、残、孕者，方可优先上车。在理当排队上车时，切勿蜂拥而上，既不可不讲顺序地与别人乱挤，也不要插队。

二是依例先下后上。在上下车时，通常的讲究是“先下后上”。它的具体含义是：在车上的乘客下车后，车下的乘客方可随后上车。假如不遵守这一惯例，上下车的乘客挤作一团，会浪费大家的时间。

三是在指定之处上车。必须在指定之处上车，不能有门不走，爬窗而入。有些无人售票的汽车要求乘客“前门上，后门下”，或者“中门上，两边下”，乘客切不可反其道而行之。

四是提前准备下车。需要下车

时，应当提前有所准备，主动向车门靠近，不要在车停之后才匆匆忙忙地行动。倘若有不少人同时需要下车，则大家应按先来后到的顺序，自觉地依次下车。

(2) 乘坐轿车

在乘坐轿车时，需要遵守的有关顺序的礼仪主要包括下列三点。

一是后上先下。在一般情况下，大学生与他人一道外出乘坐轿车时，均应做到“后上先下”，即后上轿车，先下轿车。此乃合乎礼仪规范的标准做法。

二是方便第一。有些时候，由于轿车上的具体座次安排所限，大学生上下轿车时难以做到“后上先下”，此时此刻则不必墨守成规，而应以方便与否为第一。

三是车后绕行。依照交规，中国内地的轿车均停靠于道路右侧，因此，当在中排、后排左座上就座，而右座上已有他人就座时，应从车后绕行上下车，而不宜从右座就座者身边强行通过，或从车前绕行。

（二）就座时的座次

在车上就座时，如有他人同时就座，通常应当对具体座次的尊卑适当地加以注意。具体而言，乘坐轿车较乘坐公共汽车、地铁、城市轻轨更为讲究座次。

(1) 乘坐公共汽车、地铁、城市轻轨

乘坐公共汽车、地铁、城市轻轨时，在座次方面的基本讲究大致包括如下五点。

一是前面的位置高于后面的位置。在公共汽车、地铁、城市轻轨的某一节车厢内就座时，因前面的位置颠簸较少，故其被视为上座。

二是面向前方的位置高于背对前方的位置。在车上就座时，面向前方的位置令人舒适，背对前方的位置则稍逊一筹，所以前者高于后者。

三是位于右侧的位置高于位于左侧的位置。由于“以右为尊”是国际上普遍适用的位次排列规则，因此当车上的座位在车厢两侧面对面排列时，一般应以车辆行驶的方向为准，位于右侧的位置较位于左侧的位置为高。

四是位于内侧的位置高于位于外侧的位置。当车上的每排座椅规定不止一人就座时，通常认为受干扰较少的内侧座位较受干扰较多的外侧座位为高。在一般情况下，临窗的座位因其视野最佳，故被视为车上的最佳座位。

五是正式的座位高于临时的座位。在有些车上，座位有正式与临时之别。在正常情况下，大凡正式的座位均在座次排列上优于临时的座位。

(2) 乘坐轿车

在中国内地为轿车确定具体座次时，必须注意：座椅排数、座位数量不同的轿车，在具体排位时讲究有别。在同一种轿车上，驾车者的具体身份对排位亦有相当大的影响。

一是双排四座车。当主人驾车时，其座次自高而低依次应为：前排右座，后排右座，后排左座。当专职司机驾车时，其座次自高而低则应为：后排右座，后排左座，前排右座。

二是双排五座轿车。当主人驾车时，其座次自高而低依次应为：前排右座，后排右座，后排左座，后排中座。当专职司机驾车时，其座次自高而低则应为：后排右座，后排左座，后排中座，前排右座。

三是双排六座轿车。当主人驾车时，其座次自高而低应为：前排右座，前排中座，后排右座，后排左座，后排中座。当专职司机驾车时，其座次自高而低则应为：后排右座，后排左座，后排中座，前排右座，前排中座。

四是三排七座轿车。当主人驾车时，其座次自高而低依次应为：前排右座，后排右座，后排左座，后排中座，中排右座，中排左座。当专职司机驾车时，其座次自高而低依次应为：后排右座，后排左座，后排中座，中排右座，中排左座，前排右座。

五是三排九座轿车。当主人驾车时，其座次自高而低依次应为：前排右座，前排中座，中排右座，中排中座，中排左座，后排右座，后排中座，后排左座。当专职司机驾车时，其座次自高而低依次应为：中排右座，中排中座，中排左座，后排右座，后排中座，后排左座，前排右座，前排中座。

六是多排座的轿车。所谓多排座的轿车，亦称轿车。它在此是指四排和四排以上的多座轿车。不论何人驾车，多排座的轿车的座次都讲究由前而后、自右而左，依照其距离轿车前门的远近而具体排定。

(三) 乘车时的表现

在乘车的具体过程中，大学生对于自己在车上的表现一定要加以注意。不论有无熟人在场，不论是否有专人进行管理，不论乘坐的是公共汽车、轿车、地铁还是城市轻轨，大学生在车上的具体表现都绝对不应当有违礼仪规范。在下列三个基本方面，大学生尤须予以注意。

(1) 主动让座

与他人一同外出乘车时，大学生应当主动请对方在上座就座。当座位不够时，则应当首先恳请对方入座。在车上就座时，假如发现中途上车而无座位的老、幼、病、残、孕者，大学生还必须主动地发扬互助友爱的精神，将自己的座位让给对方。不要自以为理所应当，而对对方视若无睹。应当说明的是，大学生在乘车时，务必自觉遵守乘车的额定人数规定，切勿随意违规而使车辆超载。

(2) 安全至上

在乘车时，大学生一定要谨记安全至上，无论如何都不要因为不注意乘车安全而自找麻烦。在上下车时，一定要等待车辆停稳。在上下车的具体过程中，与身前、身后之人要尽可能地保持一定的距离，不要推挤踩踏对方。在车辆启动之后，千万不要逞一时之勇而去扒车或者跳车。在车辆行驶期间，不要主动与司机攀谈，免得分散其注意力。不要在车窗、车厢连接处等危险的地方就座，更不要随手向窗外乱扔东西。

(3) 严于律己

在乘车的时候，大学生须处处注意严格要求自己。

一是不争抢座位。在乘车时争抢座位，可谓极其不文明的表现。

二是不设置路障。在乘车时，既不要在通道上乱放东西，也不要乱伸自己的腿脚，以防阻挡他人。

三是不连吃带喝。在乘车时又吃又喝，往往会给自己周围的人造成不便。

四是不妨碍别人。乘车时，应使自己的身体距离其他人，尤其是不相识者或异性稍远一些。下雨下雪时所用的雨衣、雨伞等物，亦应在上车后立即收好。

五是不占据特殊的座位。在有的公共汽车、地铁或城市轻轨上，有专为老、幼、病、残、孕者预留的特殊座位，其他人是不宜在此就座的。

五、乘坐火车

火车，包括普通列车、城际列车、动车与高铁。远距离外出时，中国人目前主要选择乘坐经济实惠、线路多多的火车，尤其是喜欢选择飞速行驶的动车或高铁，大学生自然也不例外。在乘坐火车时，不但旅程漫长、时间较久，而且乘客甚多，难免你来我往，彼此接触较多，因此大学生有必要掌握乘坐火车时的基本礼仪规范。

(一) 持票就座

乘坐火车时，不论任何人，均应自觉地持票上车就座。具体而言，有以下四点须牢记。

(1) 预先购票上车

大学生在乘坐火车之前，必须依照规定预先购买车票。万一来不及购票，则应在上车之前预先说明，并在上车之后尽快补票。不允许逃票，不允许使用废票或者假票。使用电子客票、身份证、二维码，或直接“刷脸”上车时，大学生亦应符合相关规定。

(2) 乘坐指定车次

按照常规，持票乘坐火车时，只能够乘坐票上规定的车次。不仅如此，乘坐火车时就座的具体区间亦应遵守票面上的规定。这样做主要与乘客所支付的乘车费用直接相关，而且也是防止乘客误乘火车的必要措施。

(3) 坐指定座位

在同一列火车上，卧铺与座席、软席与硬席、商务座与普通座、空调车厢与非空调车厢，往往在舒适程度、服务标准等方面存在一定的差别，其具体票价自然也不同。因此，大学生在乘坐火车时，只能在指定的车厢、指定的铺位或座位上就座。千万不要耍小聪明，企图去更为舒适的地方占便宜。

(4) 每人一票一座

在正常情况下，人们在乘坐火车时，一人只能占一个座位或者一个铺位。在火车满员或者超载时，尤其应当强调这一点。大学生在乘坐火车时，不应多占座位，而漠视其他无座位者的存在。当车上乘客超载时，大家应当互谅互让。必要时，大学生应当主动为老、幼、病、残、孕者让座，或者为其他无座的乘客腾出一些地方，请对方暂时休息一下。

(二) 位次尊卑

与其他交通工具相比，火车上的位次尊卑问题相对而言不甚明显。但是，这并不等于说乘坐火车时可以不讲究位次的尊卑。在具体确定火车上的位次时，有如下四点应当予以兼顾。

(1) 舒适之处为上

在火车上，较为舒适的车厢和座位理当被视为上座。例如，卧铺较座席为佳，软席较硬席为佳，商务座较普通座为佳，空调车厢较非空调车厢为佳。

(2) 方便之处为上

火车上行动方便的位置，一般都被视为上座。就座席而言，内侧的位置高于外侧的位置；就卧铺而言，下铺高于中铺，中铺则又高于上铺。

(3) 面向前方为上

不论卧铺还是座席，在火车上均以面对火车行驶的方向为上位，而以背对火车行驶的方向为下位。究其原因，主要在于前者令人在视觉上感到比较舒服。

(4) 临窗之座为上

乘坐火车时，如果靠近车窗就座，则不仅视野开阔，可以饱览窗外的山川秀色，而且空气清新，可以使人不易晕车，因此这一位置被视为上座。

(三) 重在休息

由于乘坐火车者大多是长途旅行，为了保存体力，一般而言，休息乃是人们乘车时的第一要旨。不论自己精力多么充沛，大学生乘坐火车时均应切记以下三点。

(1) 细声细语

在火车上，不论是否休息，都要尽量保持安静，不要在无意中制造有碍他人休息的噪声。在交谈时，应当尽量降低自己的音量。在收听音乐、玩扑克牌、使用游戏机或者接打电话、使用社交媒体时，其声音越小越好。即使走动、取物、开关门，也要轻手轻脚。

(2) 管教孩子

有时，大学生在外出乘坐火车会带上自己的弟弟、妹妹，或者亲朋好友的孩子。在这种情况下，一定要自觉地管教好自己所带的孩子。不要任其哭闹、到处乱跑，扰乱其他乘客的休息，尤其是不要有意逗得孩子大喊大叫。与其他乘客所带的小孩玩耍时，亦须注意同样的问题。

(3) 与人方便

当身边的乘客显得疲倦困乏或者已经休息时，要尽量减少自己的走动，避免给对方造成干扰。届时，应将手机调为静音或关机，不要反反复复地开灯、关灯，不要收拾整理自己随身携带的物品。万不得已需要走动时，不要碰撞对方或者请求对方挪动位置。不要与对方交谈。当自己在卧铺床位上就寝时，应当头部朝向通道。倘若使自己双脚朝外，则不但睡相不雅观，还可能影响在通道上行走的其他乘客。

（四）举止适度

大学生在乘坐火车时，要对自己的言行举止严格要求，以下三点应当特别加以注意。

(1) 应对得体

在乘坐火车时，大学生可以与自己周围的乘客在两厢情愿的前提下进行适度的交际。主动找人交谈时，不要让对方感到勉强；他人找自己交谈时，一般都应当予以回应。不论与何人交谈，都要注意交谈态度和交谈内容，既不要目中无人、言辞傲慢，也不要信口开河、东拉西扯。

(2) 装束得体

大学生乘坐火车时的具体装束，应当体现出本人的良好教养。在活动方便的前提下，必须对其文明与否给予高度的重视。在外人面前，大学生切不可失去自尊，动辄打赤膊，甚至在车上穿着过于短小的内衣、短裤招摇过市。需要更换衣服时，通常应当前往洗手间进行。

(3) 饮食得体

在火车上，大学生对于饮食行为需要加以约束。有可能的话，最好去餐车就餐。在车厢内用餐时，应“速战速决”，并且不宜食用气味刺鼻的食物。不要对自己剩余的食物置之不理，或者将其扔到地上、窗外等处。不论有无规定，都不要在车厢内吸烟。

六、乘坐轮船

轮船是水上交通的现代化工具。当大学生需要跨越江河湖海，尤其是在旅游、观光时，乘坐轮船往往不失为一种理想的选择。

大学生在乘坐轮船旅行时，既要遵守有关规定，又要对相关的礼仪规范有所了解。具体来讲，在确保安全、各就各位以及和睦相处三个方面，均应依礼而行。

（一）确保安全

乘坐轮船旅行时，安全第一是大学生不容忽视的问题，对于没有乘坐轮船经验的大学生来讲，安全问题则更为重要。在乘坐轮船时要特别注意的安全问题，主要涉及下列四点。

(1) 上下有序

在上下轮船时，一定要按照先来后到的顺序排队，并且自觉地依次而行。在正常情况下，上船或下船时，都要尽量与身前身后之人保持一定的距离，并且全神贯注、小心翼翼。这么做，既是为了讲究社会公德，也是为了确保安全。在上下船时假如一拥而上、乱挤乱跑，通过舷梯时就难以保证不出现闪失。此刻东张西望，也有可能遭遇危险。

(2) 活动有忌

在乘船旅行途中，进行室外活动亦有一定之规。凡有碍安全的地方，均应避免前往。切勿为了逞英雄、充好汉，而拿自己的生命安全冒险。诸如船上的轮机舱以及桅杆、救生艇等处，均非可供乘客观光戏耍之处。至于没有护栏之处，则更是不宜只身前往。在夜深人静或风大浪险之际，尽量不要在甲板上自我陶醉、流连忘返，否则，被风浪无情地卷入水中或者失足落水的可能性都是很大的。

(3) 离船有规

乘船途中，若未经允许，则任何乘客均不得擅自离船进行自由活动，尤其是严禁不告而别。以下两种擅自中途离船的情况，应当特别予以禁止。

一是下水游泳。当轮船所在的水域状况不甚明了时，下水游泳存在很大的潜在危险。

二是登陆上岸。在轮船因故暂时靠岸而禁止乘客登陆时，切勿登陆上岸，否则很有可能会使自己离队失踪。

(4) 逃生有法

万一在乘船旅行途中遇上了难以预料的天灾人祸，如触礁、撞船、劫船、沉船、台风、火灾等，大学生一定要处变不惊，与其他乘客一起同舟共济、进行自救，并且在力所能及时给予他人援助。需要弃船逃生时，应当听从船员的指挥，不要惊慌失措、夺路而逃，更不要急不择路。

（二）各就各位

乘坐轮船时，具体的顺序、座次有着一定的讲究。大学生对于这方面的礼仪规范，必须予以遵守。在以下三个方面，尤其不能大意。

(1) 上下轮船的顺序

上下轮船的顺序，是有一定讲究的。除要遵守先来后到、依次排队而行的规定之外，与同行者行动的先后顺序亦颇有特点。正确的做法是：在上船时，大学生应当主动请同行之人在前而行，尤其是应当请同行的领导、客人、师长、妇女、儿童走在自己的前面。而当下船通过舷梯时，大学生则应当自己在前而行，而请同行之人走在身后，尤其是应当请同行的领导、客人、师长、妇女、儿童走在自己的后面。

(2) 客舱之内的位次

在船上专供乘客休息的客舱，是分档次、讲位置的。根据常规，以垂直于水平面而论，越是往上的舱位越是舒适，其位次因而也就越高。在同一平面的舱位之中，通常单人间优于多人间，多人间则又优于通铺。在同一档次的舱房之中，距离通道出口处越近，一般位次便越高。而就普通的多人住宿的客舱来讲，卧铺高于座席，软席高于硬席，下铺高于上铺，空调席高于非空调席。具体到一间多人住宿的客舱内，则以距离舱门远者为上位，距离舱门近者为下位。

(3) 就座于规定之处

在轮船上，不同档次的舱位通常在票价上有所不同。因此，凡购买标有座号、铺号的船票者，均应自觉对号入座。不要占据、争抢并不属于自己的位置，也不要随便与其他不相识的乘客互换座号、铺号。倘若大学生所持的是散座船票，则上船后应当在指定之处就座，一人一座，既不要多占位置，也不要再三调换自己的位置。

（三）和睦相处

乘坐轮船时，大学生与船上的其他同船人均应友好相处，彼此之间应以礼相待。在下列三点上，尤须认真注意。

(1) 照顾同行之人

当大学生与自己的亲朋好友结伴乘船时，应当对对方给予力所能及的帮助。在客舱之内休息时，应将较好的位置让予对方。在日间活动时，应当主动地与对方在一起进行交谈、娱乐，或者共同外出观光、散步。发现对方身体不适或者晕船时，应当积极为其寻医问药，并且对对方进行安慰和照料。在任何情况下，都不应当在乘船时有意或无意之中疏远、冷落自己的同行之人。

(2) 礼待其他乘客

乘船时，可以适度地与其他乘

客进行交际。与其他乘客进行交往时，勿忘待之以礼。在船上，只要双方情愿，大学生们完全可以同自己遇到的任何人进行交往。大家可以在一起谈天、散步、娱乐，甚至是共同进餐，但不要忘记给对方留下私人活动的时间。与异性进行交往时，既要光明磊落、大大方方，又要讲究分寸，不要对对方热情过高，也不要与对方如影随形。与其他乘客交谈时，有关海难、劫船、凶杀等耸人听闻的话题应当免谈。当刚刚结识的异性乘客对自己热情相待时，既不要自作多情、受宠若惊，也不要对对方来者不拒、不存任何戒心。

(3) 尊重全体船员

按照乘船的礼仪规范，任何身份的乘客在搭乘客轮时，都要给予全体船员以应有的尊重。大学生在乘船旅行时，对此要加以重视。以下四点，特别应当尽力做好。

一是要尊重船员的人格，不要对对方颐指气使。

二是要感谢船员的服务，不要自觉受之无愧。

三是要配合船员的工作，不要有意无意给对方添麻烦。

四是要听从船员的管理，不要在船上一意孤行。

七、乘坐飞机

目前，飞机是最为先进的交通工具。它一方面具有安全可靠、快速便捷、轻松舒适等显著的优点，而另一方面对其乘客在礼仪规范方面也有着更高的要求。在日常生活中，普通大学生乘坐飞机的机会并非很多。正因为平时缺乏乘坐飞机的经验，大学生更有必要认真而系统地学习乘坐飞机的礼仪。

具体而言，大学生应掌握的乘坐飞机的礼仪主要涉及严守规定、尊重他人、自尊自爱三个方面。

(一) 严守规定

为了确保飞机的飞行安全，民航方面对于乘客在乘坐飞机时的表现有着一系列的具体规定。如果违反，则不仅会受到严厉的批评，而且还有可能被依法惩处。

(1) 购买机票的规定

在中国境内购买机票时，目前必须出示有效证件，如居民身份证、护照等，否则不能购票。购买机票时，必须填写购票者的真实姓名与证件号码。购票之后，可以按规定退票，但不得将其自行转让他人。

(2) 携带行李的规定

因飞机载重有限，所以对乘客随身携带或交付托运的行李都有专门的规定。在中国，持头等舱机票者，每人可随身携带两件物品；持公务舱或经济舱机票者，每人只可随身携带一件物品。每件物品的重量不得超过5千克，其体积应限制在长55厘米、宽40厘米、高20厘米之内。乘坐飞机时，每位乘客均可免费托运一定重量的行李。具体规定是：头等舱40千克，公务舱30千克，经济舱20千克，超重部分的行李则应付费托运。凡托运的行李，每件不得超过50千克。除包装完好之外，其体积应限制在长100厘米、宽60厘米、高40厘米之内。凡违法、违规物品，诸如货币、证券、锂电池、充电宝等，均不得交付托运。

(3) 登机检查的规定

在登上飞机之前，每位乘客均应依照有关规定，接受例行的检查。

一是要出示登机牌和个人的有效证件。

二是要接受个人安全检查。所谓安全检查，在此是指对每一位乘客及其随身携带物品进行的以维护航空安全为目的的技术检查或手工检查。按照现行规定，动物、枪支、弹药、刀具、利器、饮料、酒类、火柴、打火机、易燃易爆物、剧毒放射物、气味异常之物、涉毒涉黄之物、容量超标的充电宝与美容美发用品，均不得携带登机。

(4) 乘机期间的规定

乘机旅行期间，对所有乘客亦有一定的要求。在飞机起飞或降落时，应在座位上坐好，系上安全带，调直座位，并且收起身前的小桌板。当飞机颠簸时，不允许起身站立、四处走动，或者使用卫生间、取放个人行李。凡禁止触碰之处，均不得随意乱摸乱动。机上专用的救生用品，不得私自携带下机。

(二) 尊重他人

乘坐飞机期间，大学生必须处处注意尊重他人，否则就会使自己显得缺少教养，从而见笑于他人。

(1) 尊重机场工作人员

大学生在上飞机之前、下飞机之后，都要始终如一地对机场工作人员表示应有的尊重。享受对方所提供的服务之后，要向对方道谢。得到对方的帮助之后，亦应不忘致谢。接受对方的检查时，则应全力配合，既不要有意为难对方，更不要借机吹毛求疵。

(2) 尊重机上乘务人员

乘机期间，对机上的所有乘务人员，不论对方是同性还是异性，都要礼貌有加。上下飞机时，对于来自对方的问候要积极回应。当对方为自己送上食物、饮料、书刊、纪念品时，勿忘向其道谢。请求对方帮助时，不要给对方出难题。可以自己解决的问题，则最好不要去麻烦对方。当对方向自己提出建议时，一般均应欣然接受，而不宜顶撞对方。

(3) 尊重其他同行乘客

乘机旅行的时间通常较短，因

此在机上与其他乘客进行交际的时间较少。虽则如此，亦应注意下列六点。

一是上下飞机要排队依次而行。

二是在机上走动或摆放行李时不要阻挡别人。

三是不要因为个人行为而影响别人休息。

四是不要盯视、窥视异性或者外宾。

五是不要拒绝与别人进行交谈。

六是遇到明星、偶像，不要尾随、围观、大呼小叫。

（三）自尊自爱

大学生在乘坐飞机期间，必须以实际行动体现自尊自爱。在下列六点上，尤应多加注意。

(1) 忌大声喧哗

当别人休息时，尤其是飞机在夜间飞行时，千万不要高声谈笑、喋喋不休或放声高歌，免得妨碍其他乘客的休息。此时如有必要说话，则声音越低越好。

(2) 忌危言耸听

在飞行期间，不要对飞机的性能说三道四，尤其是不要谈论有关劫机、撞机、坠机等涉及空难的话题。否则既吓唬了别人，又有可能因此而使自己违规违法。

(3) 忌乱走乱动

不要在飞机飞行期间从座位上进进出出，或者在通道走来走去。身前的小桌板、身后的椅背，亦不得反复调试，以免令人厌烦。飞机降落时，如其尚未停稳，切勿贸然起身收拾行李。

(4) 忌手脚乱伸

不论自己周围的座椅或通道上是否有人，均不应将自己的手脚随意乱伸出去。至于将身子躺在别人的座椅上，或将自己的腿脚搭放上去，则更是不可以的。

(5) 忌当众更衣

万一有必要在机上更换衣服，宜前往洗手间，而不宜当众进行。随意在机上脱去鞋袜亦为不雅之举。

(6) 忌占小便宜

在机上享用免费的食物、饮料时，应量力而行，不要暴饮暴食。机上专用的报刊、毛毯、枕头、靠垫等物品，通常均不得私自带下飞机。

第三节　会面

会面，通常是指一个人与别人见面。在人际交往中，特别是在正式交往中，会面作为“开场”的起点，往往都是值得重视的一个环节。

有关心理学的研究证明，在人际交往中，尤其是在初次交往中，一个人留给交往对象的第一印象是至关重要的。在一般情况下，它不但直接左右着对方对其的评价与看法，而且还会在很大程度上直接影响双方之间的进一步交往。

如上所述，会面是人际交往的起始环节。一般而言，一个人留给他人的第一印象，往往形成于双方会面之初。有鉴于此，珍视自我形象的大学生，一定要对自己与他人的会面慎之又慎。

大学生在与他人会面时，要想留给对方良好的第一印象，就应掌握并且恰到好处地运用会面礼仪。会面礼仪，亦称见面礼节，它指的是人与人在会面之际应遵守的主要礼仪规范。称呼、问候、握手以及交换名片等，都属于会面礼仪的基本内容。

一、称呼他人

称呼，通常是指在人际交往中使用的称谓。一个人在与别人打交道时，能否使用恰如其分的称呼，不但体现着其自身的修养、尊重对方的程度，而且还反映着双方之间的关系与整个社会的风尚。

在人际交往中，尽管称呼非常简短，但却颇受关注。大学生在日常生活中使用称呼时，切莫马虎大意。

(一) 称呼的作用

要引起对称呼的重视，大学生首先就必须充分了解称呼在人际交往中的重要作用。一般而言，称呼至少发挥着下列四个方面的作用。

(1) 体现着一个人对于他人的基本评价

称呼的一大特点，是它具有鲜明的褒贬性。人们尊重一个人时，自然会采用尊称；而轻视一个人时，则往往会采用有失敬意的蔑称。

(2) 标志着一个人自身情感的显著变化

一个人自身情感的变化，通常会对其人际交往产生一定的影响。当一个人心情颇佳时，他对别人的称呼往往会亲近、友善；当一个人情绪低落时，他对别人的称呼则难免会有意无意地表现出冷漠或距离。

(3) 反映着一个人与他人的亲疏和远近

在人际交往中，人与人之间的亲疏和远近有所不同，彼此之间采用的具体称呼往往便会相去甚远。双方之间的关系越亲近，彼此所使用的称呼通常越随便；双方之间的关系越疏远，彼此所使用的称呼则反而较为郑重其事。

(4) **展示着一个人与其他人的地位差异**

一个人在其人际交往中，通常会与自己的交往对象在地位上存在着一定的差异，包括职务、衔级、年龄、辈分、届别等。在正式场合里称呼他人时，往往会因此而显现出双方之间的地位差异。

(二) 称呼的类型

具体而言，称呼有着许多不尽相同的类型。大学生们如欲正确地使用称呼，就必须区分称呼的不同类型，并且善于在具体使用称呼时选择恰当的类型。

(1) **正规的称呼**

正规的称呼，主要适用于人与人之间的初次交往、因公交往和对外交往。正规称呼总的要求是：通过称呼的具体使用，体现出称呼者对被称呼者的谦恭与敬意。

进而言之，大学生使用的正规称呼具体又可以分为下列几类：一是以“您”相称；二是以“老师”或“同学”相称；三是以“先生”“小姐”“女士”或“夫人”相称；四是以学衔、军衔、警衔相称；五是以职务、职称或职业相称。

(2) **非正规的称呼**

非正规的称呼，则通常主要适用于各类非正式场合，并且多为亲朋故旧之间所采用。非正规称呼的主要特点是：借助此类称呼的使用，来表达称呼者对被称呼者的亲近与友善。

一般来讲，非正规称呼大体上可分为下列五类：一是以“你”相称；二是以姓名相称；三是以“老”或者“小”加上姓氏相称；四是以名字或者小名相称；五是以辈分相称。

(三) 称呼的原则

在称呼他人时，通常有着一些原则性的规定，此即所谓称呼的原则。大学生应遵守的称呼的原则，主要有以下两项。

一是考虑彼此的关系。称呼他人时，必须优先考虑相互之间的具体关系。在人际交往中，彼此之间的关系若有不同，其具体使用的称呼自当有所区别。举例而言，在我国，老师在称呼学生时，可以直接称呼其姓名；而学生如果直接称呼老师的姓名，则属于不敬之举。

二是兼顾所处的场合。称呼他人时，必须兼顾当时所处的具体场合。同一种关系的人，在不同的场合里彼此之间所使用的称呼往往会有所不同。一般而论，在正式场合或是在外人面前需要采用正规的称呼；在非正式场合或是在自己人面前，则往往可以采用各种非正规的称呼。

（四）称呼的禁忌

大学生在人际交往中，为了使自己对他人的称呼不失敬意，通常应当避免下列六种主要的禁忌。

（1）忌使用绰号作为称呼

以绰号作为称呼，尤其是自作主张地给他人尤其是同学或师长起绰号，既显得过于随便，也是不尊重对方的表现。

（2）忌使用庸俗性的称呼

有些称呼，例如，“死党”“菜鸟”“小爷”“小姐姐”“小哥哥”“哥们儿”“姐们儿”等，要么显得过分亲昵，要么过于粗俗，均难登大雅之堂。

（3）忌使用歧视性的称呼

在现代社会里，人与人之间的关系应当是平等的。因此，在称呼他人时，切勿居高临下、歧视对方。不允许随意以称呼去贬低对方，更不能在称呼中显示出对对方学历、职业、地域、民族、宗教或者性别、年龄、地位等方面的歧视。

（4）忌滥用行业性的称呼

有的称呼，仅仅适用于某一特定的行业。如果超出了其特定的范围，便会显得不伦不类。“师傅”“老板”“战友”“出家人”之类的称呼，均属于此类不宜滥用的行业性称呼。

（5）忌滥用地域性的称呼

某些称呼只有在某一特定的区域内使用才名正言顺，才不会招致误会，它们即为地域性称呼。例如，中国人常用的“爱人”这一对配偶的称呼，到了境外则往往会被人理解为“情人”。

（6）忌直接称呼尊长姓名

在我国，直接称呼尊长的姓名，往往被视为失礼。在国外，则无此一说。

常用的称呼

二、互致问候

问候，又叫作问好或者打招呼。它适用于人们见面之初，主要用以向他人询问安好、表示关切或者致以敬意。在正常情况下，一个人与自己的熟人见面时，双方理当相互致以问候，否则就是一种目中无人的表现。

在会面时，人们彼此之间互致问候虽说属于例行公事，但依然不可掉以轻心。在问候他人时，大学生主要应当注意下列三个方面的问题。

（一）问候的内容

人们问候他人时的具体内容往往多有不同，通常问候语的具体内容具有明显的地域性、时效性特征。在一般情况下，人们常用的一些问候语都是约定俗成的。根据具体内容加以区分，问候语大致可以分为以下三类。

（1）**问好型**

问好型的问候语，即见面时直接问候交往对象，例如，“您好”“早上好”“下午好”，或者“大家好”。这种问候语言简意赅、直截了当，既不失礼貌，又可避免东拉西扯，故其最为正规，适用范围最广。

（2）**寒暄型**

寒暄型的问候语，即人们在平日问候他人时所讲的一些应酬话，诸如“吃了没有”“上哪里去”“忙什么呢”等。对此类问候语，一般没有必要予以实质性的答复。它多适用于熟人之间，在跨文化交际时则务必慎用。

（3）**交谈型**

交谈型的问候语，即人们在问候他人时直接选择一个话题，在问候对方的同时，希望就此交谈下去。此类问候语，多适用于公务场合。

（二）问候的顺序

问候别人时，其先后顺序方面的具体问题，应当引起大学生的重视，越是正式的场合，越是需要重视这一点。

（1）**两人见面**

两人见面时，双方均可主动问候对方，而不必非要等待对方首先开口。但在正常情况下，标准的做法是所谓“位低者先行”，即双方之中地位较低的一方，应当自觉地首先问候地位较高的一方。

（2）**一人与多人见面**

当一个人与多人见面时，问候对方有两种具体方法：一是由尊而卑，依次问候对方；二是统一问候对方，而不必一一具体到每个人，例如，“各位好”“同学们好”等。

（三）问候的态度

具体问候他人时，大学生务必使自己言行一致。此时此刻，人们往往讲究对交往对象“听其言，观其行”。大学生在问候他人时，一定要力求态度热情而友好，切勿傲慢冷漠、敷衍了事。

具体问候他人时，要使自己的态度热情而友好，关键是要使自己的表情与举止能够同问候语的具体使用彼此协调、相互配合。以下四点，尤其需要注意。

一是起身站立，迎向对方。问候别人时，不应该等待对方走向自己，但凡有可能，就要站起身来，并主动走向被问候者。一般而言，问候他人时，双方之间的距离以1～3米为宜。

二是面带微笑，待人友善。问候他人时，通常应当面带微笑。这样做，既是对对方的一种接纳，也是对对方友好之意的直接体现。倘若在问候别人时不苟言笑，甚至显得过度冷漠，则会让对方感觉受到对其的排斥。

三是目视对方，专心致志。在问候他人时，必须做到“三到”，即话到、眼到、心到。唯有如此，才会使自己的问候显得实心实意。问候别人时，眼到与话到、心到往往直接关联。假如在问候他人时左顾右盼，则会给人以言不由衷、心不在焉之感。

四是认真对待，及时回应。在任何情况下，问候别人都是一种不可或缺的基本礼仪规范，大学生们对其一定要高度重视，并认真对待。特别重要的是，在他人问候自己之后，一定要谨记“来而不往非礼也”，应及时地回应对方，切切不可有来无往。

三、相互握手

人们在见面时，通常都会相互行礼，以便向交往对象致以敬意。对中国人来说，握手便是其相互见面时使用最为普遍的礼节。在日常生活里，握手虽为司空见惯之事，但在许多方面却颇有讲究，若是疏忽大意，则难免会弄巧成拙。

（一）握手的方式

与他人握手，大学生有必要对握手的具体方式加以注意，只有采用正确的方式，才能使握手发挥其应有的作用。一般来讲，与别人握手时，具体应当兼顾以下七点。

(1) 起身站立

见到他人时起身站立，通常含有对对方的恭敬之意。因此，大学生在与别人握手时，均应起身站立。

(2) 使用右手

与别人握手时，大学生应当使用右手。用左手与别人握手，一般被认为是不礼貌的，只有在特殊情况下才允许那样做。

(3) 手位正确

与别人握手时，手位应当力求正确无误。标准的做法是：握手的双方相互握住对方的手掌。仅仅握住对方手指的指尖，或者握对方的手腕，都是失当的。

(4) 时间适中

握手的具体时间既不宜过短，也不宜过长。握手的时间太短，好似敷衍对方；握手的时间过长，则会显得热情过度。在正常情况下，与他人握手的时间以 3 秒钟左右为宜。

(5) 力量适度

握手时应注意力度。用力过轻，会令人感到自己缺乏热忱；用力过重，则会给人以挑衅之嫌。

(6) 态度友好

一般来讲，与别人握手时，均应目视对方双眼，并面含微笑。此刻若东张西望，或者面无表情，则会给人以不专心、不友好的感觉。

(7) 稍事寒暄

与别人握手时，通常需要同时与对方交谈片刻。其具体内容，要么是问候对方，要么是小叙家常。如果始终一言不发，则会导致冷场。

（二）握手的顺序

与他人握手时，双方伸手的先后顺序有着一定之规。最基本的讲究是“尊者居前”，即双方握手时，应由地位较高者首先伸出手来。地位较低者若首先伸出手来，则是失礼的明显表现。

具体而言，长辈与晚辈握手时，应由长辈率先伸手；老师与学生握手时，应由老师率先伸手；女士与男士握手时，应由女士率先伸手；已婚者与未婚者握手时，应由已婚者率先伸手；职务高者与职务低者握手时，应由职务高者率先伸手。

当客人与主人握手时，情况则较为特殊。客人抵达时，通常应由主人率先伸手；而当客人告辞时，则应由客人率先伸手。前者是主人为了体现自己对客人的欢迎之意，后者则是客人为了请主人就此留步。

握手的规则

当一个人需要与数人一一握手时，其合乎礼仪的顺序有二：一是由尊而卑地依次进行；二是由近而远地依次进行。前一种做法，适用于握手对象地位尊卑较为明显之时；后一种做法，则适用于握手对象地位的尊卑不甚明显或者难以区分之时。

（三）握手的禁忌

大学生与别人握手时，如欲使自己的所作所为表现得彬彬有礼，就不宜触犯下述八种握手的禁忌。

(1) 不宜戴着手套

手套往往不洁，因此与人握手时宜首先摘下自己所戴的手套。只有女士在社交活动中才被允许戴着薄纱手套与别人握手。

(2) 不宜戴着墨镜

戴着墨镜与别人打交道，通常被视为暗含与对方“拉开距离”之意。唯有眼部患病或存在缺陷者才可以那么做。

(3) **不宜以手插兜**

与别人握手时，另外一只手不仅应当空着，而且还应当令其在身体的一侧自然垂放。若将之插入衣兜之内，则容易给人以过分随便之感。

(4) **不宜掌心向下**

伸出手来与人相握时，假如掌心向下，则通常会给人以居高临下之感；如果掌心向上，则表示待人谦恭；如果掌心垂直于地面，则表示待人平等。

(5) **不宜滥用双手**

只有在亲朋故旧相见时，方可以双手与对方相握。与初交之人握手时，尤其当对方为异性时，以双手与其相握显然是不合适的。

(6) **不宜推拉抖动**

与别人握手时，动作与幅度应当适度。既没有必要握着对方的手推过去、拉过来，也没有必要握着对方的手反复抖动不止。

(7) **不宜跨着门槛**

在握手时，双方的身体一般应保持静态，并站立不动。不要一边握手一边走动，尤其是不要跨着门槛，一脚门内一脚门外地与别人握手。

(8) **不宜争先恐后**

不论与要人握手，还是与多人握手，均应讲究先来后到、依次而行，不要推推搡搡、不守秩序、争先恐后。

四、交换名片

名片，指的是人们交际时所使用的向别人介绍自己具体情况的一种特制的长方形硬纸卡片。在名片上面，一般印有本人的姓名、单位、部门、职务、联络方式等内容。在人际交往中，名片既可用以进行自我介绍，又可用以与他人保持联络。因此，它已被视为现代人理当随身必备的一种交际工具。

一般而言，大学生并非都要备有名片。但在学校担任学生会、学联、社团工作者，或外出实习时，则往往需要使用名片。大学生在人际交往中，不论自己是否拥有名片，均应对名片交换的礼仪规范加以重视。对于下述三个具体问题，大学生尤其应当慎重对待。

(一) 递送名片

需要将本人的名片递交给他人时，通常有下列五个方面的礼仪问题需要注意。

(1) **有备而至**

参加重要活动之前，应当有意识地准备好自己的名片，并将其置于易于取用之处，以备不时之需。最得体的做法，是将名片装入专用的名片盒、名片夹或名片包之内，然后将其放入自己的上衣口袋或随身携带的包、袋中。

(2) 讲究时机

一般而言，递送名片多在与他人初次见面、进行自我介绍之际。但是，在自我介绍时，并非一定要递送本人的名片。将自己的名片递送给对方，除了希望对方进一步对自己有所了解之外，通常还含有对对方表示重视、希望结交对方并与对方保持联络之意。把自己的名片递送给熟人，往往仅见于本人单位、地址或联络方式发生变更之后。

(3) 考虑顺序

交换名片时，合乎礼仪规范的顺序具体有二。

一是两人交换名片时，应当遵守“尊者居后”的规则。即双方之中地位较低者应当首先把自己的名片递送给地位较高者。

二是一人将本人的名片递送给多人时，要么应当由尊而卑依次而行，要么则应当由近而远依次而行。届时若不讲任何顺序，显然是不适当的。

(4) 毕恭毕敬

将名片递送给他人时，态度要恭恭敬敬，具体来讲，有下述五点必须予以注意：一是应当起身站立；二是应当主动走近对方；三是应当以双手或右手递上名片；四是应当在递上名片时使之处于低于本人胸部的位置；五是应当将名片正面面向对方。

(5) 语言提示

将自己的名片递送给别人时，一言不发是极不礼貌的。按照常规，在递上本人名片的同时，应当面含微笑，并略道谦恭之语。可以说“请多关照”“请多指教”“希望今后保持联系”，或者直接说“这是我的名片”。

(二) 接受名片

接受他人递送过来的名片时，亦应认真遵守相关的礼仪规范，假如表现稍有失当，便有可能失敬于人。

(1) 认真接受

在接受他人名片时态度是否认真，往往会同对对方尊重与否直接联系在一起。接受他人名片时，若要表现出自己的认真友好之意，就必须注意以下三点：一是要起身站立；二是要迎向对方；三是要以双手或右手捧接。

(2) 口头道谢

他人将名片递送给自己，尤其是当对方首先递上自己的名片时，大学生必须意识到：此种做法本身就是对自己的一种尊重。所以，在接受对方名片时，理当口头向对方致谢，或是直接告诉对方自己感到“非常荣幸”。

(3) 专心通读

为了表示对递上名片者的尊重，但凡有可能，在接过名片后，要牢记“接受名片，一定要看，通读一遍”这12个字。这样做，至少有以下三个好处：一是可以表示对对方的重视；二是可以及时了解对方的具体情况；三是可以当面请教自己不清楚的地方。

(4) 妥善存放

接过名片后，切勿反复把玩、折叠、随手乱扔、乱掖乱塞、递给他人，或放入裤兜之内。上述做法，均含有不敬之意。当着对方的面在其名片上涂涂改改，亦为不当之举。得体的做法，是在将他人的名片通读之后，立即将其收入名片盒，上衣衣兜，随身携带的包、袋，或者桌子的抽屉之中。

(5) 有来有往

他人首先递上名片之后，自己亦应立即将名片递给对方。当时如有来而无往，难免会令对方不快。大学生倘若尚无名片，则可直言相告，或者告诉对方“改日再补”。

(三) 索取名片

在一般情况下，大学生不宜动辄向别人索要名片，但在必要时允许偶尔为之。应当注意的是，在向别人索取名片时为了做到可进可退，并且不失自尊与敬人之意，通常不宜在表达此意时显得过分鲁莽。例如，此刻直接询问对方“你有名片吗”，或者伸手向对方讨要“给我一张名片吧”，这些做法显然都不合适。

根据交换名片的礼仪，索取他人的名片时，大体上共有如下四种常规的方法可循。

(1) 主动递上本人的名片

倘若将本人名片首先递给交往对象，对方一般都会有来有往，做出必要的回应。

(2) 向对方建议互换名片

假如担心上一种做法不管用，则不妨直接请求对方：“能否有幸与您交换一下名片?”这种做法，通常都不会遭到拒绝。

(3) 询问对方:“今后怎样向您请教?”

向有地位、有身份的人或长辈索要名片时，可以采用这种暗示法，不仅点到即止，而且还不失谦恭之意。

(4) 询问对方:“今后如何与您联系?”

向平辈之人或晚辈索取名片时，大抵都可以做出上述这样的暗示。这样即便遭到对方的拒绝，也不至于令自己过分尴尬。

以上四种索取他人名片的具体做法，应当说各有各的适用对象。前两种做法主要适用于携带名片之人，后两种做法则主要适合于未带名片者。应当说明的是，不论他人以何种具体方式向自己索取名片，都尽量不要回绝。

第四节　介绍

现代人要生存、要发展，就需要与其他人进行必要的沟通，以寻求理解、帮助和支持。介绍，就是人际交往中与他人进行沟通、增进了解、建立联系的一种最基本、最常规的方式。它是经过自己主动沟通，或者通过第三者从中沟通，从而交往双方相互认识、建立联系的一种社交方法。也可以说，介绍是人与人之间相互沟通的出发点。

在人际交往中，大学生如能正确地利用介绍，则不仅可以扩大自己的交际圈，广交朋友，而且还有助于自己进行必要的自我展示、自我推广，并且替自己在人际交往中消除误会、减少麻烦。

根据介绍者，即何人做介绍的不同，介绍可以分为自我介绍、他人介绍、集体介绍三种基本类型。

一、自我介绍

自我介绍，简言之，就是在必要的社交场合，由自己担任介绍的主角，自己将自己介绍给其他人，以使对方认识自己。

在社交活动中，欲结识某个人或某些人，而又无人引见，如有可能，即可自己充当自己的介绍人，自己将自己介绍给对方。这种自我介绍，称作主动型的自我介绍。

在其他一些情况下，人们有时会应其他人的要求，将本人某些方面的具体情况进行一番自我介绍。这种自我介绍，则称为被动型的自我介绍。

从总体上讲，主动型的自我介绍与被动型的自我介绍都是自我介绍。它们在人际交往中，都是经常采用的介绍方式。

根据礼仪规范，进行自我介绍时，应注意自我介绍的时机、自我介绍的内容、自我介绍的分寸等方面的问题。

（一）自我介绍的时机

应当何时进行自我介绍？这个问题比较复杂，它往往具体涉及时间、地点、当事人、旁观者、现场气氛等多种因素。一般认为，在下述时机，如有可能，都有必要进行适当的自我介绍。

介绍自己

A. 在社交场合，与不相识者相处时。

B. 在社交场合，当有不相识者表现出对结识自己感兴趣时。

C. 在社交场合，有不相识者请求自己做自我介绍时。

D. 在公共聚会上，与身边的陌生人共处时。

E. 在公共聚会上，打算介入由陌生人组成的交际圈时。

F. 有求于人，而对方对自己不甚了解，或一无所知时。

G. 交往对象因为健忘而记不清自己，或担心这种情况有可能出现时。

H. 在出差、旅行途中，与他人不期而遇，并且有必要与之进行临时接触时。

I. 初次前往他人居所、办公室，进行登门拜访时。

J. 拜访熟人遇到不相识者挡驾，或是对方不在，而需要请不相识者代为转告时。

K. 初次利用大众传媒，如报纸、期刊、广播、电视、网络、电影、标语、传单，向社会公众进行自我推介、自我宣传时。

L. 利用社交媒介，如信函、电话、传真、微信、电子邮件，与其他不相识者进行联络时。

M. 前往陌生单位，进行工作联系时。

N. 因业务需要，在公共场合进行业务推广时。

O. 应聘求职时。

P. 应试求学时。

Q. 办理有关证件、证明时。

凡此种种，又可以归纳为三种情况：一是本人希望结识他人；二是他人希望结识本人；三是本人认为有必要令他人了解或认识自己。

（二）自我介绍的内容

鉴于需要进行自我介绍的时机多有不同，因而进行自我介绍时的表述方法便有所不同。自我介绍的内容，此处指的是自我介绍时所表述的主体部分，即在自我介绍时表述的具体形式。

确定自我介绍的具体内容，应兼顾实际需要、所处场景，并应具有鲜明的针对性，切不可"千人一面"、一概而论。

依照自我介绍时表述的内容不同，自我介绍可以分为下述五种具体形式。

（1） 应酬式

应酬式自我介绍，主要适用于某些公共场合和一般性的社交场合。例如，旅行途中、宴会厅里、研讨会上、通电话时。它的对象，主要是进行一般性接触的交往对象。对介绍者而言，对方属于泛泛之交，或者早已熟悉，进行自我介绍只不过是为了确认本人身份而已，故此种自我介绍内容要少而精。

应酬式自我介绍内容最为简洁，往往只包括姓名一项即可。例如：

“您好！我叫郭开心。”

“我是高兴。”

(2) **工作式**

工作式自我介绍，主要适用于工作之中。它以工作为自我介绍的中心，因工作而交际，因工作而交友。有时，它亦称为公务式自我介绍。

工作式自我介绍的内容，应当包括本人姓名、供职的单位及其部门、担负的职务或从事的具体工作等三项，通常缺一不可。其中，第一项姓名，应当一口报出，不可有姓无名，或有名无姓。第二项供职的单位及其部门，有可能的话最好全部报出，具体工作部门有时也可以暂不报出。第三项担负的职务或从事的具体工作，有职务者最好报出职务，若职务较低或者无职务，则可报出目前所从事的具体工作。例如：

“你好！我名叫果然，是苏州市政府外事办公室的礼宾处处长。”

“我名叫李志杰，现在在北京大学外交学系读外交学研究生。”

(3) **交流式**

交流式自我介绍，主要适用于社交活动。它是一种刻意寻求与交往对象进一步交流与沟通，希望对方认识自己、了解自己、与自己建立联系的自我介绍。有时，它也叫社交式自我介绍或沟通式自我介绍。

交流式自我介绍的内容，大体上应当包括介绍者的姓名、工作、籍贯、学历、兴趣以及与交往对象的某些熟人的关系等。它们不一定非要面面俱到，而应依照具体情况而定。例如：

“我叫程学礼，现在在首都吉普有限公司工作。我是清华大学汽车工程系2015级的，我想咱们是校友，对吗？”

“我的名字叫谢丽华，现在在正大公司当财务总监，我和您先生是高中同学。”

“我叫覃爱国，天津人。我刚才听见你在唱蒋大为的歌，他是我们天津人，我特别喜欢他唱的歌，你也喜欢吗？”

(4) **礼仪式**

礼仪式自我介绍，适用于会议、讲座、报告、演出、庆典、仪式等一些正规而隆重的场合。它是一种意在表示对交往对象友好、尊敬的自我介绍。

礼仪式自我介绍的内容，亦包含姓名、单位、职务等项，但往往还应多加入一些适宜的谦辞、敬语，以示自己礼待交往对象。例如：

“各位来宾，大家好！我叫邓鲤，是华云公司的副总经理。现在，由我代表本公司热烈欢迎大家光临我们的开业仪式，谢谢大家的支持！”

(5) **问答式**

问答式自我介绍，一般适用于应试、应聘和公务交往。在普通交际应酬场合也比较常见。

问答式自我介绍的内容，讲究问什么答什么，有问必答。例如：

甲问：“这位小姐，你好！不知你应该怎么称呼？”乙答：“先生您好！我叫叶浅浅。”

主考官问："请介绍一下你的基本情况。"应聘者答："各位好！我叫汪勇信，现年27岁，陕西西安人，汉族，共产党员，已婚，2016年毕业于西安交通大学船舶工程系，获工学学士学位，现在在沪上船务公司任助理工程师，已工作5年。其间，曾去阿根廷工作1年。本人除精通专业外，还掌握英语、西班牙语，懂电脑，会驾驶汽车和船只。曾在国内正式刊物上发表过6篇论文，并拥有一项技术专利。"

（三）自我介绍的分寸

进行自我介绍之时，对下述三方面的问题必须予以正视，方能使自我介绍恰到好处，不失分寸。

（1）斟酌时间

在进行自我介绍时要斟酌时间，在此具有双重含义。

一方面，自我介绍时一定要力求简洁。即尽可能地节省介绍自己时所使用的时间。虽说各种形式的自我介绍所用的时间长度不可笼统地等量齐观，但总的原则，还是所用时间越短越好，并以半分钟左右为佳。如无特殊情况，最好不要长于1分钟。

在初次见面做自我介绍时，指望交往对象仅凭自己的自我介绍，就对自己"一目了然"，是不现实的。在自我介绍时，东拉西扯、借题发挥、信口开河、滔滔不绝，对自己而言是失态，对对方而言是失敬，都是出力不讨好的。

为了节省时间，在做自我介绍前，还可以递上本人的名片、介绍信加以辅助。若使用了名片、介绍信，则对其上所列内容应尽量不予重复。

另一方面，自我介绍应在适当的时间进行。换言之，它不应在不适当的时间进行。进行自我介绍的适当时间有以下五种：一是对方有兴趣时；二是对方有空闲时；三是对方情绪好时；四是对方受干扰少时；五是对方有此要求时。

进行自我介绍的不适当时间，则主要包括：对方无兴趣、无要求、工作忙、受干扰大、心情欠佳、休息、用餐，或正忙于私人交往之时。

（2）讲究态度

进行自我介绍，态度要自然、友善、亲切、随和。应显得落落大方，笑容可掬。既不要小里小气、畏首畏尾、瞻前顾后，又不要虚张声势、轻浮夸张、矫揉造作。

进行自我介绍时，一定要充满信心和勇气。千万不要妄自菲薄、心怀怯意，不要临场发挥失常。在进行自我介绍时，一定要敢于正视对方的双眼，显得胸有成竹、不慌不忙。这样做，将有助于进行自我放松，并使对方对自己产生好感。

在自我介绍的过程之中，语气

要自然，语速要正常，语音要清晰，此种表现将对自我介绍的成功大有好处。力戒语气生硬冷漠、语速过快或过慢、语音含混不清。其实它们都是缺少经验、缺乏自信的表现。

(3) **力求真实**

进行自我介绍时所表述的各项内容，一定要实事求是、真实可信。没有必要过分谦虚，一味贬低自己去讨好别人，但也不可自吹自擂、弄虚作假、夸大其词。切勿在自我介绍时大掺水分，否则定会得不偿失。

二、他人介绍

他人介绍，又称第三者介绍，指的是经第三者为彼此不相识的双方引见、介绍的一种介绍方式。

在他人介绍之中，为他人做介绍的第三者系介绍者，而介绍者所介绍的双方则是被介绍者。

他人的介绍，通常都是双向的，即对被介绍者双方各自均做一番介绍。有时，也可进行单向的他人介绍，即只将被介绍者中的某一方介绍给另一方。其前提是前者了解后者，而后者不了解前者。

(一) 他人介绍的介绍者

在他人介绍中，对介绍者的确定是有一定要求的。通常，具有下列身份者，理应在他人介绍中充当介绍者。

A. 社交活动中的东道主。

B. 社交场合中的师长。

C. 家庭性聚会中的女主人。

D. 公务交往中的专职人员，如公关人员、礼宾人员、接待人员、文秘人员、办公室工作人员等。

E. 正式活动中的地位、身份较高者或主要负责人员。

F. 熟悉被介绍者双方的人。

G. 应被介绍者一方或双方要求介绍的人。

H. 交际应酬中被指定的介绍者。

若出面为他人做介绍，要审时度势，事先熟悉双方情况。如有可能，在为他人做介绍之前，最好先征求一下双方的意见，以免为原本相识者或关系恶劣者去做介绍。

介绍他人的规则

(二) 他人介绍的时机

遇到下述几种情况，通常有必要进行他人介绍。

A. 在家中，接待彼此不相识的客人。

B. 在学校或工作地点，接待彼此不相识的来访者。

C. 与家人外出，路遇家人不相识的老师、同学、同事或朋友。

D. 陪同亲友，前去拜会亲友不相识者。

E. 本人的接待对象遇见了其不相识的人士，而对方又跟自己打了招呼。

F. 陪同老师、同学、上司、长者、来宾时，遇见了其不相识者，而对方又跟自己打了招呼。

G. 打算推介某人加入某一交际圈。

H. 受到为他人做介绍的邀请。

（三）他人介绍的顺序

在为他人做介绍时，先介绍谁、后介绍谁，往往是一个比较敏感的礼仪问题。根据规范，处理这一问题，必须遵守“尊者优先了解情况”的规则。它的含义是：在为他人做介绍前，首先需要确定双方地位的尊卑，然后先介绍位卑者，后介绍位尊者。这样做，可以使位尊者优先了解位卑者的情况，以便见机行事，在交际应酬中掌握主动权，即应确保位尊之人拥有“优先知情权”。这一规则，有时又称“后来居上”规则。它所指的是后被介绍者，应较先被介绍者地位更高。二者从不同角度，阐明了同一问题。

根据这一规则，为他人做介绍时的顺序大致有如下几种情况。

A. 介绍年长者与年幼者认识时，应先介绍年幼者，后介绍年长者。

B. 介绍长辈与晚辈认识时，应先介绍晚辈，后介绍长辈。

C. 介绍老师与学生认识时，应先介绍学生，后介绍老师。

D. 介绍女士与男士认识时，应先介绍男士，后介绍女士。

E. 介绍已婚者与未婚者认识时，应先介绍未婚者，后介绍已婚者。

F. 介绍老师、同学、同事、朋友与家人认识时，应先介绍家人，后介绍老师、同学、同事、朋友。

G. 介绍来宾与主人认识时，应先介绍主人，后介绍来宾。

H. 介绍社交场合的先至者与后来者认识时，应先介绍后来者，后介绍先至者。

I. 介绍上级与下级认识时，先介绍下级，后介绍上级。

J. 介绍职位、身份高者与职位、身份低者认识时，应先介绍职位、身份低者，后介绍职位、身份高者。

（四）他人介绍的内容

在为他人做介绍时，介绍者对介绍的内容应当字斟句酌、慎之又慎。倘若对此掉以轻心，词不达意，敷衍了事，就很容易给被介绍者留下不良印象。

根据实际需要的不同，为他人做介绍时的内容也会有所不同。通常，有以下六种形式可供借鉴。

(1) 标准式

为他人介绍的标准式，适用于正式场合，其具体内容以双方的姓名、单位、职务等为主。例如："我来给两位介绍一下。这位是卓越公司的公关经理赵尚林先生，这位是中国人民大学法学院教授周静心女士。"

(2) 简介式

为他人介绍的简介式，适用一般的社交场合，其具体内容通常只有双方姓名一项，甚至可以只提到双方姓氏即可。接下来，则要由被介绍者见机行事。例如："我来介绍一下，这位是老袁，这位是小佟，你们彼此认识一下吧。"

(3) 强调式

为他人介绍的强调式，适用于各种交际场合，其具体内容除被介绍者的姓名外，往往还会刻意强调一下其中某位被介绍者与介绍者之间的特殊关系，以便引起另一位被介绍者的重视。例如："这位是北方公司的董事长吴和平先生。这位是董如云，她在复旦大学读博，是我的妹妹，请吴董事长多多关照。"

(4) 引见式

为他人介绍的引见式，适用于普通的社交场合。做这种介绍时，介绍者所要做的，就是将被介绍者双方引导到一起，而不需要表达任何具有实质性的内容。例如："两位认识一下如何？大家其实都是校友，只不过以前不认识，现在请你们自报家门吧。"

(5) 推荐式

为他人介绍的推荐式，适用于比较正规的场合，多为介绍者有备而来，有意要将某人举荐给某人，因此在内容方面，通常会对前者的优点加以重点介绍。例如："这位是苗自壮先生，这位是我们公司的马大中总经理。苗先生是一位管理方面的专业人士，他还是北大汇丰商学院的EMBA。马总，我想您一定乐于认识他吧？"

(6) 礼仪式

为他人介绍的礼仪式，适用于正式场合，是最为正规的他人介绍方式。其内容略同于标准式，但语气、表达、称呼上都更为礼貌、谦恭。例如："潘小姐，你好！请允许我把深圳大鹏公司的销售部经理郾晨鸣先生介绍给你。郾经理，这位就是海口新生集团的业务部经理潘玉小姐。"

（五）他人介绍的应对

在进行他人介绍时，介绍者与被介绍者都要注意自己的表达、态度与反应。此即所谓他人介绍的应对。

介绍者为被介绍者做介绍之前，不仅要尽可能地征求一下被介绍者双方的意见，而且在开始介绍时还应再打一下招呼，切勿上来开口就讲，这会显得突兀，让被介绍者措手不及。

被介绍者在介绍者询问自己是否有意认识某人时，一般不应加以拒绝或扭扭捏捏，而应欣然表示接受。实在不愿意时，则应说明缘由。

当介绍者走上前来，开始为被介绍者进行介绍时，被介绍者双方均应起身站立，面含微笑，大大方方地目视介绍者或对方，并且神态庄重、专注。

在介绍者介绍完毕后，被介绍者双方应依照合乎礼仪的顺序进行握手，并且彼此问候对方。此时的常用语有："你好""很高兴认识你""久仰大名""认识你非常荣幸""幸会，幸会"等。必要时，还可做进一步的自我介绍。

不要在此时此刻有意拿腔拿调、硬端架子，显得瞧不起对方，或是心不在焉、疲于应付。也不要奴颜婢膝、低三下四、阿谀奉承，显得好似成心讨好对方。

三、集体介绍

集体介绍，系他人介绍的一种特殊形式，它是指介绍者在为他人介绍时，被介绍者其中一方或者双方不止一人，甚至是许多人。由此可见，集体介绍大体可分成两种：其一，为一人和多人做介绍；其二，为多人和多人做介绍。

进行集体介绍时，应主要关注集体介绍的时机、集体介绍的顺序与集体介绍的内容三方面的问题。

（一）集体介绍的时机

遇到如下十种情况，应当进行集体介绍。

第一，大型活动中，参加者不止一方，而且各方均不止一人。

第二，涉外交往活动中，参加活动的宾主双方皆不止一人。

第三，规模较大的社交聚会中，有多方人士参加，各方均可能不止一人。

第四，家庭性私人交往中，主人的家人与来访者双方均可能不止一人。

第五，正式的大型宴会中，主方人员与来宾均不止一人。

第六，婚礼、生日聚会上，当事人与来宾双方均不止一人。

第七，举行会议时，应邀前来的与会者往往不止一人。

第八，举办演讲、报告、比赛，参加者不止一人。

第九，会见、会谈时，各方参加者不止一人。

第十，接待参观、访问者时，来宾不止一人。

（二）集体介绍的顺序

进行集体介绍的顺序，若有可能，则应比照他人介绍的顺序进行。若实难参照，则可酌情参考下述顺序。应当强调的一点是，交际活动越是正式、大型，对集体介绍的顺序就越是不可马虎。

(1)　“少数服从多数”

“少数服从多数”这一规则的含义是：当被介绍者双方地位、身份大致相似，或者难以确定时，应当使人数较少的一方礼让人数较多的一方，一个人礼让多个人，先介绍人数较少的一方或个人，后介绍人数较多的一方或多个人。

(2)　强调地位与身份

若被介绍者双方地位、身份之间存在明显差异，特别是当这些差异表现为年龄、性别、婚否、师生以及职务有别时，则地位、身份为尊的一方即使人数较少，甚至仅为一人，仍然应被置于尊贵的位置，最后加以介绍，而应先介绍对方。

(3)　单向介绍

在演讲、报告、比赛、演出、会议、会见时，往往只需要将主角介绍给广大参加者，而没有必要一一介绍所有参加者，因为介绍所有参加者的这种可能性实际上并不存在。

(4)　人数较多一方的介绍

若需要介绍的一方不止一人，则可采取笼统的方法进行介绍，例如，可以说“这是我的家人”，或“他们都是我的同学”等。但最好还是要对他们一一进行介绍。进行此种介绍时，可比照他人介绍时位次尊卑的顺序，由尊而卑，如先长后幼，先女后男，先师后生，先学长后学弟、学妹等。不过，这一顺序应为众人所认可。

(5)　人数较多双方的介绍

若被介绍双方皆不止一人，则可依照惯例，先介绍位卑的一方，后介绍位尊的一方。在介绍每一方人员时，均须由尊而卑，依次进行。

(6)　人数较多各方的介绍

有时，被介绍的会不止两方，此时需要对被介绍的各方进行位次排列。排列的具体方法有以下七种。第一，以其负责人身份为准。第二，以其单位规模为准。第三，以单位名称首字的简化汉字笔画多少为准。第四，以单位名称的英文字母或汉语拼音字母顺序为准。第五，以抵达时间的先后顺序为准。第六，以座次顺序为准。第七，以距介绍者的远近为准。进行多方介绍时，应由尊而卑。如时间允许，则应在介绍每一方时以由尊而卑的顺序，一一介绍其各个成员。若时间不允许，则不必介绍其具体成员。

（三）集体介绍的内容

集体介绍的内容，基本上与他人介绍的内容无异，但却要求更认真、更准确、更清晰。一般来说，以下两点应尤为注意。

（1）不要使用易生歧义的简称

某些简称易产生歧义，故不宜采用。例如，不要简称什么“人大”“南航”，而应明确究竟是“中国人民大学”“南京航空航天大学”，还是“市人大常委会”“南方航空公司”。又如，不宜将范局长简称为“范局”。至少，在首次介绍时要使用准确的全称，然后方才采用简称。

（2）不要开玩笑、捉弄人

进行介绍时，务必庄重、亲切，切勿随意拿被介绍者开玩笑，或是成心出对方的洋相。

第五节　礼品

在大学生的人际交往中，互赠礼品时有所见。在现实生活中，赠礼乃是人际交往中的一项重要活动。对大学生而言，赠礼往往是一种双向的行为，即自己不仅时常会向他人赠送礼品，而且还时常会接受他人所赠送的礼品。从本质上来看，在人际交往中向他人赠送礼品，主要是为了向对方表达自己的敬重、友善之意。与此同时，赠送礼品往往还有借物抒怀、表达情感、满足需求以及留作纪念之用。

在互赠礼品时，需要大学生们掌握的基本礼仪主要涉及选择礼品、赠送礼品与接受礼品三个方面。

一、选择礼品

赠礼的第一步，是进行礼品的选择。只有在选择礼品时严格而认真地遵守相关的礼仪规范，才能够使赠礼行为有好的效果。若选择礼品时掉以轻心，则必然会直接破坏赠礼的效果。一般来说，大学生在选择礼品时，有必要重视下列三个主要问题。

（一）量力而行

在选择礼品时，大学生需要予以重视的首要问题，就是从自己的实际能力出发，始终坚持量力而行的原则。

与社会上的其他人相比，大学生属于没有固定收入的特殊阶层。不论求学还是维持生计，大学生基本上都需要依靠家庭的支持或者社会的帮助。因此，大学生在选择礼品时完全不必脱离自己的客观条件，不宜不自量力地勉为其难。至于成心要装富、摆阔，或是要同社会上的富有一族进行攀比，则更是毫无必要。

大学生在为自己的亲朋好友选择礼品时，一定要谨记这一点。换言之，在选择礼品时，大学生要杜绝铺张浪费的行为，要想方设法突出其特殊的纪念意义与独一无二的情感内涵，而不是指望以其高价、高档或名贵而取胜。更简单地讲，就是要少花钱、办好事，一定要厉行节约、绝不乱花一分钱。

（二）突出特色

本着量力而行的原则，大学生在选择礼品时必须着重突出其具体特色。在选择礼品时，只讲究节约，而忽视礼品的特色，往往也会出问题。大学生在选择礼品时应当注重如下四个方面。

(1) 独创性

作为注重情感、崇尚情趣、讲究情调的一族，大学生在具体选择礼品时一定要力求匠心独运、另辟蹊径、与众不同。不论礼品的具体品种还是赠送礼品的具体方式，都要避免千人一面，而应努力使之新、奇、特、异，与众不同。向别人赠送具有独创性的礼品，不但可以体现出自己对对方的重视，而且可以令对方耳目一新、爱不释手、久久难忘。讲究礼品的独创性，并不意味着非要“高消费”。有时候，亲手为他人制作一件小礼品，例如，亲自制作的小甜点，专为对方写的一首小诗，或为对方所绘制的肖像，往往更能体现自己的心意。

(2) 时尚性

在力所能及的条件下，送给他人的礼品，还必须适当地兼顾时尚性，即可以酌情选择一些时下正在流行的物品作为礼品送人。有些时候，选择稍微前卫一些的东西送给别人也是可以的。应当注意的是，除非必要，通常不应当将早已过时的东西郑重其事地送给别人。将过时的物品充当礼品送给别人，往往会被视为以“处理品”搪塞对方，因而会被对方理解为含有应付或者轻视之意。

(3) 针对性

有经验的人都懂得，为他人选择礼品，理当投其所好。这便是所谓礼品的针对性。具体而言，若想使自己为他人所选择的礼品具有针对性，就必须事先对对方有一定程度的了解，然后据此在选择礼品时优先考虑对方的兴趣、爱好或者实际需要。唯有如此，方能使自己赠送给对方的礼品适得其所，真正受到对方的青睐。例如，将一张优质的西洋古典音乐黑胶唱片送给一位西洋古典音乐的爱好者十分适宜，但若将它送给一名对西洋古典音乐一无所知的“音乐盲”，则想要博得对方开心一笑恐怕难乎其难。

(4) 纪念性

古人赠礼时，往往会强调“礼轻情义重”。因此可见，在一般情况下，常规礼品并非以其价高取胜，而重在借物抒情，强调其纪念性。简言之，就是要以之令受赠者睹物思人，借此记住此人、此时、此事、此情、此景。

选择礼品的规则

(三) 忌送之物

在选择赠送他人的礼品时，万万不可因一时疏忽而选择了忌送之物。不论向对方赠送社会上忌讳的物品还是受赠者忌讳的物品，都有可能会冒犯对方。需要大学生谨记的忌送之物，主要有下列四类。

(1) 违法物品

作为现代社会里受过良好教育的一员，大学生们必须自觉地奉公守法。在任何情况下，大学生们在选择礼品时，都不得使之与法律相抵触。涉毒、涉枪、涉黄以及涉及国家机密的物品，绝对不允许赠送于人，更不可明知故犯。将盗版、仿冒品、走私物品送人，亦为不妥。否则，既会害了对方，又会害了自己。

(2) 有害物品

有些物品虽不为法律所明文禁止，但对于人们的工作、学习、生活和身体健康依旧有害而无益，诸如香烟、烈酒，以及内容庸俗低劣的书刊、音像制品等，均属于此类物品。以之送人，往往难脱存心伤害对方的嫌疑。

(3) 犯规物品

犯规物品，即明显地触犯某些重要规定的物品，在选择礼品时必须有意识地不予考虑。它们主要涉及下述五种物品：一是触犯宗教禁忌的物品；二是触犯民族禁忌的物品；三是触犯地方禁忌的物品；四是触犯行业禁忌的物品；五是触犯个人禁忌的物品。以上述五类犯规之物贸然送人，将会直接损害双方关系。

(4) 残次物品

送给他人的礼品，虽不必一味追求高档、高价、名贵，不必让人为之咋舌，但是也不应该轻易地将残次物品出手相赠。自己已经用过的东西、过期失效的东西、淘汰废弃的东西、难以再用的东西等，在一般情况下，都不应该再去送给别人。把旧物、废物、残货、次品送给别人，通常都意味着不尊重对方的人格。

二、赠送礼品

具体而言，大学生在向别人赠送礼品时，往往必须注意下列四个方面的问题。只有在这些方面都做好了，才可以使自己精心挑选的礼品正常发挥其本应发挥的作用。

（一）明确目的

向他人赠送礼品，并非无的放矢，而是具有一定的目的。大学生在赠送礼品时，不仅应当首先明确自己的目的，还应从根本上端正对赠送礼品的目的性的认识。

对大学生来讲，向他人赠送礼品的正确目的主要有六个：一是向对方表示尊敬；二是向对方表示友善；三是向对方表示歉意；四是向对方表示感谢；五是向对方表示祝贺；六是向对方表示纪念。

大学生必须意识到，抱有以下目的而向他人赠送礼品，都是不正确的：一是摆阔炫耀；二是收买人心；三是贿赂对方；四是借以达到其他不健康的目的。

（二）选准时机

向别人赠送礼品的具体时机，通常都是非常讲究的。切勿不分具体时机而向他人乱送礼品。

对大学生而言，在下列时机可以考虑向自己的交往对象赠送适当的礼品。

(1) 向他人道贺时

当交往对象有可喜可贺之事时，诸如升学、毕业、就业、晋级、乔迁、结婚、生子、获奖或者过生日时，均可向其赠送礼品。

(2) 适逢节庆之时

在一些重要的节庆之日，如春节、妇女节、重阳节、青年节、儿童节、教师节、护士节、建军节、父亲节、母亲节，可向自己的家人、师长或其他亲朋好友赠送礼品。

(3) 初次登门之时

初次前往他人家中登门拜访，尤其当对方是自己所尊敬的师长、学长、前辈时，在力所能及的前提下，可以为对方略备薄礼。初次去外国友人家里应邀做客时，特别需要注意这一点。

(4) 依依惜别之时

当老师、同学或其他亲朋好友即将同自己分别远行之际，可以为对方准备具有纪念意义的礼品，以示“海内存知己，天涯若比邻”。

(5) 进行慰问之时

当自己的同学或至交挚友遭遇挫折或不幸时，可在探访对方之际向其赠送含有慰问、安抚、勉励之意的礼品。

（三）重视方式

向他人赠送礼品时，有必要重视具体的方式。一般情况下，常规的送礼方式主要有下述三种。

(1) 亲自赠送

向他人亲自赠送礼品，不仅最为普遍，而且也易于产生较好的反响。

(2) 托人转送

当自己不能向受赠对象面交礼品时，可委托双方或其中一方的熟人、代表将礼品转送给对方。

(3) 付费代送

在必要时，还可以通过付费的方式，委托邮局、快递公司、礼仪公司替自己代劳。

需要加以强调的是，向他人赠送的礼品，一般均应加以适当的包装。包装礼品，主要有四点好处：一是可以保护礼品；二是可以提升礼品的档次；三是可以增加礼品的神秘感；四是可以体现对礼品的重视。向外国人赠送的礼品通常都必须加以包装，否则会被对方视为失礼之举。

（四）临场表现

向他人赠送礼品时，一定要注意自己临场时的具体表现。如果在赠送礼品时表现失常，很有可能会前功尽弃。

(1) 落落大方

向他人赠送礼品时，一定要表现得大方、自然，千万不要举止失常、手足无措、偷偷摸摸、小里小气，甚至使自己在外人眼里显得形迹可疑、居心叵测。

(2) 郑重其事

向别人面呈礼品时，为了避免功亏一篑，要表现得端庄稳重、郑重其事。将礼品递交给对方时，应当稳步走向对方，先打一声招呼，然后双手将礼品捧交到对方手中，不要将礼品放下之后任由对方自取。

(3) 予以说明

向他人赠送礼品，本是光明正大之事。送礼虽不应该大张旗鼓、过度炫耀，但也不可一言不发、不做任何说明。面呈礼品时，一般有下述四类内容需要酌情向受赠者郑重其事地加以说明：一是赠送礼品的原因；二是礼品自身的寓意；三是礼品的主要功能；四是礼品的使用方法。缺少上述必要的说明，往往会使人觉得礼品“残缺不全”。

(4) 兼顾他人

向他人送礼时，应对其他在场之人适当地予以兼顾。具体需要注意的问题有三个。

一是向某人赠送私密性礼品时，

不宜在大庭广众之前堂而皇之地公开进行。

二是向数人赠送的礼品互有不同时，最好分别进行赠送，以免受赠者彼此之间进行比较。

三是向多人同时赠送礼品时，应依照合乎礼仪的先后顺序，一一将礼品亲自递送到每一名受赠者手中。要么是由尊而卑地依次而行，要么则是由近而远地依次而行。

三、接受礼品

在接受礼品时，受赠者亦应自觉地遵守有关的礼仪规范。届时，既要表现得落落大方、应对得体，又不能贪占便宜、来者不拒。总体来讲，受赠者既要对赠礼者表示出应有的尊重与谢意，又要对对方所赠送的礼品给予应有的重视。在一般情况下，接受礼品时，大学生主要有下列三个方面的具体问题应当予以注意。

（一）态度恭谨

对于人际交往中他人所赠送的礼品，只要不是违法犯规之物，大学生通常都可以大大方方地欣然接受。然而在接受他人赠送的礼品时，一定要认真对待，并且要在自己的表情、神态、动作、语言上，表现出对于礼品应有的重视。

在接受礼品时，不论对方与本人具体关系如何，均应表现得恭谨有加。具体来说，下述三点尤其应予以重视。

（1） 神态专注

当有人表示马上要向自己赠送礼品时，一定要立即中止自己正在处理的任何事情，起身站立，并且适当地迎向对方。不论在任何情况下，均应面带笑容，并且面向对方。除此之外，在心理上亦应有所准备。不但要表现得稳重大方，而且要表现得认真专心、充满喜悦。只有这样做，才能够恰如其分地表现出自己真心实意地接受对方的一番好意。此时此刻，假如对对方不理不睬，表现得置若罔闻、若无其事，或者漫不经心、心不在焉，则都会对送礼者造成伤害。

（2） 双手捧接

对送礼者尊重和对于礼品重视的一种公认的、合乎礼仪的常规做法，就是要在送礼者送上礼品时，用双手前去捧接。与此同时，还应当使自己面带真诚而友好的笑容，并且双眼正视对方。

在一般情况下，切勿只用一只手去随随便便地接受礼品，尤其不要使用左手。万不得已使用一只手接受礼品时，则应当先向对方说明具体原因，并认真地表示自己的歉意。

应当强调的是，双手捧接对方的礼品，不仅要认认真真、稳稳当当，而且还要等到对方递过礼品时才伸手，不要急不可耐地伸手抢夺礼品。摩拳擦掌、双眼紧盯着礼品不放，或者开口询问对方“所送何物”，都是大学生不应当有的表现。双手接过他人相赠的礼品之后，倘若需要与对方继续谈话，可以暂时小心翼翼地将礼品放在一旁，或是收存起来。但是不要随手乱扔，并且最好不要将礼品直接放在地上。

(3) 诚心致谢

按照一般习惯，在双手捧接他人相赠的礼品的同时，受赠者还必须真心实意、恭恭敬敬地立即向送礼者当面道谢。假如有可能的话，受赠者应当郑重其事地主动与送礼者握手，并再次表达自己的感激之情。不论对方身份如何，不论双方关系如何，不论对方赠送的礼品价值如何，受赠者都应当诚心致谢。不要在对方热情而友好地递送礼品时没有任何感谢的表示，也不要在此刻表现得虚情假意、口是心非，例如，对对方真心相赠的礼品反复推辞，好似不愿意接受。

(二) 欣赏有加

在适当的情况下，受赠者可在接受礼品之后，当着送礼者本人的面，以一定的方式表达自己对对方所赠之物的欣赏之意。只要掌握好具体分寸，这种做法便会产生良好的反馈。

接受礼品之后，受赠者对其表示欣赏的具体做法主要有下列三种。

(1) 当面拆启

接受他人赠送的礼品之后，如果当时的现场条件允许，并且礼品有较为正式的包装的话，则受赠者应尽可能当着送礼者的面当场拆启礼品的包装，以便了解其中的具体内容。此种做法是接受礼品的一种常规，它不仅表示受赠者尊重送礼者，而且也表示受赠者非常重视自己的获赠之物。客观地说，此种做法比起那种接受礼品之后不屑一顾或者随手乱塞、乱丢的做法，的确有其所长。

需要注意的是，当场启封礼品的外包装时，动作要既文明又轻盈，不要乱撕、乱扔包装用品。

(2) 适度称赞

当场拆启礼品的外包装之后，假如现场条件允许的话，则受赠者切勿忘记当着送礼者的面，采用适当的语言和动作来表示自己对礼品的欣赏。具体来讲，主要有下述两种方法可以采用。

一是可以口头上对礼品加以肯定。此刻，既可以实事求是地称赞礼品的优点和与众不同之处，也可以高高兴兴地告知送礼者其所赠礼品恰为自己久觅不得之物。

二是可以用动作表示对礼品的青睐。例如，可以把礼品捧在手中反复观赏，以示自己对其爱不释手。

上述两种做法，可以选择其一，也可以二者并用。出于礼貌，受赠者无论如何都不应当在送礼者面前对礼品加以否定，或是对其吹毛求疵。即使告诉对方此物并不适合自己，或是自己早已拥有此物，也是不明智的。

(3) 酌情使用

人们对某种物品表示重视的一种常规做法，就是经常使用。在表示对礼品欣赏的时候，受赠者同样可以这样做。受赠者在适当的时候尽可能多地使用自己获赠的礼品，既可以体现其“物有所值”，又可以令送礼者在发觉此事之后备感欣慰。

受赠者在具体使用获赠之物时，有四点应予以注意：一是不宜有意张扬；二是不宜大材小用；三是不宜转送他人；四是不宜随便抛弃。除此四点之外，受赠者使用获赠的礼品，可以说是多多益善。道理十分简单，此举是受赠者对自己获赠之物欣赏之意的最直接的体现。当一个人根本不欣赏一件物品时，除非万不得已，他通常是不会对其反复使用的。

(三) 拒绝有方

在人际交往中，对于他人所赠之物，大学生不必来者不拒。倘有必要的话，也可以对他人赠送的礼品加以拒绝。

拒绝他人赠送的礼品时，必须依礼而行，并且讲究方式。具体而言，有如下三个方面的问题必须予以注意。

(1) 事出有因

拒绝他人赠送的礼品，总要有一定的原因。不加任何区别地一概回绝，显然是不适当的。一般来讲，大学生不宜接受的礼品主要有下列四类。

一是违法之物。不论对方是什么人，只要他送的礼品是非法的，大学生在任何情况下均不应接受。

二是有损国格、人格之物。假定他人赠送的礼品将有损于自己的国格、人格，则理当断然加以拒绝。

三是过分昂贵之物。如果彼此关系一般的话，则通常不宜接受他人所赠的贵重物品，免得对方另有所图。

四是出于个人原因所不愿意或不能够接受之物。

(2) 讲究方法

拒绝别人赠送的礼品时，一定要具体情况具体对待，并相机采取适当的方法。合乎礼仪的拒绝方法主要有下列四种。

一是直言缘由法。直言缘由法，即由受赠者直截了当地当面向送礼者诚恳地说明自己不能接受礼品的具体原因。此种做法开门见山，有时反倒省事。

二是婉言相告法。所谓婉言相告法，即在退还礼品时，由受赠者使用委婉而不失礼貌的语言，向送礼者暗示本人不能接受对方所赠之物的具体原因。此法的长处，在于可为对方充分留有余地。

三是事后退还法。有些时候，拒绝接受礼品不宜在众目睽睽之下进行，而宜事后退还，此即事后退还法。采用此法时，不宜拖延时间，而应当尽早退还礼品，通常不宜超过他人以礼相赠的 24 小时。

四是托人代退法。托人代退法，即受赠者不便亲自退还礼品时，请他人代劳。这种方法虽然可以免除受赠者与送礼者双方面对面时的尴尬，但却易于引发误会，因此平时少用为妙。

(3) 不失敬意

退还别人礼品时，切莫有意或无意中失敬于对方。因此而有损双方的正常关系，既没有必要，也不值得。

退还别人礼品时，在神态上应当不卑不亢、真诚自然。不要故作严肃，也不要表现出不耐烦或不友善的神情。

退还别人礼品时，在语言上应当依旧以礼待人。不要忘记，即便退还了对方所赠之物，口头上也要向对方道谢。千万不要在退还礼品时小题大做、借题发挥、无事生非。既不要为此而指责对方，也不要流露出自己对对方或其所赠之物的不屑之意。

第六节 电话

在日常生活中，电话早已成为现代人重要的、不可缺少的交际工具之一。正确地使用电话，是每一名大学生都必须做到的事情。要正确地使用电话，不仅要熟练地掌握使用电话的技巧，更重要的是要自觉地维护自己的“电话形象”。

所谓“电话形象”，乃是电话礼仪的主旨所在。它的含义是，人们在使用电话时的种种表现，给自己的通话对象以及其他在场之人所留下完整的、深刻的印象。一般认为，一个人的“电话形象”，主要是由他使用电话时的语言、内容、态度、表情、举止以及时间感等几个具体方面构成的。它被视为个人形象的重要组成部分，据此大体上可以对通话者的修养与为人处世的风格有所了解。

大学生在使用电话时，要对维护电话形象的问题倍加关注。要做到这一条，须做到在打电话、接电话以及使用移动通信工具时，自觉自愿地知礼、守礼、待人以礼。

一、拨打电话

使用电话时，总有一方是发起者。在通话的双方中，发起者通常被称为发话人，他的通话过程称作拨打电话。被动接听电话的一方，通常被称为受话人，他的通话过程则称为接听电话。在整个通话过程中，发话人往往始终居于主动、支配的地位。作为“先发制人”的一方，若要使自己所打的电话既能正确无误地传递信息、联络感情，又能为自己塑造完美的电话形象，则发话人在打电话时，须做到时间适宜、内容简练、表现文明，在以上三方面稍有闪失，都会使自己塑造良好的电话形象的努力功亏一篑。

打电话的规则

（一）时间适宜

若要打好一次电话，大学生首先就应当明确：通话唯有在适宜之时进行，才会事半功倍。

考虑通话的具体时间问题，实际上是要注意以下两个要点：其一，何时通话为佳；其二，通话多久为妙。

（1） 通话时间

按照惯例，通话的最佳时间有二：一是双方预先约定的时间；二是对方方便的时间。

除有要事必须立即通话外，切勿在他人的休息时间打电话，例如，每日上午8点之前、晚上10点之后以及午休时间、节假日、周末等。平时，在用餐时间内打电话也不合适。

给海外人士打电话，首先要了解一下时差，以免打扰他人。

打公务电话时，尽量要公事公办。不要在他人的私人时间，尤其是休假期间因公去麻烦对方。此外，若有意识地避开对方的通话高峰时间、业务繁忙时间，则打电话的效果必定更好。

（2） 通话长度

在一般情况下，每一次通话的时间应有所控制，基本的要求是，以短为佳，宁短勿长。

在电话礼仪里，有一个“通话三分钟规则”。实际上，它就是“以短为佳，宁短勿长”基本要求的具体体现。它的主要含义是：在打电话时，发话人应当自觉地、有意识地将每次通话的时间限定在3分钟之内，尽量不要超过这一限定。

在日常交往中，但凡使用电话，就要将“通话三分钟规则”付诸实践。大学生身为发话人时，特别要牢记此点。

（3） 体谅对方

发话人在打电话时，应当善解人意、将心比心，对受话人多多体谅。不论双方关系如何，对于这一点都不要疏忽大意。在把握通话时间时，对此尤须关注。

在通话开始后，除了要自觉控制通话长度外，必要时还应注意受话人的反应。例如，可以在开始通话时，先询问一下对方现在通话是否方便，倘若对方不方便，可另约一个对方方便的时间，到时再把电话打过去。

倘若通话时间较长，亦应先征求一下对方意见，并在结束时略表歉意。

在对方节假日、周末、用餐或睡觉时，万不得已打电话影响了别人，不仅需要讲清楚原因，而且还应切记对对方说一声“对不起”。

在他人上班时间内，原则上不要为了私人事宜而通话，以免妨碍对方的工作。

（二）内容简练

在通话时要求发话人内容简练，并不仅仅是礼仪上的规范，同时也是限定通话长度的必要前提。根据礼仪规范，发话人要做到内容简练，就必须注意以下三个方面。

(1) 事先准备

每次通话之前，发话人理应做好充分准备。最好的办法，是把受话人的姓名、电话号码、通话要点等通话必不可少的内容列出一张清单。这样一来，通话时便可照此办理，就不会出现现说现想、缺少条理、丢三落四的情况了。

此种方法简单易行，只要养成习惯，就会使之成为自己的自觉行动。它不仅利己利人，而且也容易使通话对象感到自己办事情有板有眼、训练有素。

(2) 简明扼要

通话时，发话人讲话要务实。问候完毕，即应开宗明义、直奔主题。要少讲空话、不说废话、绝不啰唆，不要节外生枝、无话找话、短话长说。

在通话时，最忌讳发话人讲话吞吞吐吐、含混不清、东拉西扯。至于一厢情愿地逼着通话对象和自己共煲“电话粥”，或者故弄玄虚地让对方“猜一猜我是谁”，则更会令人生厌。

(3) 适可而止

作为发话人，应自觉控制通话时间。自己要讲的话说完了，即应当机立断地终止通话。由通话双方之中地位较高的一方终止通话，是电话礼仪的惯例之一。发话人在通话双方中居于地位较高的位置时，更要注意长话短说、适可而止。

因此，发话人不要该讲的话讲完后，依旧反复铺陈、再三絮叨。

使用公用电话而身后有人排队时，一定要自觉主动地尽快终止通话，切勿有意拖延时间。

（三）表现文明

发话人在通话的过程中，自始至终都要待人以礼，表现得文明大度、尊重自己的通话对象。具体说来，必须注意以下三个重要方面。

(1) **语言文明**

在通话时，发话人不仅不能使用不文明的语言，而且还必须切记有以下三类话此刻非讲不可。它们被称为“电话基本文明用语”。

一是问候语。在通话之初，首先要向受话人恭恭敬敬地问候一声“您好”，然后方可再言其他。切勿一上来就只说“喂”，或开口便说自己的事情。

二是介绍语。在问候对方后，接下来需要自报家门，以便对方明确“来系何人”。在电话里自报家门时，发话人有下列四种模式可以借鉴：其一，是报出本人的全名；其二，是报出本人所在的班级、院系；其三，是报出本人所在的班级、院系和自己的全名；其四，是报出本人所在班级、院系、学校、自己的全名。其中第一种模式主要适用于私人交往，而后三种模式则适用于比较正式的交往。最后一种模式一般被认为最为正规。

三是道别语。终止通话前，在预备放下话筒时，应先说一声“再见”。要是少了这句礼貌用语，就会使终止通话显得有些突兀，并让自己的待人以礼有始无终。

(2) **态度文明**

发话人在通话时，除语言要“达标”之外，在本人的态度方面也应有所注意。

对于受话人，不要厉声呵斥、态度粗暴无理。至于低三下四、阿谀奉承，自然也毫无必要。

电话若需要总机接转，勿忘对总机的话务员问上一声好，并且还要加上一声“谢谢”。此外，“请”“麻烦”“劳驾”之类的词，该用时也一定要用上。

当要找的人不在，需要接听电话之人代找或代为转告、留言时，态度同样要文明有礼。

通话时电话忽然中断，依礼须由发话人立即再拨，并说明通话中断系线路故障所致。不要不了了之，或非要等着受话人一方再把电话打过来。

若拨错了电话号码，应对接听者表示歉意，不要一言不发就挂断电话。

(3) **举止文明**

发话人在通话时，在举止方面应对自己有所要求。当众拨打电话时，对这一点更是不能掉以轻心。

打电话时，最好双手持握话筒，并起身站立，不要在通话时把话筒夹在脖子下面，不要抱着电话机随意走动或趴着、仰着、坐在桌角上，不要高架双腿与人通话，拨号时不要以笔代手，边打电话边吃东西亦为失态。

在通话时，不宜发声过高，免得令受话人感到刺耳。标准的做法是：声音宁小勿大，并使话筒与口部保持3厘米左右的距离。

终止通话、放下话筒时，应轻轻放下，不要用力一摔，令对方受到惊吓。

通话中断，或拨号时对方一再占线的话，一定要表现出应有的耐心，不要骂骂咧咧，更不要采用粗暴的举动，拿电话机撒气。

二、接听电话

在整个通话过程中，受话人在接听电话时虽处于被动的位置，但也不可因此在礼仪规范方面疏忽大意。

根据常规，受话人接电话时的具体礼仪规范，由于具体情况有所不同，可以分为本人受话、代接电话以及录音电话等。

（一）本人受话

所谓本人受话，这里指的是由受话人本人亲自接听他人打给自己的电话。在本人受话时，按照电话礼仪的要求，需要关注以下三个问题。

(1) 接听及时

电话铃声一旦响起，即应立即停止自己所做之事，并尽快接听。接听电话是否及时，实质上反映着一个人待人接物的真实态度。

如果有可能的话，在电话铃响以后，应亲自接听电话。不要让别人代劳，尤其是不要让小孩代接电话。不要铃响许久，甚至响过几遍之后，才姗姗来迟地去接电话。那样做，并不能说明自己派头大，而只说明自己妄自尊大。在正常情况下，不允许不接听他人打来的电话，尤其是“如约而至”的电话。

因特殊原因，致使铃响过久才接电话的话，必须在通话之初向发话人表示歉意。

在电话礼仪中，有一个“铃响不过三声规则”。它的具体含义是，接听电话时，以铃响三次左右拿起话筒最为适当，在日常生活里，应尽量遵守这一规则。

(2) 应对谦和

接电话时，受话人应努力使自己的所作所为合乎礼仪，特别重要的是要注意下列四点。

一是自报家门。拿起话筒后，即应自报家门，并首先向发话人问好。首先向发话人问好，既是出于礼貌，也是为了说明有人正在接听。当对方首先问好后，应立即随之问候对方。不要一声不吭、装神弄鬼、故弄玄虚。至于自报家门，则主要是为了让发话人验证一下是否拨错了号码或找错了人。自报家门时所说的具体内容，可参照发话人自报家门时的那几种模式。在私人寓所接听电话时，为了自我保护，有时可以用电话号码作为自报家门的内容，或者不必自报家门。

二是聚精会神。在通话时，无论如何，都应当聚精会神地接听电话。不允许三心二意、心不在焉，或是把话筒置于一旁，任对方“自言自语”。在通话过程中，对发话人的态度应当谦恭友好，当对方身份较低或有求于己时，则更应表现得谦恭友好。不要对对方戏弄嘲讽，更不要一言不发、有意冷场。

三是与人道别。通话终止时，不要忘记向发话人道“再见”。当通话因故暂时中断后，要等候对方再拨进来。既不要扬长而去，也不要事后为此而责怪对方。

四是善待错拨。若接听到误拨进来的电话，一定要耐心地向对方细加说明。如有可能，还应向对方提供帮助，或者为其代转电话。不要为此勃然大怒而挂断电话，更不要为此而出口伤人。

(3) 主次分明

平时，电话铃声一旦响起，即应以此为自己活动的中心，而不应当不分主次、随意分心。

接听对方电话时，不要与他人交谈、看文件，不要看电视、听音乐、吃东西。在一般情况下，尽量不要对发话人表示对方的电话“来的不是时候”。

万一在会晤重要客人或举行会议期间有人打来电话，而且此刻的确不宜与其深谈，可向其说明原因，表示歉意，并再约一个具体时间，届时由自己主动打电话过去。若对方是长途电话，尤须注意别让对方再打过来。约好下次通话时间后，即应遵守。在下次通话开始时，勿忘再次向对方致歉。

在接听电话时，适逢另一个电话打了进来，切忌置之不理。可先对通话对象说明原因，要其勿挂电话，小候片刻，然后立即去接另一个电话。待接通之后，先请对方稍候，或过一会儿再打进来，随后再继续接听刚才的电话。

不论自己多么繁忙，都不要拔下电话线。也不要把莫须有的电话号码、别人的电话号码留给自己不喜欢与之保持联系的人。

(二) 代接电话

在日常生活中，大学生经常有机会为其他人代接、代转电话。在代接、代转电话时，尤其需要注意礼尚往来、尊重隐私、记忆准确、传达及时四个方面的问题。

(1) 礼尚往来

接电话时，假如对方所找之人并非自己，切勿出言不逊、拒绝对方的请求，尤其是不要对对方所找之人口有微词，或是对方要找的人就在身边，却偏偏告诉对方不在。至于说“没有你找的这个人”，则更属无礼之举。

同学、同事、家人之间互相代接电话，本是互利互助之事。连电话都懒得替人代接的人，在现实生活里是难以取信于人的。

(2) 尊重隐私

在代接电话时，不要充当“包打听”，不宜向发话人询问对方与其所找之人的关系。当发话人有求于己，要求转达某事给某人时，则宜严守口风。切勿对其随意扩散、广而告之，辜负了他人的信任。

即使发话人要找的人就在附近，也不要大喊大叫，闹得人人皆知、四邻不宁。当别人通话时，不要“旁听”，更不要插嘴。

(3) 记忆准确

若发话人要找的人不在，则可在向其说明后，询问对方是否需要代为转达。当对方有此请求时，即应相助。

对发话人要求转达的具体内容，最好认真做好笔录。在对方讲完之后，还应重复一遍，以验证自己的记录是否正确无误，免得误事。记录他人电话的具体内容，应包括通话者单位、姓名、通话时间、通话要点、是否要求回电话、回电话时间、回哪个电话号码等几项内容。

(4) 传达及时

代接电话时，首先要搞清楚“对方是谁”“要找谁”这两个问题。若对方不愿讲第一个问题，则可不必勉强。若对方要找的人不在，则可先以实相告，再询问对方“来系何人”“所为何事”。若将二者先后次序颠倒了，则可能使发话人心生疑虑。

若发话人要找的人就在附近，则应立刻去找，不要拖延。若答应发话人代为传话，则应尽快落实，不要置之脑后，或是存心拖延时间。

不到万不得已时，不要把自己代人转达的内容再委托他人转告。那样做，一来容易使内容走样，二来难保不会耽误时间。

（三）录音电话

许多时候，为了保证联络的畅通，人们往往会使用录音电话为自己代劳。使用录音电话主要有下述两个要点。

(1) 制作留言

使用录音电话，少不了要制作一段本人留言。留言的常规内容有：电话机主的单位、姓名、问候语、致歉语、道别语、留言的原因、对发话人的请求等。

私人住宅使用的录音电话，通常不宜由年轻姑娘进行录音，并且不宜自报姓名，后者可以电话号码代替。这样做，既保护了个人隐私，又不至于误事。

附：私人住宅录音电话内容一则

您好！这里是7654321。对不起，主人现在因事外出。请在提示音之后留言，主人回来后，将立即同您联系。谢谢！再见！

(2) 处理来电

在人际交往中，使用录音电话虽属于无形交际，但它与人们面对面的交际完全一样，是要讲究“言必信，行必果”的。在处理录音电话里他人的来电时，需要注意的问题有以下三方面。

一是尽量少使用录音电话。尤其是不要人在家中，却以录音电话替自己应付外人。

二是尽快处理录下的信息。对录下的来电，在查阅、听取之后，应当立即进行必要的处理或答复，不要一拖再拖，或者根本置之不理。

三是对录下的电话别否认。不要对自己明明听过的他人电话录音赖账。那样做，只会从一个侧面告诉对方：此人言而无信。

三、移动通信

目前，在各种现代化的通信手段中，移动通信工具异军突起，而且渐呈后来者居上之势。在个人电话形象之中，移动通信工具的使用是其重要组成部分。

就目前而言，人们使用的移动通信工具主要是移动电话，又称手机。大学生使用手机的礼仪规范，主要涉及下述两个具体方面。

（一）使用规则

使用手机，应在方便联络的同时，严格地遵守其约定俗成的使用规则，否则，就有可能在无形之中有损自己的电话形象。

具体而言，在使用手机时，需要遵守的礼仪主要有四则。

(1) 限定使用范围

使用手机，自然主要是为了方便个人联络和确保信息交流的畅通无阻。因此，在人际交往中使用手机时，首先要正视其用途。

不要随便使用手机对别人尤其是陌生人录音、拍照或摄像。以之上网或使用手机软件时，亦应遵守公德与法律、法规。

(2) 方便他人为先

使用移动通信工具，自然是为了方便自己。与此同时，不应当忘记方便他人，并且应将这一点放在首位。具体来说，在使用手机时应当注意：要牢记自己手机的缴费日期，并自觉按时缴纳使用费，或及时为其充值。不要因此而导致停机，致使他人与自己的联络中断。与此同时，以下三点亦应注意。

一是更换了手机号码后，应尽早告知自己主要的交往对象，以保证彼此联络的顺畅。

二是当他人利用手机联络自己时，应尽早答复。在约定的联络时间内，不要随便关机。因错拨号码、掉线而有碍联络或暂停联络时，应及时说明，并向联络对象道歉。利用手机向他人发送短信、彩信，不仅应当内容健康，而且务必署上本人姓名，免得令人猜测。

三是利用手机与对方联络，并要求对方按自己指定的号码回复时，切勿使自己的手机一直占线，以致对方打不进来。

(3) 遵守公共秩序

使用手机时，不应破坏公共秩序。具体来说，此项要求主要包括以下四点。

一是不允许在公共场合，尤其是楼梯、电梯、路口、人行道等人来人往之处，旁若无人地使用手机。

二是不允许在要求“保持肃静”的公共场所，诸如音乐厅、美术馆、影剧院、歌舞厅以及餐厅、酒吧等处使用手机时大声喧哗。必要时，应关机或使之处于静音状态。

三是不允许在上课、实验、实习或开会期间使用自己的手机。

四是不允许在聚会期间，例如会面、赴宴、参与派对时使用手机，从而分散他人注意力，或显得自己三心二意。此时尤其不应用手机偷拍、偷摄、偷录他人。

(4) 自觉维护安全

使用手机时，必须牢记“安全至上”，切勿有章不循、有纪不守、马虎大意、随意犯规。那样做不但害己，而且害人。使用手机时，特别要重视下述三点。

一是不要在驾驶汽车的时候使用手机，以免发生车祸。

二是不要在病房、油库等处使用手机，免得手机发出的信号有碍治疗，或引发火灾、爆炸。

三是不要在飞机飞行期间禁止启用手机时开机，否则极可能干扰飞机的正常飞行。

(二) 放置到位

使用手机时，应将其放置在适当的位置。手机的放置，既要方便使用，又要合乎礼仪。

(1) 常规的位置

在较为正式的场合，手机在未使用之时，均应暂放于合乎礼仪的常规位置。无论如何，都不要在不使用时将其执握于手，或是挂于上衣口袋之外，以免有招摇之嫌。将手机挂在腰带上、吊在脖子上或缚在手腕上，均属于非正规做法。

同学相聚、拜访师长、参加会议或者上课之际，戴着手机的无线或有线耳机都有心不在焉之嫌，故亦为不妥。

放置移动通信工具的常规位置有二：一是随身携带的书包或手包内；二是上衣口袋里，尤其是上衣内袋里。在二者之中，第一种放置位置尤显正规。

(2) **暂放的位置**

有些时候，可将手机暂放于下列位置。一是在上课、实验、实习或参加重要会议时，为了既不误事又不妨碍他人，可将其暂交其他同学代管。二是在与人坐在一起交谈时，可将其暂放于不起眼之处，如手边、身旁等，也可以放在书包、手袋里不取出来。无论如何，都不要将其直接放在桌上。

第七节 社交媒体

步入21世纪以来，中国经济高速发展，社会不断进步，人民的生活水准迅速提升，我们伟大的祖国正在大踏步地走向世界的中心。

在此背景下，国人的交际范围日趋扩大，交际工具日新月异，交际方式随之也不断推陈出新。在多种崭新的交际方式中，社交媒体目前最为令人瞩目。

社交媒体，亦称社会化媒体。它在此是指人们用以进行社交的电子媒介，亦即基于互联网及其各种社交软件，进行交际、沟通与互动的交往平台。在特定的社交媒体上，其参与者可用真实姓名或虚拟身份发帖跟帖、分享经验、讨论专题、进行评论、推广作品、与人互动，或者结交网友、组成圈子、互相推介。目前，国内最受欢迎的社交媒体有微信、微博、抖音、快手、QQ、B站、豆瓣、天涯社区、百度贴吧，以及手机短信等。它们都各具特色，大学生既可以选择其一，也可以同时置身于多个社交媒体之上。

具体而言，使用社交媒体固然可以听任个人偏好，但不论哪一种社交媒体，都应当自觉地依规使用。也就是说，对其务必要合法地使用、文明地使用、理性地使用、适度地使用。此乃大学生使用社交媒体的基本礼仪规范。

一、合法使用

古人主张：君子不立于危墙之下。大学生在使用社交媒体时自觉遵守有关的法律、法规，显然是一种应有的常识。就目前而言，《中华人民共和国宪法》《中华人民共和国民法典》《中华人民共和国保守国家秘密法》《中华人民共和国网络安全法》《中华人民共和国数据安全法》《中华人民共和国电子签名法》《中华人民共和国个人信息保护法》等法律、法规，都是每一位社交媒体使用者所必须认真学习并遵守的。

倡导每一位社交媒体使用者主动地、认真地学习并遵守有关法律、法规，意在确保其合法而有效地使用社交媒体。所谓合法使用社交媒体，主要应包括下列几点。

（一）维护自身权利

使用社交媒体时，有必要依法维护自身的权利。使用社交媒体时维护自身权利，包括以下两个方面。

（1）**了解自身权利**

《中华人民共和国民法典》明文规定：公民拥有其合法的姓名权、名称权、肖像权、名誉权、荣誉权、隐私权、财产权、知识产权等等。

对于上述权利，大学生应充分地加以了解，绝对不可一知半解，更不能一无所知。

（2）**维护合法权利**

大学生在使用社交媒体时，应充分维护自己与他人的合法权利。

第一，使用社交媒体时，大学生理应维护自身的合法权利。

第二，使用社交媒体时，大学生还应维护他人的合法权利。在任何情况下，都不允许对他人的合法权利造成伤害。

（二）承担社会责任

使用社交媒体时，大学生不仅要享受其种种便利与乐趣，更要自觉地承担其相关的社会责任。

（1）**明大德**

毛泽东同志早就指出："国家的统一，人民的团结，国内各民族的团结，这是我们的事业必定要胜利的基本保证。"他的这一教导，就是身为中华人民共和国公民的当代大学生所要明确的大是大非，所应恪守的大德。

具体而言，大学生在使用社交媒体时必须明确的大是大非是：任何直接或间接地损害祖国统一、国家安全、民族团结、社会稳定、中外关系，乃至危害中国国家形象的话都绝对不能说，此类事情更是绝对不能做。

（2）**守公德**

依据《中华人民共和国宪法》的规定：爱祖国、爱人民、爱劳动、爱科学、爱社会主义等"五爱"，是我国当代社会公德的基本内容。

对于当代中国人皆应人人遵守的社会公德，大学生不但必须知道、明白、记住，而且更要在日常生活与学习中，包括在社交媒体上切切实实地真正做到。

（3）**严私德**

所谓私德，一般指的是私人生活中有关个人的道德规范，它适用于私人领域，有时亦称个人品德。

使用社交媒体，通常大多属于大学生的私人行为、私人空间、私人偏好。尽管如此，严私德亦不可忽略。

根据我国有关互联网账号名称管理的规定：其使用者必须遵守“网络实名制”。具体而言，其注册用户必须“后台实名”，否则不能发布信息，不得跟帖评论。

在社交媒体上，大学生不论以真名实姓抛头露面，还是身穿“马甲”、“潜水”、“灌水”，都应当严守其个人私德。

第一，要“言”之有据。

在社交媒体上，绝对不可为了“吸睛”“吸粉”而生编乱造、无中生有、造谣惑众，更不能以讹传讹地胡言乱语、胡编滥转。

大学生在社交媒体上活动时，其所作所为皆应言之有据、实事求是。

第二，要“言”而有信。

古人认为，慎于承诺、有诺必践是人人皆应具备的私德。在社交媒体上，大学生一定要“说话算数”，并“兑现承诺”。动辄拒不认账，甚至下线跑路、拉黑特定的交往对象，或者卸载特定的社交软件，往往乃懦夫之所为也。

尽管大学生在社交媒体上所应严守的私德远远不止上述两点，但它们却是社交媒体上严私德的基本要求。

（三）行为有所规范

不论用何种身份置身于社交媒体，大学生均应对其个人行为有所规范，尤其是应在以下几个方面对其个人行为有所限制。

(1) 勿碰黄、赌、毒

大学生在社交媒体上活动时，倘若遇到传播色情信息、组织招嫖卖淫、聚众进行赌博、吸食买卖毒品等违法犯罪的行为，既不得围观、触碰，更要与之坚决斗争。

(2) 勿传邪、恐、暴

在社交媒体上，任何传播邪教邪说、宣扬恐怖思想或传授恐怖袭击方法、煽动或教唆暴力的行为，都属于违法犯罪行为。

对上述违法犯罪行为，大学生一是要区分是非；二是要站稳立场；三是要增加自身的抵抗力。

(3) 勿涉网络暴力

网络暴力，简称网暴，此处是指在社交媒体上以文字、言论、图片、音频、视频等，对他人造谣、诽谤、诬蔑、辱骂等，从而对对方的名誉、权益、身心健康造成严重伤害。

在社交媒体上，大学生必须是非分明，保持定力，远离网络暴力。

(4) 勿非议先贤先烈

《中华人民共和国英雄烈士保护法》明文规定：“任何组织和个人不得在公共场所、互联网或者利用广播电视、电影、出版物等，以侮辱、诽谤或者其他方式侵害英雄烈士的姓名、肖像、名誉、荣誉。”

对以上规定，大学生必须遵守，在社交媒体上绝对不得以任何方式讥讽、嘲笑、戏说、置疑、曲解，甚至公然辱骂先贤、先烈、英雄、模范。

(5) 勿泄露他人隐私

众所周知，个人隐私，包括本人与他人的隐私，在我国依法受到保护。在现实生活中，不得随意打探、查找、透露、公开他人隐私。以虚拟或真实身份在社交媒体上参与各种活动时，同样也不得随随便便地对他人进行“人肉搜索”。

以上要求，对大学生而言，既是其所应具备的为人处世的基本教养，更是衡量其遵纪守法与否的主要标志之一。

二、文明使用

“有道德才能高尚，有教养才能文明。”文明地做人、文明地做事，是当代中国大学生所应具备的基本素质。使用社交媒体，务必要讲文明、有礼貌、守规矩。此之谓大学生对社交媒体的文明使用。

在社交媒体上进行活动时，大学生对社交媒体文明使用的重点，就是要在以下几个方面画出自己的底线。

(一) 莫自我贬低

毛泽东同志曾经指出：“我们的教育方针，应该使受教育者在德育、智育、体育几方面都得到发展，成为有社会主义觉悟的有文化的劳动者。”

寄托着党和人民重托的当代中国大学生理当德、智、体全面发展，奋发向上，表里如一。即使在社交媒体上以私人身份进行活动时，也切切不可随波逐流、迷失方向、为所欲为。

(1) 言行与身份相符

在社交媒体上，大学生的所作所为务必要符合自己的身份。

即使以虚拟身份现身于社交媒体，大学生也不可放飞自我、言行丧失底线。此时此刻，大学生仍须自警：“我是大学生”，“我是当代大学生”，“我是当代中国的大学生”，“我是美丽中国的一个美丽窗口”，“我有责任、有义务发出中国好声音，讲好当代中国大学生的好故事”。

(2) 实操与身份相称

大学生在社交媒体上进行的各种实际操作，亦应与自己的身份完全相称。

第一，设置与身份相称。

在社交媒体上设置自己的网名、

选定自己的头像、进行个人的简介时，不仅要考虑个人爱好，而且也不能有失身份。不能在此方面过分地标新立异，或是为了搞怪而搞怪。

第二，措辞与身份相称。

不论发帖、跟帖，还是使用图片、表情包、背景音乐，抑或是使用特定的网络用语表达个人见解，大学生均应谨记：社交媒体绝非“法外之地”，自己也绝非少调失教、无法无天之人。远离娇气、远离傲气、远离戾气、远离“自我中心”，时刻都不应为大学生所忽略。

（二）莫失敬于人

礼仪所强调的是：在人际交往中，敬人为大。所谓失礼于人，其实就是对特定的交往对象失之于恭敬。

在社交媒体上，大学生必须坚持敬人为先、敬人为大，绝对不可失礼于人、失敬于人。

（1） 礼貌用语不可或缺

利用社交媒体与他人保持联络，礼貌用语万万不可或缺。

在社交媒体上张口就是“在吗”，表态答之以“哦”或“呵呵”，告辞之时一言不发、扬长而去等表现，于礼而论，令人情何以堪？

（2） 网上称呼不可随意

在任何情况下，称呼都是待人待己态度的具体体现。在社交媒体上使用自称或称呼他人时，应视相互关系的不同而有所区别。

在社交媒体上联络他人时，张口则曰“亲”，闭口则称“偶”，逢人便道“老大”“男神”“女神”“小哥哥”“小姐姐”，自称则“吾”“某”“咱”“俺”“哥们儿”“姐们儿”“在下”“宝宝”，并非放之四海而皆准。

（3） 限定他人不可滥用

使用微信的“朋友圈”，或是在社交媒体上发帖，不宜对相交已久的交往对象在就此进行查阅的具体时段或其他的查阅权限上随便加以限制，尤其是不可对此种限制再三变更。

若反其道而行之，则极可能令特定的交往对象感到不被信任，甚至会因此产生不必要的误会。

（4） 考察他人不可不慎

与人交往，相互之间的信任颇为重要。在社交媒体上与他人交往、互动，离开了信任，不仅会令相互之间的交往索然寡味，而且还会使之变得毫无意义。

在使用社交媒体的过程中，时常以特定方式查证交往对象在线与否、“取关”本人与否、此时此刻属于自己的“僵尸粉”与否，凡此种种，都是对对方、对自己极大的不信任、不尊重。

(三) 莫勉强于人

在人际交往中，尊重他人，通常意味着尊重对方的选择；照顾他人，则通常意味着照顾对方的偏好。一言以蔽之，以礼待人的基本要求之一，就是不能强人所难、勉强于人。

在社交媒体上勉强于人，自然属于对对方的一种大不敬。

(1) 联络方式不适宜

大学生在使用社交媒体上的语音电话、视频电话，或其他音频、视频信息之前，务必斟酌再三：此举影响交往对象与否？交往对象届时方便与否？

显而易见，上述联络方式往往在使用上耗时多、限制多，并非人人宜用、时时能用，或处处可用。

(2) 任意转发不适宜

应当明确的是，在社交媒体上"秀"自己、"吸粉"，或引人关注，均应凭借本人实力，而绝非利用他人。

他人的跟帖、亲友的照片、与人的合影、聊天的截图、有关活动的音频或视频，均不得随便转发。

万一需要转发，亦应事先征得相关人士的首肯，否则亦属勉强于人。

(3) 录音录像不适宜

在社交媒体上与人交际时，不论出于何种理由，私自对相关过程录音、录像，都不符合交际规则。

将此类音频、视频资料随便上传到网上，或任其四处扩散，不论属于实名还是署以网名或匿名，同样也是对相关人士的极度失礼。在某种场景之下，此举还属于违法行为。

(四) 莫肆意表达

常言道："家有家法，行有行规。"使用社交媒体时固然时空上的限制较少，其使用者的自主权较大，但这并不意味着社交媒体上的活动可以挑衅公序良俗，或者毫无规则可言。

仅就社交媒体上具体的表达方式来说，下列几点，大学生必须予以牢记。

(1) 理解其准确含义

大学生在社交媒体上使用各种网络流行语、网络符号时，一定要先搞清楚其准确含义，然后对其正确地进行使用。

对网络流行语、网络符号，特别是对那些新出现的网络流行语、网络符号一无所知、一知半解、似懂非懂，便贸然加以使用，往往会贻笑大方，甚至因此而惹是生非。

(2) 确保被他人理解

在社交媒体上，老手与新手往往并存，不懂装懂者常常也大有人在。因此，在社交媒体上采用任何一种表达方式，都应首先确保其为特定的交往对象或绝大多数受众所正确理解。

下述两点，在社交媒体上频频出现，大学生应注意避免：

第一，任意使用缩写。并非人人都能对特定的缩写明明白白。具体而言：一是不要任意使用中文的缩写；二是不要任意使用外文的缩写。

第二，任意使用谐音。今日社交媒体上流行的表达方式之一，便是谐音的使用。大学生需要注意的是：一是不要滥用汉字的谐音；二是不要滥用外文的谐音；三是不要滥用数字的谐音。

三、理性使用

先哲尝言："没有理性，便没有幸福的人生。"在社交媒体上参与各类活动，尤其是自己主动与他人进行交流或互动时，大学生务必要对个人情绪有所控制，并保持充分的理性。

所谓理性，指的是具有理智，能够明辨是非、利害，善于控制自己的情绪与行为。不论发帖、跟帖、点评、点赞、转发、转载，还是链接网址、推荐音乐、推出视频、发表大作、组圈组团、主办论坛，大学生都应反复斟酌、三思而行。

这一斟酌或"三思"，应当包括以下三个必要的步骤：一是"非要这么做吗?"；二是"能不这么做吗?"；三是"这么做别人会有什么感受?"。经过了这三个步骤再去具体操作社交媒体，往往有百益而无一害。

但凡良好的习惯，都是对自己的言行有所节制，并且是逐步养成的。大学生平日能够真正地这么做，绝对不是懦弱、胆怯、虚伪，而是可以称之为理性。

如欲在社交媒体上保持必要的理性，大学生对如下几点必须予以重视。

（一）勿放纵情绪

人有喜、怒、哀、乐，本属于正常的情绪。理性地控制自身情绪是必要的；适当地宣泄个人情绪也是合理的。但是，如果把社交媒体视为可以无限度地放纵个人情绪的平台，以为在此处可以为所欲为，便大错特错了。

(1) 善于控制自身情绪

人非草木，孰能无情？但是，善于控制自身情绪，乃是文明人与不文明者的主要区别之一。

大学生往往血气方刚，习惯于不平则鸣，擅长于不吐不快，往往会不合则去。在现实生活与社交媒体上，若如此放纵自己，往往不能修成"正果"。

控制自身情绪，本质上是一个自我成长、战胜自己的过程。

善于控制自身情绪，乃成年人

所应具备的一种基本教养。其可行之法有：一是要正视自身情绪的变化；二是要节制自己的负面情绪；三是要学会调整自己的情绪。

(2) 善于宣泄自身情绪

控制自身情绪，并非惹火烧身、自伤自残。适当地宣泄自身的负面情绪，实质上也属于控制自身情绪的一种有效方式。

古人认为："诗言志，歌永言"；"登泰山而小天下"。所谓适当地宣泄自身的负面情绪，并非要让自己大哭大笑、大吵大闹、疯疯癫癫，为情绪所左右，而是要换一种活动方式，或吟诗作画，或载歌载舞，或远足健身，或登高望远，借以分散、弱化、减轻或导出自身的负面情绪。

(3) 善于发现灿烂阳光

在人世间，灿烂的阳光并未少于黑暗。在网上与线下，体现着、传播着正能量的人与事都随时随地可见。

身为成年人的大学生所必须承认的是：在人类所生存的这个星球上，向来都是真、善、美与假、恶、丑共生，光明与黑暗并存。但是，真、善、美的一面总是多于假、恶、丑的一面，光明总是会战胜黑暗。这既是我们本应具备的信念，也是人类历史所反复验证的基本事实。

毛泽东曾经倡导："我们的同志在困难的时候，要看到成绩，要看到光明，要提高我们的勇气。"不论在日常生活与学习中，还是在社交媒体上，大学生都要善于心向光明、远离黑暗，都要学会在观察事务、与人相处时"毋意，毋必，毋固，毋我"。

真正做到了"我心光明"，负面情绪便会随之而去；在社交媒体上无事生非、借题发挥地放纵个人情绪，亦将不复存在。

(二) 勿吹毛求疵

所谓"尺有所短，寸有所长"，在日常生活与学习中，大学生可以追求完美，但同时必须认识到百分之百的完美是不存在的。

使用任何一种社交媒体时，大学生均应严于律己、宽以待人，不对他人吹毛求疵，不在社交媒体上四处怼人。

(1) 不要到处"拍砖"

在网上，"拍砖"的含义是：以文字为砖头，对人对事进行攻击。有时，它也带有辱骂、批驳之意。

作为社交平台，社交媒体上讲究的是人人平等、和睦共处、求同存异、共有共享。大学生置身其中时，理当与交往对象"有话好好说""有事好商量"。完全没有必要一上来就小题大做、唯我独尊、草木皆兵，到处"拍砖"。在社交媒体上蛮不讲理、不让别人说话，看不到他人的任何亮点，永远都是不对的。

(2) **不要到处“喷人”**

作为网络用语，“喷人”的本意是：对他人进行毫无逻辑、毫无事实的胡乱指责。喜欢在网上“喷人”的人，俗称“喷子”。此种称呼，显然并无褒义。

参与社交媒体上的任何活动，不论自己是主角，还是配角或旁观者，大学生都要拥有良好的“口德”，不能胡言乱语、随处指责、见谁喷谁。

动辄在社交媒体上充当“喷子”，往往会破坏交际氛围，损害交往对象的情绪，并且会自毁个人形象。

(三) 勿乞求关注

参与社交媒体上的活动，任何人都希望被关注。但是，社交媒体上所得到的良性关注，应当是相互的，必须是自愿的。以任何方式在社交媒体上乞求关注，都是不当之举。

不在社交媒体上乞求关注，首先是不要在上面反反复复地刷存在感。以此种方式乞求关注，往往浪费时间与精力，甚至劳而无功。

不在社交媒体上乞求关注，其次是不要时时在交往对象面前晃来晃去，进而一而再再而三地要求对方以对自己帖子的分享、转发、点赞或吐槽等方式，来间接或直接地关注自己。时不时地在交往对象那里“蹭热点”，本质上也属于乞求关注之一种。

四、适度使用

虽说社交媒体的使用可以令人开阔视野、丰富资讯、充实生活、改善社交，为使用者平添了诸多的生活便利、人生乐趣，但凡事过犹不及，大学生切切不可在使用社交媒体时放纵自我、无所克制。

所谓社交媒体的适度使用，在此的具体含义是：大学生不能在时间上或空间上将个人的生活、学习与社交媒体的使用完全画上等号。具体而言，在时间上，大学生不宜无时无刻在线；在空间上，大学生则不能因小失大地完全放弃自己线下的真实、丰富的人生。

欲使社交媒体的使用适度，大学生理当重视以下几点。

(一) 忌活在线上

沉溺于社交媒体，时时刻刻将自己挂在线上，此种行为并非大学生应有的表现。

在任何时候，社交媒体都是大学生的社交平台之一，而且只能视之为大学生线下常态社交的一种补充；或曰它只是一种配角。令其喧宾夺主，则有悖常理。在社交媒体上争当“网红”或“主播控”，其实大可不必。

（1）慎于发帖跟帖

如前所述，在社交媒体上不论主动发帖还是跟帖，均应三思而行，慎而又慎。千万不要为了“吸睛”“秀”自己，为发帖而发帖，为跟帖而跟帖。有时，帖子应当能不发就不发，能不跟就不跟。

（2）善于加以分辩

面对社交媒体上纷至沓来的各种资讯，大学生一定要头脑清醒地加以分辩。要理性地区分：哪些是真的，哪些是假的？哪些是对的，哪些是错的？哪些是有益的，哪些是无聊的？绝对不可丧失必要的自我判断、盲从舆论、人云亦云。

（3）正确对待红包

或是引人关注，或是无所事事，个别人活跃于某些社交媒体上的主要方式之一，就是发红包、抢红包、时刻与红包相伴、为红包而“活”。还有个别人在社交媒体上只关注打赏、领赏。

不论发红包、抢红包，还是打赏、领赏，大学生在社交媒体上均应适度而为。需要加以明确的是：它们并非社交媒体上种种活动方式的全部，而且永远也不可能成为主角。对于这一点，大学生必须一清二楚。

（二）忌内外不分

在社交媒体上面对交往对象时，既要友善相待，又要保持必要的警醒。在任何时候，都切切不可对社交媒体上的交往对象一概而论。应该指出的是：在人际交往中，包括在社交媒体上，信任交往对象绝对是正确的。但是，它的前提是：交往对象必须是值得信任的，而且这一点是已为事实所证明的。

（1）节制网络约会

热情洋溢、待人友善、乐于助人、喜好交际，是许多大学生的共同之处。但是，在社交媒体上与人交往，尤其是与陌生人交往时，大学生必须保持必要的冷静、清醒、节制。

不要动辄轻信于人，不要四处卖萌，不要随随便便地与社交媒体上所知甚少，甚至一无所知的交往对象“一见如故”、言行暧昧，更不能急于同对方进行网络约会。对大学生来说，与网友线下的交际并非绝对不可以；但谨慎第一，安全至上、自我保护至关重要。

（2）拒绝滥发资讯

利用社交媒体晒恋人、晒室友、晒个人美图、晒家庭聚会、晒私人活动、晒旅途见闻等，均应有所选择。

此类“晒幸福”，仅适合于知己知彼的小众“朋友圈”。以此对泛泛之交在社交媒体上狂轰滥炸，便可谓之滥发资讯于人。

(三) 忌难为他人

一般来说，社交媒体上的来来往往，应当是轻松的，应当是愉快的，应当是自愿的，应当是不给交往对象增添麻烦的。

有鉴于此，大学生在社交媒体上与他人进行交往时，应当尽量不去麻烦对方，尤其是不要去难为对方。

(1) 切勿纠缠于人

在社交媒体上，凡自尊自爱的大学生，通常都不会对他人动不动就求点赞、求转发、求给自己或自己的亲友投票。以上行为，显然都会难为对方。逢人便是“么么哒”，则更是无聊至极。

至于求赞助、求代购、求代售，或借机“带货”，甚至将某些商业广告直接推送于人，则实际上属于纠缠他人。

(2) 切勿任意曝光

在社交媒体上，绝对不宜将本校、本院、本系、本班、本宿舍，以及师生之间、同学之间日常性的内部事务随意地公之于众。

将师生之间、同学之间、室友之间、亲朋好友之间生活与学习中无伤大雅的内部矛盾、内部分歧、内部冲突大张旗鼓地在社交媒体上广而告之，甚至为此而求围观、求扩散、求评判、求支持，既是小题大做，也属于为难他人。

(四) 忌胡言乱语

身为有文化、有教养的大学生，不在社交媒体上胡言乱语，属于一项皆应自觉遵守的基本规则。

具体来说，大学生在社交媒体上以文字、语音或其他形式开展活动时，必须关注下述各点。

(1) 避免文字错误

不论使用中文还是外文，大学生均不应在文字上出现明显的错误。

倘若一名活跃于社交媒体上的大学生错字连篇、别字随处可见、用词甚为不当，甚至到处掉字落字，显然难以获得其应有的尊重。

(2) 避免用典失当

在社交媒体上，引经据典需要恰到好处。它通常意在博采众长、提供依据、论证观点，而不是为了“秀”文化、逞英雄，不是为了显派引证者的高、大、上。

正因为如此，大学生在社交媒体上但凡用词、用典或引用名人名言，前提必须是出处无误、理解正确、恰如其分。除此之外，用典或引用名人名言，均不应过多过滥。

(3) 避免沟通障碍

在社交媒体上，稍有不慎，便会令交往对象与自己在相互沟通、相互理解、相互交流上障碍频出。

以下五点，大学生应当特别重视：

第一，慎用外文。

第二，不用方言、俚语。

第三，少用行话、术语。

第四，别用繁体字、异体字、淘汰字。

第五，忌用本人生编硬造的词语、符号或缩写。

应当特别予以强调的是：在线下与老师、同学、室友、同乡、家人、长辈面对面地进行交谈，或参加聚会、会议以及其他活动时，切切不可同时在社交媒体上"上上下下"，甚至流连忘返。此为三心二意、目中无人之举也。

思考题

1. 讲究公德与讲究礼仪有什么关系？
2. 大学生应遵守哪些社会公德？
3. 步行时有哪些礼仪？
4. 乘坐汽车时有哪些礼仪？
5. 称呼有哪些礼仪？
6. 介绍时有哪些礼仪？
7. 选择礼品有哪些礼仪？
8. 拨打电话有哪些礼仪？
9. 使用社交媒体有哪些礼仪？

第二章 交往礼仪

交往礼仪，在此是指大学生在各种具体的交际场合中处理其人际关系时所必须遵守的行为规范。对每一名大学生来说，处理好人际关系，不仅是学习、工作与生活的需要，而且也是其为人处世的应有之义。本章所讲授的内容，包括家庭、校园、友邻、涉外以及求职等方面的礼仪规范。

学习目的

1. 妥善地处理各种人际关系。
2. 树立正确的人际交往相关理念。
3. 掌握人际交往的基本技巧。
4. 尽可能地扩大自己的交际圈。
5. 避免在人际关系上陷于被动。

本章小结

- 本章讲授的是交往礼仪，它是有关大学生处理其各种具体的人际关系时必须遵守的基本行为规范。
- 本章第一节讲授的是家庭礼仪，具体涉及孝敬长辈、厚待同辈。
- 本章第二节讲授的是校园礼仪，具体涉及处理好师生关系、同学关系、集体关系。
- 本章第三节讲授的是友邻礼仪，具体涉及处理好朋友关系、同乡关系、邻里关系。
- 本章第四节讲授的是涉外礼仪，具体涉及正确地运用求同存异、不卑不亢、入乡随俗、热情有度、不宜过谦、女士优先等基本原则。
- 本章第五节讲授的是求职礼仪，具体涉及求职的准备与面试的技巧。

古希腊先哲亚里士多德在谈及人类的本质特征时曾经指出：一个人在社会上如欲生存、发展，就必须以各种形式与其他人进行交往。一个人没有人际交往，不善于处理人际关系，就难言人与人之间的合作。而没有人与人之间的合作，任何人都难以生存、发展。

作为涉世不深者，大学生往往一方面乐于进行人际交往，另一方面则交往能力存在着一定的拓展空间。有的大学生在人际交往时，要么腼腆，要么自卑，要么多疑，要么固执，要么自负，要么孤僻。还有极个别者，则将正常的人际交往视为畏途，勉强予以应付。长此以往，不但难以建立良好的人际关系，而且就连普通的人际交往都难以取得进展。凡此种种，都要求大学生认真学习交往礼仪。

在现实生活里，交往是人类最基本的社会活动。任何人际交往都有必要借助于一定的形式。然而，各种具体的人际交往形式都有其一定之规可循。这种一定之规，指的就是交往礼仪，即人们在各种具体的交际场合中处理其人际关系时所必须恪守的行为规范。对于人际交往，大学生们的正确态度有二：一是要积极参与，并及时地总结经验与教训；二是要掌握基本的交往礼仪，并正确地加以运用。将这两点做好了，大学生在处理人际关系时就可以举重若轻、应付自如。

第一节　家庭

人生在世，难以离开家庭。所谓家庭，通常是指以婚姻、血缘关系为基础的社会单位。一般而言，每一个家庭都由父母、子女以及其他共同生活的亲属组成。家庭是社会的基本细胞，家庭关系是人人均须面对的最基本的人际关系。

在大学求学期间，大学生尽管未必与家人继续生活在一起，但其与家庭的联系却从来不曾中断过。个人与家庭之间的关系，是人际关系中较为特殊的一种。家人之间，不仅相依为命，而且亲近异常。被家庭这一天然纽带联结的家庭成员之间，显然不可以不讲亲情。

什么是孝

大学生在处理自己的家庭关系时，关键是要摆正自己在家庭中的位置，并恪守本分。具体而言，主要是应当做到孝敬长辈、厚待同辈。

一、孝敬长辈

在所有的家庭关系里，长辈与晚辈之间的关系始终都是一种最重要的人际关系。就当今的一般家庭而言，父母与子女之间的关系则又是最基本的长辈与晚辈之间的关系。

作为一名晚辈，如何处理自己与家庭成员中的长辈尤其是父母之间的关系，对于每一名大学生来讲都是一种考验。常言道："百善孝为先。"任何一名有道德、有良知的大学生，在处理自己与长辈尤其是与父母之间的关系时，都必须将孝敬长辈作为立身之本。

自古以来，"父慈子孝"就是中国家庭关系的理想模式。作为晚辈，大学生对于自家长辈的孝敬通常具有敬重长辈与孝顺长辈两个方面的含义。概言之，大学生对自家长辈的孝敬，并不应该仅仅见诸言辞，更重要的是要将其付诸行动。

（一）敬重长辈

在阐述孝的具体内容时，曾子曾经强调，"大者尊亲"。这表明，晚辈在处理自己与包括父母在内的长辈之间的具体关系时，必须以尊敬为先。晚辈对于家庭中长辈的尊敬，必须做到言行一致、表里如一。

具体而言，晚辈对自家长辈的尊敬，主要应当在以下四个方面有所体现。

（1）毕恭毕敬

对自家的长辈尤其是父母，大学生必须以礼相待、遵守规矩，处处尊重有加，在任何情况下，都不能使自己的一言一行失敬于长辈。依照孔子所言，此即孝的一种境界："无违"。

不要因为自己的身份有所变化，就变得忘乎所以，指望就此可以与长辈"平起平坐"，而不再顾忌彼此之间长幼有序。有道是："犬不择家贫，子不嫌母丑。"在恭敬长辈方面，大学生作为晚辈永远都不能忘本。

不允许没大没小、随意与长辈打打闹闹，甚至毫无边际地乱开玩笑。至于成心取笑长辈、有意令其难堪，则更不可取。

特别应当注意的是，不论当面还是背后，在提及包括父母在内的自家长辈时，都要采用尊称。不论对方是否介意，都不可以直呼其名。任意使用诸如"老头儿""老太婆"之类的谑称去直呼长辈，则更为失礼。

（2）虚心学习

长辈所拥有的丰富的人生阅历，是一笔难以估量的宝贵财富。作为晚辈，大学生一定要善于利用一切机会，虚心向长辈讨教，以便开阔视野、增长才干。

遇上了难题，或遇到了麻烦，勿忘"近水楼台先得月"，要及时而主动地向自家长辈反映，并耐心向对方请求指教。长辈不但会乐此不疲，而且的确在许多方面具有远见卓识。"家有老，是个宝"，不懂得向长辈虚心学习，实乃一大损失。

长辈对自家晚辈的最大希望，是愿其早日成才。晚辈向长辈求教，自然也是为了实现这一目标。作为晚辈，一定要珍惜机会、学而不厌、孜孜不倦，努力学有所成，不辜负长辈的厚望。

（3） 听从管教

管教自家晚辈，对长辈而言，既是一项天职，又是一种特殊的关爱。对于自家长辈的批评与指点，晚辈必须洗耳恭听，并且虚心地接受。不论从哪一个方面来看，长辈对自家晚辈的管教，都出自善意和真心的爱护。因此，即便长辈的管教稍有偏差，也不允许对其予以全盘否定。在回答弟子子夏问孝时，子曰："色难。"即被尊长管教时，和颜悦色最佳，不给对方脸色看最难。

常言道：孝者，顺也。当自家长辈尤其是父母管教自己时，一定要牢记以下三点：一是虚心服从；二是表示感激；三是知错即改。不允许当场顶撞长辈，不可以无理狡辩，不能够阳奉阴违或置之不理。表现出不耐烦，亦是失敬于长辈的无礼之举。

不要过分地夸大长辈与晚辈之间的所谓"代沟"，更不要片面地认定长辈无一例外地"无知""守旧""落伍""胆小""庸俗""糊涂"。不知道从自家长辈的管教中取长补短，其实是很愚蠢的。

（4） 不分彼此

对于自家的所有长辈，都要给予应有的尊敬，而不允许厚此薄彼。

尊敬自家的长辈，首先应当尊敬自己的父母。对于父母不仅不可以疾言厉色，而且还必须永远尊重有加。

尊敬自家的长辈，其次应当尊敬自己的祖父母和外祖父母。当祖父母或者外祖父母与自己生活在一起时，不应当嫌弃他们，而应当主动接近他们，并且像对待自己的父母一样对待他们。

尊敬长辈，最后还应当尊敬本家其他长辈。不论对方与自己的具体关系如何，只要对方是长辈，自己就必须认真地执晚辈之礼，对对方处处不失晚辈所应有的恭敬。

（二）孝顺长辈

孝顺长辈，历来是中华民族的一种传统美德。作为炎黄子孙，当代大学生理当将这种美德继承下来，并发扬光大。

晚辈对于自家长辈的孝顺，既是一种义务，也是一种情感。它要体现在晚辈对长辈的物质照顾上，同时在精神上对长辈的体贴宜应与之并重。"谁言寸草心，报得三春晖。"无论从哪方面来说，晚辈对长辈的孝顺都是完全必要、完全应该的。

（1） 奉养长辈

对于自家长辈的"滴水之恩"，尤其是父母的"生身之恩"，晚辈理当以"涌泉相报"。因此，奉养长辈尤其是奉养自己的父母，是对晚辈最起码的要求，同时也是其义不容辞的天职。倘若忤逆不孝、遗弃长辈，或者当其需要帮助时对其不理不睬，是天理所不容的。

作为大学生，在奉养自家的长辈方面，主要应当做好下述三点。

一是帮助长辈。作为晚辈，一定要在必要时主动帮助自家的长辈，使其丰衣足食，在物质生活上没有后顾之忧。帮助长辈，应该有钱出钱、有力出力。对于无依无靠的长辈，尤其是自己的生身父母，一定要主动担负起赡养对方的职责。

二是照料长辈。对于自家的长辈，特别是那些上了年纪的长辈、体弱多病的长辈、孤身一人的长辈，在日常生活的方方面面要尽力加以照料，并多加关心。对于这方面，每一位晚辈都应当表现得尽心尽力。

三是自立自强。长大成人之后，大学生要尽快地学会自力更生。在今后走上社会时，还要坚持自食其力。要学会主动减轻长辈尤其是父母的负担，不要事事让长辈操心，不宜处处让长辈出力。总之，不要在自己长大成人后，再给长辈平添麻烦。倘若无限度地寄身于长辈的操劳之下，难免会使自己永远“发育不良”。

(2) 体贴长辈

长辈，尤其是年事已高的长辈，随着其年龄的不断增长，体力与脑力往往会有不同程度的衰退。其中的某些人还会因此而百病缠身，或者行动困难。对于处于上述状况的长辈，身为晚辈的大学生们一定要更多地从精神方面对其加以关注与体贴。

具体而言，对于自家长辈的体贴，主要应当从以下三个方面入手。

一是加强联系。人到老年，最害怕的就是孤独寂寞、离群索居。有条件的话，晚辈应当争取与自家长辈在一起居住。没有条件也要与之保持密切的联系，并要经常抽出一些时间去探望长辈尤其是父母。求学在外地、外国不甚方便的话，也要多跟他们通电话、多给他们写信、多给他们发电子邮件、多用微信等社交媒体与他们互动，或者委托他人代劳。

二是汇报思想。在长辈的眼里，自家的晚辈不论年纪多大，永远都是孩子，都需要自己为之操心。有可能的话，晚辈不仅要“常回家看看”，而且还要多跟长辈谈谈。向长辈汇报一下自己的成绩，与长辈交流一下思想，甚至主动找长辈聊上一会儿天，都会令长辈喜笑颜开，因为这对他们而言无异于一次丰盛的“精神会餐”，而且还会使长辈感到自己“老有所为”。

三是报效祖国。从更加广泛的意义上来讲，报效祖国、为国争光，同样也是晚辈对长辈的一种孝顺，而且还往往被视为一种晚辈对长辈最重要的孝顺。按照中国人的传统看法，“夫孝，始于事亲……终于立身也”。当晚辈为社会、为国家做出了一定的贡献并得到了社会的肯定和公众的赞誉时，便会给自家长辈尤其是自己的父母带来莫大的荣誉。晚辈在社会上努力工作，在事业上发愤图强，努力做出替父母争光、使长辈荣耀的成就，实际上也是在尽孝，并且是“大孝”，因为此乃对长辈养育之恩的最好回报。

二、厚待同辈

在家庭成员中，通常会有自己的同辈之人。同辈，亦称平辈，通常泛指一切辈分相同之人。就家庭成员而言，同辈则主要是指与自己存在血缘关系的兄弟姐妹，以及他们的配偶等。进行家庭交往，处理家庭关系，都必须面对自己的同辈。

不论双方关系如何，双方的具体地位有无差距，双方之间的岁数相差多少，双方是否互有所求，大学生都一定要与自己的同辈“情同手足”，并时时处处厚待对方。

在具体处理家庭关系时，厚待同辈不仅要求真心实意，而且也需要讲究必要的方式。一般而言，大学生在协调、处理自己与自家同辈的相互关系时，最为重要的问题是要加强团结、互相帮助、彼此督促。

（一）加强团结

人们常说：“兄弟同心，其利断金。”又说：“团结就是力量。”对于自家的同辈之人而言，尤其是兄弟姐妹之间，团结亦是头等重要的大事。如果自家人“窝里反”“窝里斗”，不讲团结，四分五裂，甚至手足相残，定会伤害感情。

要想与自家的兄弟姐妹等同辈搞好团结，不仅要待人宽厚，而且还应当彼此谦让，以实现真正牢固的家庭团结。

（1） 待人宽厚

与自家同辈相处，必须事事宽大为怀。有道是“亲不亲，一家人”。既然如此，对待自己的兄弟姐妹们就绝对不应该事事计较、处处算账，更不可以时时与对方你争我夺、势不两立。

对待自家同辈的宽容大度，主要应当在如下两个方面有所体现。

一是待人宽容。对待自家的兄弟姐妹等同辈之人，理当自觉自愿地宽容忍让，不要苛求对方，更不要对对方吹毛求疵。特别重要的是，不要听不得对方的逆耳之言，不要见不得对方所做的不合自己心意的事情。当自己与自家同辈发生某种利害冲突时，切勿偏听偏信，切不可听信他人别有用心的是非之言，而去变本加厉地回敬自己的兄弟姐妹。必要的话，要善于容忍自家兄弟姐妹对自己有意或者无意的冒犯。即使对方的某些所作所为有负于自己，看在“本是同根生”的情分上，对其也要宽大为怀。

二是为人厚道。在处理自己与兄弟姐妹等自家同辈之间的关系时，首先应当牢记大家是真正的一家人。不论在家庭内部还是在社会上，面临自己与对方的利益之争时，要懂得吃亏在前、享受在后。这样做，不仅是对待“自家人”所应有的表现，而且也会令自家的长辈对自己更加放心。不要在与兄弟姐妹打交道时争强好胜，一味攀比，只想沾光，不愿吃亏。那些做法，只能显得自己鼠目寸光，缺乏做人的基本教养。

(2) 彼此谦让

谦让于人，是一种难能可贵的美德。与自家的兄弟姐妹打交道时，主动谦让对方，是对大学生的一项基本要求。

俗话说“退一步海阔天空”。从形式上来看，在人际交往中主动谦让别人，是一种很大程度的退让。有时，还可能因此而给自己造成一定程度的损失。然而从大局来看，倘若自己懂得自觉地谦让兄弟姐妹，将会极大地有助于自己与对方之间的相互团结，上无愧于长辈，下无愧于后人，因而必定得大于失。

与兄弟姐妹等同辈人打交道，如同和社会上的其他人打交道一样，往往不可能一点都不涉及彼此之间的物质利益关系。在这一问题上，一定要持有正确的态度，凡事必须以家庭团结、兄弟姐妹和睦这一大局为重。

从原则上讲，在钱、财、物等敏感而棘手的问题上主动谦让自家的同辈，主要需要做好下述三点。

一是多做让步。与自家的兄弟姐妹在算经济账时，要想不伤感情、不伤和气，最明智的办法就是多做让步。要提倡在这一问题上“吃亏是福”，牢记“家和万事兴”，而切勿与对方斤斤计较、寸步不让。

二是避免争抢。在任何情况下，都不应当对钱财这类身外之物过于眼馋，切勿利令智昏地与自己的兄弟姐妹为此而撕破脸面、反目成仇、相互辱骂，甚至大打出手。

三是分清你我。成年之后，一定要知道“亲是亲，经济分”。与自己的兄弟姐妹进行日常往来时，应该算的经济账一定要计算清楚。不要使一方总占便宜，而令另外一方永远吃亏。若使之变成一笔糊涂账，将来就有可能会因此产生冲突。

（二）互相帮助

自家的同辈之间，特别是兄弟姐妹之间，永远应当互相关心、互相爱护、互相帮助。人们时常以“手足之情”来形容兄弟姐妹之间无与伦比的亲密关系，既然如此，在现实生活里，每一个人都应当心甘情愿地与自家的一切同辈之人互相帮助、彼此照料。

客观地说，兄弟姐妹等自家同辈之人的互相帮助，既属于人之常情，亦为顺理成章之事。要真正在这方面表现突出，大学生通常要做出如下努力。

(1) **互相爱护**

自家的同辈之间，自然存在着难以割断的亲属关系。血缘与姻亲等纽带，往往将人们密切地联系在一起。所以，互相爱护理当成为其相互关系的重要基础。

一般而言，对于自家同辈之间的互相爱护，主要有两点注意事项。

一是不图回报。必须做到：我之有恩于人，应当忘记。对于自家同辈的爱护，应当是真心实意的，应当是不图任何回报、不讲任何价钱、不附带任何交换条件的。也就是说，它是一种真正无私的爱护。具体来说，它不仅体现在物质利益的支援方面，而且也体现在精神情感的沟通方面。在力所能及的前提下，对自家同辈的爱护，尤其是对于其中急需爱护之人的爱护，应当主动，并且多多益善。

二是知恩图报。必须谨记：人之有恩于我，不能忘记。对于来自自家同辈的爱护，必须领情。既要欣然接受，更要心存感激、铭记不忘。不要误以为对方本当如此，也不要在这方面对对方要求过高。特别重要的是，不要把对方的爱护，尤其是对方出于爱护自己的目的对自己所进行的批评、指责视为一种负担，甚至因此而误解对方。

(2) **互相援助**

与自家的兄弟姐妹以及其他一切同辈打交道时，互相援助永远都是值得大力提倡的。正所谓“有福同享，有难同当”，本家同辈之间的互相援助，在现实生活中不但是天经地义的，而且也是绝对必要的。

自家同辈之间的互相援助，有着极其丰富的内涵。通常，它应当在以下三个具体方面有所体现。

一是生活上的互助。自家同辈之间在生活上所进行的互相援助，往往极其琐碎，甚至不值得一提，但却必不可少。在日常生活中，自家兄弟姐妹之间完全有必要也有义务互相照顾、互帮互助、相互提携，共同度过艰难的时光，共同努力去开创美好幸福的生活。见到自家同辈在生活上确有困难而不管不顾，当对方有求于自己时“见死不救”，甚至因此幸灾乐祸，是极其错误的。

二是工作上的互助。在工作、学习和事业上，自家的兄弟姐妹之间应当取长补短、互相帮助。必要时，要提倡能者多劳、弱者得助，应要求大家各尽其能、各显其长、共同开拓、共同发展。自家同辈之间在工作上的互相帮助，是十分必要的。遇到自家同辈有困难时，一定要鼎力相助。

三是思想上的互助。家人之间，通常是最容易讲心里话的。自家的同辈之间，则更易于进行思想交流。兄弟姐妹遇到难以向外人诉说的苦恼、委屈时，不妨彼此好好聊一聊；对于对方在思想、情感等方面所存在的困惑，也不妨及时地加以点拨。凡此种种做法，都是对对方在思想上进行的帮助。

（三）彼此督促

除了加强团结、互相帮助之外，自家同辈之间还有必要相互促进、相互监督。就总体而言，同辈之间的彼此督促与加强团结、互相帮助并无抵触。同辈之间的彼此督促，将更为有效地促进彼此之间加强团结、互相帮助。如果离开了同辈之间的彼此督促，就不可能会存在真正的加强团结和互相帮助。

(1) 相互促进

自家同辈之间的相互促进，实际上是一种特殊的竞争机制。缺少了这一点，往往会令一家的同辈都平庸无奇、碌碌无为。

自家同辈之间的相互促进，主要指的是同辈之人彼此之间互相推动、互相鞭策，以求共同发展。这样说起来，相互促进本是“手足之情”的应有之义。

具体而言，自家同辈之间的相互促进，主要应当在下述两个方面有所体现。

一是互相学习。同辈之间相处时，一定要善于发现对方之所长，并虚心向对方学习。常言道：“尺有所短，寸有所长。”在同辈的身上，自然也有其所长、有其所短。要向对方学习，就一定要学其所长，而不是向对方的短处看齐。还有一点十分重要，那就是对于自家同辈的长处一定要客观地看待。对其视而不见、不屑一顾、不愿学习，都是不正确的态度。

二是互相激励。自家同辈经常有机会朝夕相处。因此，要善于利用这些机会，相互激励，以求共同进步。相互激励的一大优点，是可以激发人们的上进心，使人人争先恐后、不甘下游。没有比较，就没有鉴别；没有相互激励，往往就难以出现人才。

(2) 相互监督

在自家同辈之间，宽容、忍耐自然要提倡，支持、帮助也自不待言，然而除此之外，相互监督也不可或缺。

自家同辈之间的相互监督，在此主要是指其依照社会上现有的公序良俗、各种行为规范所进行的互相监察与约束。从本质上讲，它属于家庭教育、家庭管理的一种重要形式。进而言之，它通常表现在如下三个主要方面。

一是互相提醒。平时，自家同辈之间应当直言不讳地相互提醒与劝诫，不论为自己还是为大家，都要谨慎地做事、老实地做人，不做违法违规之事，不做危害社会与家庭之事。

二是互相检查。在日常生活里，自家同辈之间不但不可以互相包庇、共谋私利，而且还应当互相进行检查与劝阻，以求防微杜渐。注意这一点，实际上是对自家同辈的最大爱护。

三是互相批评。万一发觉自家同辈做人、做事有失检点之处，一定要及时对其进行批评、纠正。对方所出现的问题越是严重，自己越是必须这么做。必要时，还应当主动求助于社会，或者与有关方面配合。唯有如此，才是真正地帮助对方，并且真正尽到了自己作为同辈所应尽的责任。

第二节 校园

在大学生的人生旅途中，学校是非常关键的一站。在学校就读期间，每一名大学生除了要认真地完成学业、增长知识、掌握技能、开阔眼界之外，还必须同时妥善地处理各种人际关系，并学习做人的基本道理。在每一名大学生的学生生涯里，若是仅仅学习了科学文化知识，而疏于对做人之道的学习，那么至少可被视为存在着重大缺陷。

每一名大学生，在其学校生活中学会处理好自己的各种人际关系，是其学习做人之道的一项重要内容。对此予以应有的重视，不仅有助于提高自我修养、促进自我完善，使自己德、智、体、美全面发展，而且有助于为自己今后人生与事业的发展奠定必要的基础。

就大学生而言，其在学校生活中需要直接面对的人际关系，主要包括师生关系、同学关系、集体关系三种。在协调、处理这些方面的人际关系时，大学生既要摆正自己的具体位置，又要遵守基本的礼仪规范。

一、师生关系

在大学生所面对的学校内外的各种人际关系中，师生关系乃是人人皆须予以重视的一种基本关系，而且也是最重要的关系之一。

所谓师生关系，通常指的就是教师与学生之间的相互关系。作为一种人际关系，师生之间自然相互影响、相互作用。但是，这种相互影响、相互作用却具有一定的特殊性。从总体上看，教师对于学生的影响与作用，主要体现在教书育人、为人师表等方面；而学生对于教师的影响与作用，则主要在尊敬教师、听从教诲、学而不厌、虚心求教等方面得以体现。

就礼仪规范而论，每一名大学生在具体处理自己的师生关系问题时，一方面要将自己自始至终地摆放在“学”的正确位置上，另一方面则要在尊敬教师、勤奋学习、听从教诲等几个主要方面对自己从严要求。

（一）尊敬教师

汉朝哲学家扬雄说过："师者，人之模范也。"所谓学高为师，德高为范。教师是学生获取知识的源泉，是学生处理疑难的向导，而且也是学生为人处世的楷模。作为人类灵魂的工程师，教师倾其全部心血于教育事业，任劳任怨地把自己的知识传授给学生。学校所担负的为社会培养人才的重任主要依靠教师来完成，教师们工作辛苦、奉献巨大，因此，理当为整个社会所尊重，身为学生自然应当更加尊敬自己的老师。

尊师是中华民族的传统美德。平时，教师之所以被人们尊称为"师长"，就是因为中国人讲究"一日为师，终身为父"，一向将教师视作自己的长辈。大学生在从师学习期间，必须从内心真正地尊敬教师。大学生对教师的尊敬理当通过下述具体形式正确地体现出来。

（1）行动上尊敬教师

大学生对于教师的尊敬，要在自己的日常行动上有所表现。

在具体行动上尊敬教师，无疑是对其最好的尊重。

在回答老师的提问或者同老师交谈时，不允许大学生坐而不立，当老师站立时，此点尤须注意。

一同外出行走时，大学生应当主动请老师行走在前，或使之居于内侧。与老师一同就座时，大学生理应首先请老师就座，并使之居于上座。离开座位时，一般不允许大学生抢行在前。

出入房门、上下楼梯、乘坐车辆时，大学生亦须认真地行"弟子礼"，处处对老师礼让。

在任何情况下，大学生都要对老师的个人尊严主动加以维护，绝对不允许大学生与老师动手动脚、打打闹闹。

（2）态度上尊敬教师

大学生在同老师接触时，不论与对方是否熟悉，均应在态度上对对方毕恭毕敬，而绝对不可过分随便。对老师在态度上的恭敬，主要应当在语言以及行礼上得以体现。

路遇老师时，不论双方置身于校内还是校外，大学生均应主动问候老师，并向对方欠身施礼。在称呼老师时，务必使用正式的尊称。

不论当面抑或背后，都不允许直呼老师的姓名，更不允许乱给老师起外号。在背后非议老师，更是不应该的。

在课堂上和老师的办公室内，大学生都有必要对老师恭恭敬敬。老师走上讲台时，大学生应当向其行注目礼。开始上课和下课时，大学生应当全体起立，对老师表示欢迎或者欢送。在课堂上心存疑问时，可以在适当时举手发言，但一定要在获得老师准许之后才可以正式提出问题。回答老师的提问时，应当井然有序，不允许抢答或者拒不回答。

课间前往老师的休息室时，进门前要喊“报告”，或事先敲门。不要在老师休息室或者办公室内久留，以免影响老师的工作、休息。不允许乱动、乱翻、乱用老师的个人物品。

当然，大学生对于教师的尊敬，不仅应当体现在其具体行动、具体态度上，更要真正地出自内心、发乎诚意。形式体现内容，内容依托形式，唯有从内心尊敬教师，才会使大学生表里如一地在其具体行动与态度上真正做到这一点。

(二) 勤奋学习

勤奋学习、早日成才，始终都是老师对学生寄予的最大期望；而好学上进，刻苦读书，则是学生对老师的最好回报。所以，从某种意义上讲，大学生的勤奋学习也是对教师的一种应有的尊重。

具体而言，大学生在其勤奋学习方面所涉及的师生关系问题，主要具体体现在专心听讲、多提问题、完成学业、帮助老师等几个方面。

(1) 专心听讲

课堂教学，一向是通行于世的教育方式。作为学生，不论从学习专业知识的角度还是从尊重老师的角度来讲，在课堂上都必须老老实实地专心听讲。上课时，大学生均应先于老师进入教室。上课期间，不允许大学生迟到或早退。当老师进行课堂讲授、辅导或者在做学术报告时，不允许大学生交头接耳、搞小动作、看课外书、翻阅报刊、收听音乐、接打手机、收发短信、浏览微信、查阅微博、做其他作业、打瞌睡等，尤其不允许随意走动、变换座位、进进出出。从根本上讲，专心听讲是对教师付出心血所表示的最基本的尊重。

(2) 多提问题

在校求学期间，每一名大学生都要养成勤于思考的好习惯。在虚心向老师学习、刻苦读书的同时，还必须多多提问，具体需要注意以下三点：

一是充分认识到虚心求教对于获得真知的重要意义。在学习之中，不善于求教于人，往往就难以取长补短。

二是善于向老师求教。学生讲究学而不厌，教师则讲究诲人不倦。利用一切机会，及时向老师讨教，是做一名好学生的基本条件。

三是勤于独立思考。提倡大学生多提问题，并非否认独立思考的必要性。一名努力学习的学生，在做学问时，必须抱着“吾爱吾师，但吾更爱真理”的态度，积极地进行独立思考，勇于探索真理。

(3) 完成学业

韩愈说过：“师者，所以传道、受业、解惑也。”有鉴于此，任何一名大学生通过努力学习所取得的优秀成绩，以及走上社会之后在其个人事业方面所做出的贡献，都是对自己老师的最好回报。每一位教师，必定都会为自己的弟子学有所成、报效社会而感到欣慰。在校学习期间，大学生们一定要端正自己的学习态度，热爱专业、发奋读书、刻苦钻研，力求使自己不辜负师长的期望，在学业方面取得长足的进步。

(4) 帮助老师

不论从完成学业还是从尊敬教师的角度上来讲，每一名大学生都应当在力所能及的范围内积极而主动地帮助自己的老师。帮助老师，主要应在下述六点上有所体现：一是按时完成老师所布置的学习任务；二是主动为老师的课堂教学进行必要的准备；三是在教学与科研的具体过程中自觉配合老师的工作；四是对老师提出的有关帮助对方的合理要求有求必应；五是对年老、体弱或者多病的老师加以必要的生活方面的照顾；六是在有条件的前提下经常抽时间专程探望自己的老师，尤其是那些业已退休的老师。

(三) 听从教诲

教育学生，无疑是每一名教师的天职。古人曾经说过："教不严，师之惰。"为了使自己的学生在学业与人品上有所长进，在校园生活里，教师对学生进行批评、帮助，是再正常不过的事情。

教师对学生的批评与帮助，既是其教书育人的神圣职责使然，同时也是其关心、爱护学生的十分具体的表现。面对教师的批评、帮助乃至指责，每一名学生均应端正认识、听从教诲。具体而言，在下述四点上，尤其需要每一位大学生自觉地予以注意。

(1) 虚心接受指教

一般而言，每一位教师对其学生所进行的批评、教诲，无一不是出自善意。仅仅就此而论，大学生就应当虚心接受，并对教师给予自己的关怀表示诚挚的感谢。当老师对自己进行批评、帮助时，一定要面含恭谨之色，起身站立，并洗耳恭听。绝对不允许对教师的指教表现得鄙夷嘲弄、不屑一顾，尤其不允许对其加以拒绝，甚至扬长而去。

(2) 耐心听从教导

当老师对自己进行批评帮助时，无论老师本人的态度如何，大学生都必须表现出应有的耐心。一定要保持清醒的头脑，并采取正确的态度。最为重要的是要"有则改之，无则加勉"。对于自己与老师之间存在的误会，以及老师对自己的判断失误，可以在适当时心平气和地向老师做出解释，以求得对方的理解。但是，届时一定要注意具体的表达方式。

(3) **充分理解教师**

“人非圣贤，孰能无过。”在教师与学生进行接触的具体过程中，教师在其教学与其他方面难免会出现这样那样的失误。例如，记不清楚学生的姓名，在教学过程中出现口误、笔误或者操作失误，教学的个别内容陈旧，某些教学方法不当，教学水平较低，在学生工作中出现一定的差错，在日常生活里出了洋相等。对于这些方面的问题，学生一定要予以理解，并且不应以此作为拒绝听从教师教诲的借口。万一遇到此类情况，大学生的正确表现应当是若无其事，千万不要哄堂大笑、小题大做、起哄闹事，不可因此公然嘲笑老师，不可令其当众难堪。

(4) **切勿顶撞教师**

由于种种主客观原因，教师对学生所进行的批评、指责显然不可能一贯正确。此外，某些教师在对学生进行批评、指责时，难免会“爱之深，责之切”，有可能说一些过头的话。遇到以上情况时，大学生一定要冷静地加以对待。要注意维护教师的个人威信，不要直接与教师发生正面冲突。即使与老师产生矛盾，双方观点不同或老师对自己的批评欠妥，也不应当直接顶撞老师，尤其是不应该当众对老师进行顶撞。一般而言，师生之间的情谊纯洁而美好，大学生务必对其加以珍惜。

二、同学关系

在大学校园内，同学之间朝夕相处、情如家人。所谓同学，一般是指师从于同一位教师，或者是在同一班级、同一专业、同一学校学习的人。在人际关系中，同学关系历来受到普遍重视。

在大学生活里，同学关系是每位大学生均应认真对待的。在大学校园内所产生的同学之间的情谊，往往既纯洁又长久，它通常被视为人类所拥有的最美好的感情之一。对于每一名大学生而言，处理好同学关系，珍视同学情谊，必将对自己的学习、成长乃至今后的事业和生活具有极大的帮助。

在处理同学关系时，每一位大学生均应在和睦相处、团结友爱、遵时守信、共同进步四个基本方面恪守礼仪规范。

（一）和睦相处

在当代中国，大学生活的一大特点，是同学之间朝夕相处、几载同窗。在这种情况下，能否与同学和睦相处，便成为大学生要面对的一个非常重要的问题。

在大学生活中，大学生彼此之间要真正做到和睦相处，主要应当注意以下四点。

(1) **以礼待人**

与同学相处，不论自己与对方具体关系如何，均应对其表现出应有的尊重，并时刻对对方以礼相待。对同学以礼相待，就每一名大学生而言，既是为了对对方表示尊敬，也是为了尊重自己。正所谓“礼多人不怪”，与同学打交道时牢记处处依礼行事，将有助于为自己营造出一种较为和睦的同学关系。

(2) **真诚友善**

与同学打交道时，一定要注意以诚待人、与人为善。以诚待人，就是要求自己心口如一、言行一致，不可以充当口是心非、表里不一、缺乏真诚的伪君子。与人为善，就是要求自己在待人接物方面凡事要心存善意，对同学友好相待，切不可心存恶念、以恶待人、视“他人即地狱”。大学生必须谨记：善待他人，是一种教养。善待他人，就是善待自己。

(3) **谦虚随和**

在同学之中要想拥有较好的人缘，必须时时处处以谦虚随和的态度对待自己的同学。为人谦虚，主要是要求大学生不要故步自封、狂傲自满、夸夸其谈、卖弄所长、自以为是。为人随和，则主要是要求大学生虚怀若谷，要善于与别人相处、善于向别人学习、善于听取别人的意见。既不应拒人于千里之外，亦不可一味地对别人随声附和。

(4) **理解包容**

老子曾经强调“上德若谷”。同学之间，理解与包容不仅十分必要，而且难能可贵。同学之间的不少误会，多为双方缺乏理解所致。而同学之间的矛盾、纠葛之所以产生，则通常都是因为其中的一方或者双方对人不够包容。在同学之间提倡理解，就是要求大学生了解他人的立场和态度，谅解别人的思想感情，对对方的喜、怒、哀、乐能够心领神会。在同学之间提倡包容，则是要求大学生宽宏大量、善于容人，尤其是要善于原谅别人并非原则性的过失。所谓“君子尚宽” “有容乃大”，古今中外能够成就大事之人，通常都具有容人之雅量。

(二) 团结友爱

在学生时代，与同学加强团结友爱，不但是对每一名大学生的基本要求，也是其完成学业、在今后的事业上有所发展的重要保证。

就大学生而言，要确保同学之间的团结友爱，重点需要关注以下三个方面的问题。

(1) **加强团结**

在大学生活里，由于每一名学生的性格、经历、习惯各不相同，同学之间难免会产生一些矛盾和摩擦。作为一名大学生，理应拥有开阔的胸襟，并学会“大事坚持原则，小事善于变通”。不要过于计较同学之间的小是小非，尤其不要无事生非、借题发挥。在日常生活中，要主动团结同学，特别是要团结本班级、本专业、本宿舍的每一位同学。在任何情况下，都不要制造分歧、挑拨离间，破坏同学之间的相互团结。应当强调的是，团结同学的主要目的，是与之互相帮助、共同进步，而并非是拉帮结派、称王称霸、欺侮其他同学。

(2) 相互帮助

对出门在外、远离家人的大学生们而言，“在家靠父母，在外靠同学”。同学之间的相互帮助不但是应该的，而且往往也是必不可少的。从根本上说，同学之间的相互帮助，既是大家互相爱护、互相关心、互相体谅、互相照顾的具体体现，也是“人人为我，我为人人”的时代精神的基本要求。在许多时候，只有接受同学的帮助，才有可能战胜困难。遇到困难之时能够获得帮助，对受助者来说是莫大的慰藉，而助人者也会因此受到对方的感激与尊敬。大学生之间要做到相互帮助，有四点应予以注意：一是帮助同学应当量力而行；二是帮助同学应当涉及思想、生活、学业等方方面面；三是帮助同学应当不图回报；四是同学之间的帮助应当有来有往。

(3) 尊重异性

在中国内地的高等院校里，大都实行男女同校学习的制度。男女大学生在进行日常交往时，既要反对“男女授受不亲”、“重男轻女”、“重女轻男”、鄙视异性的错误观念，又要注意尊重异性，提倡把握好男女同学交往的具体分寸。从总体上讲，要坚持男女平等，鼓励男女大学生之间的正常交往；并且以学业为重，以友谊为重，以互相关心与互相帮助为重。从具体上讲，则要求大学生尊重异性、尊重自己。与女同学进行交往时，男同学应当心胸开阔、光明磊落，注意体贴和保护对方。与男同学进行交往时，女同学则应当文雅端庄、落落大方、善解人意，给予对方应有的关心与帮助。不论男生还是女生，都绝对不可以利用同学关系在对方面前举止轻浮、肆意妄为，尤其是不可以利用对方或玩弄对方的感情。

(三) 遵时守信

遵时守信，是现代社会对于每一位大学生在处理其人际关系时提出的基本要求。在大学期间，每一名大学生都要自觉地养成遵时守信的良好习惯。在处理同学关系时，对此也不能疏忽大意。

(1) 遵守时间

在现代人看来，时间就是生命，时间就是效益，时间就是金钱。有鉴于此，在人际交往中，一定要具有良好的时间观念。对于交往双方有关时间方面的约定，务必言出必行，一律无条件地加以遵守。不到万不得已，切勿随意更改，或是在与对方约定的时间里迟到、失约。与同学相处时，一定要对遵守时间的问题高度重视。从根本上讲，一个人对于交往双方所共同约定的时间遵守与否，实际上与其对交往对象的尊重与否直接相关。

(2) 信守承诺

在人际交往中，包括大学生之间的相互交往在内，信守承诺向来都是一项基本的礼仪规范。古人在谈及做人之道时，曾有“一诺千金”之说；孔子也曾强调“民无信不立”。现代人在其人际交往中则更是讲究遵守承诺，讲究“言必信，行必果”。在社会上，出尔反尔，言而无信，有约不守，或者守约不严，都被视为严重有损于个人形象的恶习，每一位大学生均应引以为戒。

具体而言，大学生在与同学交往中具体涉及的信守承诺的要求主要有二。

一是许诺必须谨慎。大凡许诺于人，均应经过深思熟虑，并要考虑后果，切勿草率从事，承诺“满天飞”。

二是承诺必须兑现。一个人说话总是要算数的，凡是自己做出的每一项承诺，都要努力兑现。只有这样做，才真正有自己的信誉可言。

(四) 共同进步

在大学期间，同学之间往往都是同呼吸、共命运的。因此，在处理同学关系时，特别应当提倡每一名大学生都与自己的同学共同进步。

具体而言，大学生要与自己的同学共同进步，主要应当在以下三个方面得以体现。

(1) 本人努力进步

习近平同志曾经指出：“幸福都是奋斗出来的。”在校求学期间，每一位有良知、有自尊心的大学生，均应从各个方面对自己从严要求，使自己“百尺竿头，更进一步”。就同学相处而言，本人努力进步，既是对其他同学给予自己关心、帮助的一种最好的报答，又可以通过自己的以身作则，为其他同学树立起一个良好的学习榜样，从而带动其他同学进步。

(2) 鼓励同学进步

与同学相处时，若是对对方真正地关心、爱护，就应当与对方互相促进，并鼓励对方不断地取得进步。在任何时候，鼓励同学、推动对方不断进步，都是身为同学的一种责任与义务。在日常交往里，对同学所进行的鼓励与鞭策，不仅要讲究方式方法，而且还要经常鼓励、不宜间断。

(3) 大家共同进步

与同学之间的互相帮助一样，

同学之间的进步也应当是互相促进、一道进行的。面对同学的进步，既要为对方高兴，对对方有所鼓励，又要及时地进行自我对比、自我检查，努力使自己比、学、赶、超对方，这才是大学生所应有的健康心态。千万不要对同学的进步心怀嫉恨，不要暗中阻止对方的进步，或者对对方进行恶意的诋毁、中伤。

三、集体关系

大学生的校园生活，在很大程度上是一种集体生活。所谓集体，通常是相对于个人而言的，它一般是指由许多个人联合起来组织而成的一个整体。大学生经常接触的集体既有小组、班级、年级、专业、院系、学校，又有各式各样的社团组织。它们都是大学生在处理其学校中的各种人际关系时必须认真予以重视的。

具体而言，大学生在其校园生活中面对的集体关系又可以区分为个人与集体的关系和集体与集体的关系。

（一）个人与集体的关系

在大学时代，每一名大学生与其所在集体之间的关系，实质上属于一种特殊的同学关系。大学生在学校就读期间所接触到的各种形式的集体，就其总体而言，基本上都属于以学生为主要成员的集体。而这种性质的学生集体，往往又是联结同学之谊的最好纽带之一。没有这种纽带的存在，同学之谊往往难以建立。

一般来讲，在处理个人与集体之间的相互关系时，每一名大学生都要具有良好的团队意识。既要注意关心集体，又要始终热爱集体。

(1) 关心集体

毫无疑问，大学生活，是不排斥每一名学生展现其个性、发展其所长的。每一所大学，只有培养出富有专长与特色的学生，在社会上才会有其良好的口碑与立足之地。然而，这一切都不应当成为使一名大学生自奉为“佛系”、对集体活动漠不关心、对集体麻木不仁的借口。每一名大学生，在日常学习与生活里，都必须自觉地关心其所处的集体。

大学生对于集体的关心，主要应当以其实际行动来体现。具体来讲，大学生应当在以下三个方面有较为出色的表现。

一是参与集体。大学生对于集体的关心，首先应当以参与集体作为其主要表现。如果与集体保持距离，拒绝参与一切集体活动，对集体的一切事宜不闻不问、漠不关心，是根本谈不上关心集体的。参与集体，在此主要是指大学生对集体活动的参与。在参与集体活动时，大学生一方面应当是积极而主动的，另一方面则应当是不存在任何附加条件的。只有兼顾了这两个方面，大学生参与集体活动才具有真正意义。

二是支持集体。在任何情况下，大学生都要以本人的实际行动对集体表示支持。支持集体，是关心集体的一种重要表现。支持集体，就要主动为其效力。在力所能及的范围之内，要在精神上、物质上、行动上积极替集体排忧解难。支持集体，还要自觉为其分忧。要严格要求自己，努力完成集体所交付的各项任务，不给集体添麻烦，这些做法都是为集体分忧的自觉表现。

三是服从集体。个人服从集体，在现实生活中是一项广泛适用的行为准则。此即所谓团队意识。在参与集体活动时，倘若个人利益与集体利益发生了矛盾，通常要求个人利益服从集体利益；当个人愿望与集体愿望发生抵触时，一般也要求个人愿望服从集体愿望。此即个人服从集体的本质含义。要求大学生个人服从集体，主要是要求：大学生应以实际行动践行集体主义，维护团队意识；反对其崇尚极端个人主义，反对其凡事“我”字当头、个人至上，反对其不注意维护集体利益、不注意服从集体需要。

(2) 热爱集体

身为集体的成员之一，每一名大学生都要爱护自己所处的集体。大学生对于集体的爱护，具体应当在以下两个要点上有所表现。

一是维护集体。置身于集体之内的每一名大学生，都有责任、有义务悉心对集体加以爱护。大学生对其所在集体的爱护，一方面应当表现为对集体利益的维护。大学生们要在为集体创造价值、捍卫集体利益的同时，敢于同损害集体利益的一切行为进行坚决的斗争。另一方面，则应当表现为对集体荣誉的维护。在任何时候，大学生都只能为自己的集体争光，而不能为其抹黑。

二是奉献集体。生活在集体之中的每一名大学生，都必须对自己所在的集体具有一种强烈的责任感。既要对需要自己承担的集体工作当仁不让，又要努力为集体多做贡献。对于需要自己承担的集体工作，每一名真正热爱集体的大学生都不可以躲躲闪闪。为此而同集体讨价还价，则更是不应该的。

(二) 集体与集体的关系

在校园生活里，大学生参与集体活动时，往往还会身不由己地面对集体与集体之间的关系。集体之间的关系，不仅较为复杂，而且牵涉面往往也十分广泛。处理集体之间的关系时，下述五点尤须注意。

(1) 互相学习

当大学生代表自己所在的集体与其他集体进行交往时，不仅要努力维护自己所在集体的声誉，而且还要注意向其他集体虚心学习。必须实事求是地看待交往双方的具体情况，学习对方集体的一切长处。这样做既有利于自己所在集体的成长与进步，也是对自己所在集体的最好的爱护。

(2) 彼此帮助

集体与集体之间，犹如个人与个人之间一样。如果想要友好相处，就必须互相帮助。互相帮助，不仅在客观上真实地体现着集体与集体之间相互依存的关系，而且也是集体与集体友好相处的重要基础。任何一个集体，如果拒绝为其他集体提供帮助，或是拒绝来自其他集体的帮助，则必将使自身孤立无援、隔绝于世，从而难以在社会上真正立足。

(3) 友好协作

每一个正常的社会集体，只要希望自身取得成功与发展，就要注意争取、创造机会，与其他社会集体进行友好协作。集体与集体之间所进行的友好协作，可以采用一切合法的形式。只要对双方、对社会有利，各种形式的集体协作均可予以考虑。进行集体协作的主要长处有三：一是可以调动有关各方的积极性；二是可以集中力量将彼此的事情办好；三是可以促进各方之间相互关系的进一步发展。

(4) 公平竞争

集体与集体之间，尤其是同一类型或是面临共同处境的集体之间，难免存在着一定的利益之争。对于集体之间的利益纠纷，重要的并不是有意加以否认，而是应当采取正确的态度予以对待。在一般情况下，处理集体与集体之间所存在的利益冲突时，应当提倡公平竞争。在集体之间提倡公平竞争，有下列两点必须予以注意：一是对于合理竞争要鼓励而不要否定；二是在进行竞争时必须强调公平，并要有规可循。

(5) 共同进步

在提倡集体竞争时，必须明确的重要一点是：集体之间进行竞争的最终结果，并非两败俱伤、你死我活，而是相互促进、共同进步、合作共赢。这就是说，在正常情况下，集体与集体进行竞争时，都需要事先设定“共赢”“双胜”的终极目标。每一个集体参与集体竞争时，都必须牢牢记住这一目标，并且围绕这一目标不懈努力。必要时，要善于妥协，要善于“求同存异”。

第三节 友邻

在现实生活里，与他人结识，并与之保持一定程度的联系，是人类的一种本性。结交他人，既是为了寻觅知音、互相交流、取长补短，也是为了相互帮助、相互支持。结交他人，虽说有着主动与被动之分，但在现实生活里不与他人结交的人是不存在的。

一般而论，结交他人的具体途径甚多。有时是因为一见如故；有时则是因为彼此相处之后了解逐日加深所致。

在人际交往中，一个人在个人自主、自愿的前提下与他人结交并由此而形成的人际关系可以被称为友邻关系。对大学生而言，其友邻关系大体上可以分为朋友关系、同乡关系、邻里关系三种，有时它们还会相互交叉。

处理朋友关系、同乡关系、邻里关系时，在总体上都讲究推心置腹，以诚相待。具体而言，则又有着各不相同的要求。

一、朋友相处

在人们的各种社会关系里，朋友关系是自主性较大、亲密性较强的一种。朋友，亦称友人，它一般是指人与人彼此之间通过相互交往而产生深厚的情谊、志同而道合并经常保持联络的一种关系。就人的本性而言，每一个人都需要朋友。在社会生活里，假如一个人没有任何朋友，那么其人际关系至少是不正常和不完整的。

益者三友

平时，一个人所结交的朋友各种各样。与朋友进行日常交往时，大学生既要维护友谊，也要不失礼貌。之所以要求大学生这样做，不仅是为了尊重朋友，也是为了尊重自己。

（一）择友条件

朋友之间会互相影响，因此交友理当有所选择，择善从之。所谓“近朱者赤，近墨者黑”，滥交朋友绝非上策。孔子认为“益者三友”：友直，友谅，友多闻。一般来说，大学生在择友之时应优先考虑下述五项标准。

（1） 志同道合

孔子曾说：“道不同，不相为谋。”由此可见，选择朋友时，通常要把双方所拥有共同的志趣、共同的爱好、共同的见解列为首要条件。“唯有同心人，可与论金铁。”若是友人之间“英雄所见不同”，动辄“话不投机半句多”，便难有牢不可破的友谊可言。

（2） 品德高尚

孔子主张“见贤思齐”“无友不如己者”。而按照孟子的观点，“友也者，友其德也”。也就是说，只有选择品德高尚的人做朋友才是正确的。同品德高尚者交朋友的最大益处，是可以以对方作为自己为人处世的榜样，通过耳濡目染、取长补短获得长进，进而提高自己的道德水准。

(3) 知心敢言

扬雄说过："朋而不心，面朋也。"交友之道，贵在知心，重在敢于直言相告。真正的朋友，应当有话明说、有话实说、知无不言、言无不尽。倘若与朋友心腹相隔，双方交谈时对对方察言观色、投其所好，就算不上是真正的朋友。

(4) 忠诚可靠

朋友相交，重在真诚，难在忠贞。结交一位朋友，不应当只看对方在自己身处顺境时的表现和在自己面前的所作所为；更重要的是要观察对方在自己身处逆境时的表现和不在自己面前时的所作所为。真正的朋友，应当是生死相依、患难与共、坚定不移、忠诚可靠的。

(5) 补己所短

俗语说："人往高处走，水往低处流。"结交朋友时，人们大都应当将双方之间存在的某种程度上的互补性列为一项重要的条件。结交确有所长者、见多识广者、值得学习者，实际上等于是替自己找真正的良师益友，对于自己日后的进步必将大为有益。

(二) 坦诚相交

与他人一旦结交为友，即应与之坦诚相待、热情交往。要成为一名名副其实的朋友，就要在双方相互交往的具体过程中妥善地处理以下五个问题。

(1) 互尊互助

俄罗斯伟大的思想家别林斯基曾经指出："真正的朋友，不是把友谊挂在口头上。他们不是互相要求一点什么，而是彼此要为对方做一点什么。"对待朋友，一方面必须予以尊重，另一方面则又要给予对方力所能及、不图任何回报的无私帮助。互尊与互助，都是朋友关系的应有之义。

对于朋友的尊重，一定要具体体现在与之相交的整个过程中。而对于朋友的帮助，则讲究主动热情，并且要求在对方的工作、生活、学业等各个方面尽力而为。

(2) 交流信息

交际之所以对于现代人无比重要，就在于人们借此机会可以彼此交流信息。古人交友，非常推崇"友多闻"。对亲密无间的朋友而言，经常性地进行信息交流，则更是彼此之间应尽的一项义务。《礼记》有云："独学而无友，则孤陋而寡闻。"由此可知交流信息之于交友的重要性。

朋友之间的信息交流，重点在于互通有无和于人有益。就交流信息的具体内容来说，它不应当是家长里短、绯闻八卦、小道消息等垃圾信息，而应当是有助于朋友陶冶性情、开阔视野、生活幸福、学业有成、事业发达的知识性、学术性、时效性信息。

(3) 相互砥砺

真正的朋友之间，除了相互关爱之外，还有必要相互批评、相互砥砺。做到后一点，往往比做到前一点要困难得多，但却更为重要。这是因为，就每一个人的个人成长而言，都是离不开批评与激励的。朋友之间，只有直言不讳、相互规劝，“如切如磋，如琢如磨”，才能够共同得以提高。

结交朋友，必须永远使友谊服从于真理。正如苏联作家奥斯特洛夫斯基所言：“所谓友谊，首先就是诚恳，就是批评同志的错误。”因此，交友之道的主旨，就是要做朋友的诤友。不过应当注意，对朋友批评、砥砺，并非越俎代庖，过多地干涉对方的个人自由，其具体方式亦应多加注意。

(4) 患难与共

“路遥知马力，日久见人心。”结交朋友的目的，不应当只是与对方共富贵、同欢乐，而更应当与对方同风雨、共患难。对于人类而言，“拯救朋友是最高的荣誉”。朋友之间只有患难与共，才谈得上双方存在着真正的友谊。

一个人在遭受困难、挫折时，通常最需要友人的慰藉；而要战胜困难、挫折，则更需要朋友的支持。巴尔扎克说过：“一个人的倒霉至少有这么一点好处，就是可以认清楚谁是自己真正的朋友。”要做真正的朋友，就应当义无反顾地在友人遇到困难、挫折时，挺身而出、信任对方、支持对方，并始终与对方坚定地站在一起。

(5) 与友同乐

好朋友之间，不但提倡“有难同当”，而且还应当提倡“有福同享”。自己因为友人的支持、帮助而取得的成功，以及由此带来的欢乐，理所应当地要与友人一道分享。

结交朋友尽管讲究彼此之间患难与共，但这并不意味着非要让朋友去自找苦吃，非要让朋友去替自己承担苦难，或者非要设置困境去考验朋友。如果真是替朋友设想，就应当对对方不报忧、少诉苦、莫添麻烦。要把欢乐带给对方，并把痛苦留给自己。总之，要少干扰对方，少给对方增添负担，此乃朋友相交时双方均应具有的一种自觉性。

（三）保持联络

朋友相交，难在坚持。跟别人交一天的朋友容易，交一生的朋友则具有一定的难度。要想使朋友之间的关系持之以恒，非常重要的一点，就是设法维持必要的联络。总之，与别人交朋友，并且要做好朋友，双方之间就应当有来有往、常来常往。

一般而言，下述四项具体措施对于维持朋友之间的相互联络都会有所帮助。

(1) 经常走访

有道是“朋友一场，常来常往”。如果条件具备的话，则朋友之间应当腿脚勤快，彼此经常上门拜访。

朋友之间的相互走访，主要是为了经常保持接触，而并不一定非要拥有某种明确的目的性。不可否认的是，经常不见面的朋友难免会产生疏远之感。而朋友们时常见一见面、聊一聊天，往往会使彼此之间的关系更加深化。

(2) 定期聚会

除了双向交往之外，朋友之间的日常交往通常还可以以多边交往为形式。朋友之间的多边交往，在此指的是三名或三名以上的朋友同时进行交往。其主要的长处，是可以扩大交际面，广泛结交各界朋友。借周末或节假日之便，邀约多名朋友一道举行聚会。诸如举办沙龙、一同郊游、相约打球等，都是多边交往的极好做法。在必要时，还可使之定期化。

(3) 利用媒介

常言道，“人在江湖，身不由己”。年纪越大、学业或工作越忙的人，恐怕对此越有体会。万一与友人不在一地，或者在较长时间之内无暇谋面的话，切不可音信杳无，从而令对方惦念。此时此刻，仍须主动联络对方。一种行之有效的方法，就是根据自己的不同需要，利用各种信息传播媒介，例如，写信、通电话、发短信、网上聊天、发电子邮件、使用社交媒体等，维持自己与友人之间的联络。

(4) 托人致意

有些时候，还可以酌情采取委托他人代为传递信息的方式，例如，转达问候、代传口信、转赠礼品等，与自己久未会面的朋友主动保持联系。委托他人致意这一联络友人的具体方式，既可与上述几种方式并用，亦可在必要时单独使用。

二、同乡相处

同乡关系，是中国人普遍重视的一种人际关系。在中国，人们自古以来就把“他乡遇故知”视作一大喜事，并且早就有着“亲不亲，故乡人”等多种说法。

同乡，亦称“老乡”“乡亲”，通常它是对籍贯相同者的一种泛称。从本质上说，它是以地缘关系为纽带而形成的一种比较特别的人际关系。一般而言，同乡之间相逢未必相识，相识亦未必深交。然而，在人际交往之中，一旦交往双方具有同乡关系，往往便会使彼此之间的心理距离大为缩短。

在当代大学生的人际交往中，同乡交往是一个重要的组成部分。大学生在处理自己与同乡之间的相互关系时，既要重视发展乡谊，又要保持正常交往。

(一) 发展乡谊

民间有言，“老乡见老乡，两眼泪汪汪”。由于中国的地域极其辽阔，因此，生长在不同地区的人们，在其本土文化、生活习惯、日常风俗、礼仪讲究等方面，往往多有不同。相对而言，同乡之人在进行交往时，由于大家出生地相同、文化背景相近、生活习俗相仿、口音大体相似、交际规则略同，往往会令彼此之间天然存在一种无形的亲切感与认同感。所以，双方非常容易建立联系，并保持和发展相互之间的这种特殊关系。

(1) 重视乡谊

人是有情感的，乡谊就是情感的一种。所谓乡谊，一般是指人们相互之间基于同乡关系而建立起来的一种特殊的友谊。在现实生活里，人人都有自己的故乡，所以自然而然也就少不了同乡、离不开乡谊。

对于同乡之谊，每一个人都应当给予应有的重视。从某种意义上来说，一个人若是不讲同乡之谊，不认乡里乡亲，就等于忘记了哺育过自己的故乡。而忘记了自己的故乡，往往就意味着对她的背叛。

重视乡谊，首先需要善待自己的同乡。对于那些早已相识、相交的同乡，要保持联络、互相关照，不要“一阔脸就变，翻脸不认人”，不宜对一切而今不如自己或者有求于自己的同乡置之不理。需要与同乡进行联系、交往时，不要表现得“穷居闹市无人问，富在深山有远亲”，显得自己过于势利。

对初次交往的同乡，或是上门相认的同乡，亦须依礼相待，并表现得既热情又主动。不要不愿与对方相认，不要让对方“坐冷板凳”，尤其是不要跟对方摆架子、打官腔。

(2) 重在乡谊

与同乡进行常规的交往时，无疑应当使之具有得以维持的侧重点。在一般情况下，必须将同乡交往的重点放在建立乡谊、巩固乡谊、发展乡谊之上。

同乡之间所进行的交往，自然提倡交流信息、互相帮助、互通有无。但是，同乡关系既然以乡谊、乡情为基础，那么同乡交往的中心，就应当被有意识地集中于同话家乡、怀恋家乡、支援家乡、共建家乡、为家乡出力上。

事实上，谁人不说家乡好？在与同乡进行交往之际，“君自故乡来，应知故乡事”，大家所共有的家乡理所当然地成为被关注的焦点。对同乡而言，聚也家乡，叙也家乡，议也家乡，思也家乡，根在家乡，都是再正常不过的事情了。

之所以特别强调同乡交往重在乡谊，实际上就是不主张以其他方面的内容作为同乡交往的重点。孔子说过：“君子周而不比，小人比而不周。”在此需要特别指出的是，同乡之间所进行的各种交往要讲究“君子之交淡如水”，反对其明显地带有任何功利性的色彩。尤其是要反对以发展同乡关系为名，而大行拉帮结派、另立山头、制造无原则的分裂或纠纷之实。

(二) 正常交往

如同处理其他方面的人际关系一样，大学生要想妥善地处理自己与同乡之间的相互关系，最为有效的方法就是要使之正常化，而不是使之特殊化。

使同乡之间的相互关系正常化，实际上就是要求大学生与同乡进行正常的交往。只有做到了这一点，才不至于损害同乡关系。就一般状况而言，与同乡进行正常交往，主要注意以下三点。

(1) 保持接触

但凡具备条件，同乡之间就要争取多联络、多接触。只有在这一基础上，双方之间才有可能保持正常的关系、发展正常的关系。只有彼此之间的接触增多了，同乡之间才有机会加深相互了解，并增进同乡之谊。由于具体条件各不相同，同乡之间所进行的接触可以采取任何力所能及、合理合法的形式，关键是要彼此之间多多走动，多多联络。

与同乡进行接触、保持接触，通常最为忌讳的是“现拜佛，现烧香”；“用人时靠前，不用人时退后”。至于“过河拆桥”的愚蠢做法，则更是同乡相交之大忌。采用那种功利主义的做法与同乡打交道，或许可以得逞于一时，但久而久之必将人所共知，从而失信于人。

(2) 相互关照

同乡交往，与朋友交往一样，都需要双方相互关照。在与同乡进行具体交往的过程中，既要重视同乡之谊，更要讲究相互理解、相互信任、相互关心、相互帮助。对于主动关心、帮助同乡的一方而言，一定要对同乡诚实无欺，不可以趁机“杀熟”，更不可以愚弄对方。对于有求于同乡的一方而言，则要讲究自觉、适度，不要要求过高，使对方勉为其难。

与同乡交往时，主动关心对方通常十分必要。对于初来乍到的同乡、条件尚差的同乡、身处逆境的同乡、有求于己的同乡，尤其要主动关心、积极爱护、多多照顾。关心同乡，是注重乡谊的一种重要表现。

与同乡交往时，主动帮助对方往往必不可少。实际上，对同乡最大的关怀，就是给予其必要的帮助，协助其解决具体的困难。在帮助同乡时，不但要讲究力所能及，而且还必须提倡尽力而为，同时不讲任何条件。

与同乡交往时，主动鞭策对方是必要的。同乡交往，理当“其嗅如兰”，而不应该“臭味相投”。对同乡最好的关照，就是要积极引导或推动对方锐意进取、奋发向上。为此，在必要时要诚恳地指出对方的不足之处，并帮助对方尽快予以改进。

(3) 积极合作

提及同乡之间的正常交往时，与其相互合作是不容忽略的。同乡在天然上就具有亲近之感，而且双方之间也比较容易找到更多的共同语言。这一“人之常情”，实际上为同乡之间进行合作在客观上提供了可能。反过来说，同乡之间假如建立了某种形式的合作关系，往往又可以进一步促进双方的同乡之谊。同乡之间的合作，通常可以成为同乡之间进行正常交往的重要基础。

同乡之间所进行的合作，通常主要是学业、事业上的合作。在进行学业、事业方面的相互合作时，同乡之间既要讲究乡谊，也要分清利益。将二者之间的关系理顺了，使乡谊具备一定的物质基础，未必不是一桩好事。

寻求同乡之间的合作，切记不可强求硬逼。最好的方法，是要因势利导、顺其自然、彼此情愿、各取所需。

三、邻里相处

子曰：“里仁为美。”在日常生活中，每一个人都必须择地而居，因而必然会与自己的居住地及其周围的居民形成一定的相互关系。邻里，亦称邻居，就是对上述关系的一种具体表述。严格地说，所谓邻里，是指住处相互接近，或处于同一区域之内的其他人家。

大学生尽管尚未独自成家立业，但在处理其人际关系时仍须面对一定的邻里关系。不论居家、住校，还是租住社会化的学生公寓，大学生都必须认真处理自己与邻里之间的关系。

处理邻里关系时，大学生要重点注意彼此了解、彼此体谅、彼此关心三个方面的具体问题。它们通常被称为处理邻里关系的基本点，亦称“邻里相处三原则”。

（一）彼此了解

民谚有云：“远亲不如近邻，近邻不如对门。”可见，由于邻里之间接触密切、往来频繁，处理好彼此之间的关系极其必要。如果拒绝与邻里发生任何联系，甚至彼此交恶，则是既轻率又失当的。

要同邻里建立起真正的良好关系，第一要旨是相互之间必须有所了解。相互了解，从来都是处理好邻里关系的基础。因为只有互相知根知底，邻里之间才会相互信任、相互交融。具体而言，在增进邻里之间的彼此了解时，有以下三点注意事项。

（1）主动接近

与邻里相处，重要的是不能甘当孤家寡人，不要自行与世隔绝。相反，一定要主动地、友善地接近邻里，与对方建立正常关系。不主动接近邻里，就不可能同对方相互往来。而只有接近对方，才有彼此之间的了解可言。具体来讲，接近邻里的方式应当因人而异。相遇时主动向对方打招呼，当对方忙于家务时援之以手，闲聊之时叙叙家常，邀请对方上门做客等，均为可取之法。

(2) 掌握情况

跟邻里打交道，首先有必要对对方的基本情况作基本了解。只有熟悉了对方的大致情况，才能够更好地与之和睦相处。掌握邻里的基本情况时，需要注意具体方式，讲究双方自愿，并提倡有来有往、双向交流。想要了解对方，就应当同时使对方了解自己。但是，对邻里的个人隐私以及对方不愿涉及之事，则不宜“打破砂锅问到底”。

(3) 守口如瓶

关系密切的邻里，往往会彼此相互诉说自己的难言之隐与自家私事。对邻里的信任，必须自觉地守口如瓶。任何一位有教养的大学生，都绝对不可以辜负邻里对自己的信任，将对方的个人隐私、情感纠纷或家庭私事视作笑料，任意广为扩散。若在邻里之间飞短流长、搬弄是非，甚至添油加醋，则更是自己将自己打入“恶邻”的行列。

(二) 彼此体谅

与邻里搞好关系，必须注意彼此之间的体谅。在邻里之间讲究彼此体谅，一是要相互尊重；二是要宽以待人；三是要自觉自律。与此同时，还必须讲究起码的社会公德。

具体而言，与邻里之间彼此体谅，需要重点注意下述三个方面的细节问题。

(1) 保持卫生

在日常生活里，因为人与人之间存在着互相依存的关系，所以每名大学生心里都要常为别人着想，并在处理个人事宜时兼顾他人的利益。与邻里相处，亦应如此，尤其是要对与人人相关、户户相关的环境卫生问题给予高度重视。平时，不要在自家的居室门外及其四周乱扔、乱倒废弃物，不要因此损害街坊四邻的利益。

(2) 保持安静

人们的居所，自然主要被用以居住、休息。对这一点，与邻里相处时亦须加以明确。就一般人的居住和休息而言，外来的各种噪声当属最大的干扰，甚至被人们深恶痛绝。因此，平时每一个人在回到自己的居所以后，都要自觉地保持安静，并适时、适量地安排在自家居所之内所从事的家务、维修以及娱乐活动，切勿制造噪声扰邻。在常规的周末、节假日等例行的休息时间里，特别需要尽量降低自己活动所发出的声响。

(3) **切忌贪婪**

在邻里之间，相互帮助是极为必要的。邻里之间的相互帮助，自然不能把财物完全排斥在外。必要时，向邻里提供包括财物在内的援助或与其进行财物往来，均为正常之事。但是，平时在与邻里进行正常往来时，切不可见钱眼开、斤斤计较、极端势利。与邻里打交道时，千万不要贪图小便宜，平时向邻里所借用的钱、财、物，一定要有借有还、及时归还、好借好还。为邻里提供帮助时，切勿与其讨价还价。为人贪婪，乃邻里相处之大忌。

（三）彼此关心

邻里之间，通常都需要彼此关心、相互爱护。只有真正做到了这一点，才有可能使邻里关系更进一步，使得彼此之间联系更加紧密。具体而言，邻里之间的彼此关心，应当重点表现在下列两个方面。

(1) **互相照顾**

邻里之间，唇齿相依。邻里之间的互相照顾，对邻里而言本是责无旁贷的。自古以来，中国人在处理邻里关系时，就讲究“一方有难，八方支援”，提倡彼此之间主动照顾对方。正因为如此，古人才有“百万买宅，千万买邻”“君子择邻而居”等说法。

邻里之间的互相照顾，讲究的是积极主动。它不应当仅仅是口头上客气一下而已。更重要的是言行一致，善于从日常生活中的点滴小事做起。诸如代为看门，代收快递，看护老人、孩子、病人，协助料理家务，送医送药等，看起来虽然微不足道，但却是邻里之间互相照顾的具体体现。

(2) **热情相助**

在生活中，每一个人都难免会碰上一些单凭一己之力难以应付的难题。在此情况下，他人的鼎力相助无疑是“雪中送炭”、情暖人心。若邻里之间人人自私自利，“莫管他人瓦上霜”，大家在生活中所遭遇的困难则必将骤增百倍。因此，当邻里遇到困难，特别是当对方求助于己时，大学生都理当出手相帮、援助对方，不可患得患失。总而言之，他人有求于自己时，要热情相助，并且尽力而为。

与此同时，当自己在生活中遇到一般性的难题时，则还是应当以自力更生为主、争取外援为辅，不要动不动就开口求助于人，不要处处依靠邻里的帮助、事事麻烦邻里代劳。求人之事，总体上还是应当以少为佳。同时，做人应当善解人意，要细心体谅邻里的难处，不要指望邻里对自己有求必应，更不要迫使对方勉为其难。不要忘记，邻里之间的互相帮助，一定要两厢情愿。

第四节　涉外

涉外礼仪，又称涉外交际礼仪，指的是中国人在接触外国人、与外国人打交道时应当遵守的有关国际交往的惯例。在国际交往中，它通常都是普遍适用的。目前，中国的改革开放正在进一步深入，中国人到外国去，外国人到中国来，中外人士在彼此交往时显然都有必要处理好双方关系，以发展友谊、增加了解、加强信任。

《礼记》要求，在涉外交往中，应当“礼从宜，使从俗”。对中国人而言，在涉外交往中最重要的问题，是要对参与国际交往的惯例有所了解，并且毫无保留地认真加以遵守。与此同时，还必须做到入国问禁，入乡随俗，入门问讳。唯有如此，才能够真正地使自己为交往对象所接受，并真正地融入国际社会。

在国际交往中遵守涉外礼仪，可谓妥善处理中外人员双方之间关系的一条捷径。在学习涉外礼仪时，大学生关键是要对以下六项涉外礼仪的普遍性原则学以致用。

一、求同存异

在世界上，由于存在着众多的国家、民族，各国、各民族人民在宗教、信仰、文化、习俗、生活方式和社会制度等方面可谓千差万别。就礼仪、习俗而言，各个国家、各个民族不可一概而论。涉外交往中客观存在的礼俗方面的差异性，往往对其产生一定程度的制约，并为中国人结交异国友人带来了一定的难度。

与外国人交朋友，要想统一思想、统一认识，往往很难做到。不分交往对象，不了解交往对象的具体情况，而采用传统的、中国式的热情好客等种种做法去“以不变应万变”，显然也并非上策。理智的做法，就是在国际交往中涉及有关礼仪、习俗等人际交往方面的具体问题时，一定要坚持“求同存异”的原则。

人际交往中的求同存异

“求同存异”，是涉外礼仪的一项基本原则。它的主要含义是：在国际交往中，中外双方要想在人际交往方面减少摩擦、化解矛盾、取得进展、争取突破，关键是要回避双方的不同之处，努力寻找双方的共同点，并以此作为彼此之间实现进一步合作共赢的基础。

（一）存异

中国古代典籍《易经》中有言，“君子以同而异”。江泽民同志指出，应承认并尊重世界多样性。习近平同志则强调，“文明是多彩的”“文明是平等的”“文明是包容的”“文明因交流而多彩，文明因互鉴而丰富”。他们所共同倡导的，是要求大同、存小异。在国际交往中，存异是求同的前提。没有存异，就不可能真正地实现求同。所谓存异，主要是指在国际交往中要对中外双方在礼仪、习俗等方面所存在的差异性予以承认，并表示尊重。对其大惊小怪，或妄加评论，自然是不应该的。否认其存在，则更非明智之举。

对中国人而言，存异主要应当注意下列三个方面。

（1）各国的礼俗均有其一定的独特之处

要承认今日世界的多样性，就不能否认各国在礼俗方面所存在的明显差异。就一国而言，该国礼俗与其他国家所存在的显著差异实际上就是其独特之处。

（2）各国的礼俗都有特定的适用范围

不论站在哪一种角度上讲，各国的礼仪与习俗其实都难有“对”“错”之分，并难言其“优”“劣”之别。实际上，它们各自都有自己的适用范围。只有在其适用范围之内，才可以认定它们的正确与错误。客观地说，它们都有自己存在的必要性与合理性。

（3）各国的礼俗不需要评判其是与非

正因为各国的礼俗都有自己的适用范围，所以通常不宜对其进行孰是孰非的评判，尤其是不能用本国的礼俗去直接评判别国礼俗的是非或对错。否则就有可能损害中外双方之间的关系，甚至会因此而挑起国际纠纷。

举例而言，在数字的禁忌方面，日本、韩国、朝鲜等国忌讳“4”，主要是因为在上述各国的语言里“4”的发音与“死”的发音相近。信仰基督教的西方人普遍厌恶“13”与“666”，前者与耶稣被犹大出卖有关，后者则被看作魔鬼撒旦的标志。这些礼俗究竟谁是谁非，恐怕任何人都难以下定论。

（二）求同

在国际交往中，求同是重要的基础。离开了求同，成功的涉外交往实际上是难以想象的。所谓求同，在此主要是指要在礼俗方面寻求共同点，并以遵守国际惯例作为涉外交往的基本要求。

(1) **共性寓于个性之中**

各国的礼仪、习俗尽管存在着千差万别，但是并不能排除其共性的存在。在宏观上讲，各国礼俗的共性必然寓于个性之中。各国礼俗的个性，实际上是共性得以存在的基础。没有前者，便不存在后者。与此同时，作为概括与升华，作为“最大公约数”，各国礼俗的共性不但来自个性，而且显然其适用范围更广，发挥的作用更大。

不容否认的是，各国礼俗的共性是一种客观存在。例如，在人际交往中面含微笑、相互问候，就是一则普遍适用于国际交往的惯例。

(2) **重点在于遵守惯例**

在国际交往中，尊重各国在礼俗方面所存在的差别是必要的。然而，由于每个人的时间、精力、学识、阅历有限，不可能对各国的礼俗完全通晓。对一般人包括大学生而言，最重要的就是在国际交往中遵守礼俗方面的国际惯例。

有关礼俗方面的国际惯例，犹如国际交往中通行的一种“世界语”。在国际交往中，使用此种通行的“世界语”，而非小众的“方言”“俚语”，显然有益于交往各方的互动。对其自觉加以遵守，就会使自己畅行无阻；反之，则会使自己举步维艰。

例如，在排列位次时，有的国家讲究“以右为上”，有的国家则讲究“以左为上”，目前所通行的国际惯例则是“右上左下”。由此可见，在礼俗方面的国际惯例主要出自各国礼俗的共性。其最大的好处，是可以使人们在参与涉外交往时化繁为简、达成共识、避免曲折、实现沟通。

二、不卑不亢

与外国人打交道时，每一名大学生都会遇到如何摆正自己所处的位置、采取何种态度对待对方的问题。不论在正式的涉外活动中，还是涉足于非正式的国际交往，这一问题都是客观存在的。不卑不亢，就是大学生在与外国人打交道时用以考虑自己的位置、端正自己的态度的一项涉外礼仪的基本原则。

所谓“不卑不亢”，在此具体是指每一名大学生在与外国人进行接触时，特别是在参与正式的国际交往时，一定要明确地意识到自己在外国人眼里代表着自己的国家、代表着自己的民族、代表着自己的学校。因此，必须使自己的言谈举止讲究分寸、从容不迫、雍容大气、堂堂正正，而不能肆无忌惮、率性而为，因自己表现失当而给国家、民族、学校抹黑。在外国人面前，中国大学生的正常表现应当泰然自若，既不应该表现得畏惧自卑、低三下四，也不应该表现出自大狂傲、目空一切。

在国际交往中，每一名大学生都必须自觉地做到不卑不亢。从根本上讲，这是一个事关自己国格、人格的问题，所以容不得半点糊涂。每一名大学生都必须牢记：在国际交往中，“事事无小事，事事是大事”，自己在外国人面前的一言一行、一举一动，都事关大体、事关美丽中国的国际形象。

具体而言，大学生要在国际交往中真正做到不卑不亢，不仅要在思想上有所提高、正本清源、端正态度，而且还必须在实际行动中付诸实践，对“不卑”与“不亢”二者同时予以坚持，防止矫枉过正或过犹不及。

（一）克服自卑之感

在国际交往中，要使自己的所作所为在外国人眼里显得“不卑”，关键是要克服自卑心理，防止自轻自贱，坚持自尊自爱。

要在虚心学习外国的一切长处、尊重外国的礼仪和习俗的同时，坚决反对所谓“外国的月亮比中国的月亮圆”等盲目崇洋心理。在国际活动中，每一位大学生不论因公交往还是因私交往，都要以自尊、自重、自信和自爱为基础，与外国人真正地平等相处，而不是一味地迎合、讨好、迁就对方。与来自大国、强国、富国的人士打交道时，必须谨记此点。

在外国人面前，大学生最为得体的表现，应当是气宇轩昂、堂堂正正、坦诚乐观、豁达开朗、从容不迫、落落大方、进退有度、充满自信、爱我中华。与外国人进行交往应酬时，既要言行谨慎检点又要不拘谨，既要积极主动又要不盲动，既要注意慎独自律又要不手足无措。

对于外国所取得的各项成就，大学生完全没有必要视而不见、蓄意贬低、忌妒对方，但又绝对不应该自愧弗如、自惭形秽，不可由此而以偏概全、错误地认定外国的一切都比中国的好，因而在洋人面前卑躬屈膝，直不起腰来。更不能就此对外国的一切都崇拜得五体投地，断定外国人一贯正确，或自以为理不直、气不壮，进而对对方毫无原则地有求必应，甚至被对方牵着鼻子走。

（二）防止自大之心

要在国际交往中表现得“不亢”，通常首先有赖于克服自身的骄傲自大心理，但更重要的是要谨防盲目排外。

在国际交往中，要在坚持自立、自强，以自身的实际行动体现出“中华民族站立起来了”的精神风貌的同时，坚决反对闭关锁国、盲目自大的情绪，尤其是要与所谓“义和团式”的极端排外做法在本质上划清界限。

从总体上来说，每一名大学生在国际交往中都应当表现得谦虚谨慎、戒骄戒躁。在一切对外活动中，既不必妄自菲薄、抑己扬彼，也不应该高傲自大、盛气凌人、孤芳自赏、目空一切、自以为是。

具体而言，在国际交往中，应当善于向外国学习一切好的东西，以便取长补短、为我所用。不承认别国的长处，与不正视本国的短处一样，都永远只会夜郎自大，难有长进。

在国际交往中，尤其是在与小国、弱国、穷国的人士进行交往时，大学生一定要平等相待，而不应当表现得嫌贫爱富、恃强凌弱、拒人于千里之外。不允许对对方颐指气使，更不能够在对方面前显得冷漠无情。不要忘记，就国际交往而论，在任何情况下的帮助、支持都是相互的。与大国、强国、富国相比，中国目前仍旧只是一个发展中国家。离开了其他国家的帮助和支持，中国不可能有今天所取得的成就，更不可能有今后的进一步发展。

三、入乡随俗

古人言："入境而问禁，入国而问俗，入门而问讳。"它表明了解风俗、习惯的差异性，对跨国家、跨地区、跨文化背景的交往具有极端的重要性。

"入乡随俗"，是涉外礼仪的主要原则之一。它的主要含义是：要在国际交往中真正地做到尊重交往对象，首先就必须对对方所独有的风俗、习惯予以应有的尊重。当大学生前往其他国家或者地区进行学习、工作、见习、参观、访问、旅游的时候，特别有必要事先对当地特有的风俗、习惯有所了解，并以适当的方式对其表示自己所应有的尊重。如果做不到这一点，对交往对象的友好与尊敬就好似敷衍了事，甚至根本无从谈起。

（一）基本的原因

在国际交往中，中国人之所以必须认真地遵守"入乡随俗"的原则，主要有下列两个方面的原因。

（1） 差异性是一种客观存在

世界上的各个国家、各个地区、各个民族，在其各自历史发展的具体进程中，形成了自己独特的风俗、习惯。这种"十里不同风，百里不同俗"的差异性，是不以人的主观意志为转移的客观存在，也是世界上任何力量都难以强求统一的。

举例而言，在肉食禁忌方面，有的民族禁食猪肉，有的民族禁食狗肉，有的民族禁食牛肉，有的民族禁食羊肉，有的民族禁食鱼肉，有的民族禁食蛇肉，有的民族禁食蛙肉，有的民族在这方面没有禁忌，有的民族则禁食一切肉类。这些民族各自的讲究不同，其具体做法自然各异。

所谓风俗、习惯，亦称习俗，它是指因地域、种族、文化、宗教、历史等方面的不同，各国、各地区、各民族相沿成习的精神文化方面的特殊传承，具体涉及衣、食、住、行以及交际应酬诸方面。在国际交往中，尊重外国友人，显然应将尊重对方的风俗、习惯包括在内。

(2) 入乡随俗有助于有效沟通的实现

在国际交往中，对外国友人所特有的风俗、习惯予以尊重，实际上表达了我方对对方的亲善友好之意。换言之，讲究“入乡随俗”是促进中外双方人士彼此之间加深相互理解与相互信任的一种有效沟通途径。

反之，若是对外方人员所特有的习俗缺乏应有的了解与尊重，往往就会在无意之中做出一些被对方视为“伤风败俗”的事情来。

例如，被中国人视为美味佳肴的猪蹄、凤爪、鹅头等，在西方国家绝对无人食用。中国人普遍种植的用于观赏的菊花，在不少欧美国家则往往用于祭祀逝者。

(二) 主要的要求

在国际交往中，大学生要在“入乡随俗”方面表现得当，最重要的是应当在下述两方面提高认识，并予以应有的注意。

(1) 了解与交往对象相关的特殊习俗

在国际交往中，尤其是在重要的、正式的国际交往中，大学生一定要争取对交往对象所特有的风俗、习惯有充分的了解。做不到这一点，讲究“入乡随俗”就只能是自欺欺人。

例如，准备前往某国进行访问，就一定要事先对该国人民在衣、食、住、行、言谈举止、待人接物等各个方面的主要规矩与禁忌有所了解。这样一来，在与该国人士进行具体接触时，才会胸有成竹、表现自如。至少也不会招致麻烦，或者闹出大的洋相。

(2) 认真地尊重交往对象特有的习俗

对其他国家所特有的习俗，中国人在任何时候都没有必要照抄照搬、全面引进。而对于中国的传统习俗，则需要在有所扬弃的同时发扬光大。这些要求，与“入乡随俗”其实并无矛盾。

大学生在国际交往的具体实践中，对别国所特有的习俗，绝对不宜少见多怪、妄加非议。若是在这方面唯我独尊、厚此薄彼，将十分有害。正确的做法，应当是认真而无条件地对其予以尊重。

例如，与印度人打交道时，就必须对印度教教徒忌食牛肉、忌用牛皮制品、忌以左手与他人相握等一系列特有的有关习俗的讲究表示尊重，否则就极有可能会冒犯对方。

综上所述，大学生在其国际交往中，对外国人所特有的习俗既要了解，更要尊重。

四、热情有度

在国际社会里，中国人一向以热情好客而著称。然而，在国际交往中，要使中国人的热情好客为其交往对象所接受，就必须认真地坚持“热情有度”。

“热情有度”，是涉外礼仪的一项重要原则。它的基本含义是，中国人在直接同外国人士打交道时，不仅要表现得热情友好，而且还应当把握好热情友好的具体分寸。不然的话，自己对外国人士的热情友好就可能会事与愿违，甚至“好心不得好报”。

在向外国人士表示热情友好时，大学生所需要把握的具体分寸就是“热情有度”中的“度”。

关于这个“度”的最为精确的解释，就是要求大学生在向外国人士表示热情友好的同时，务必使自己的所作所为以不影响对方、不妨碍对方、不给对方增添麻烦、不令对方感觉不快、不干扰对方的私生活为基本界限。

与外国人进行交往应酬时，假若不注意恪守这个“度”，而是一厢情愿、想当然地过度热情，或不守法度、处处越位，则必然会引起对方的强烈不满。

具体来讲，遵守“热情有度”这项原则，主要是要求大学生在其国际交往中掌握好下列四个方面的具体的“度”。

（一）关心有度

在国际交往中，关心要有度。

多少年来，中国人相互之间一向都倡导“关心他人比关心自己更重要”。可是，在国外，人们却普遍地强调个性独立和个人自由，反对他人对自己的过分关心。因此，切不可以中国人所惯用的关心、规劝去对待外国人士，否则对方有可能会嫌我方多管闲事，甚至干涉了其个人自由。

有鉴于此，与外国人士接触时，要做到关心有度，即不要对外国人士表现得过于关心，尤其是不要使自己对对方的关心具体涉及其个人隐私。对对方过“度”的关心，不仅会被对方视为碍手碍脚，而且往往还会令对方因此而产生反感。

（二）批评有度

在国际交往中，批评要有度。

在国人相交时，彼此之间讲究的是待人以诚。看到亲朋好友有错，犯颜直谏，勇做诤友，及时地进行批评指正，才会被中国人视为够朋友，才会被视为对对方的真正关心。但是，这一做法在国际交往中却是行不通的。

在国际交往中，对外国人的所作所为，通常讲究的是批评有度。也就是说，只要外方人员的所作所为不触犯中国的法律，不有悖于社会的伦理道德，不有辱于我方的国格人格，不危及其自身的生命安全，一般都没有必要去评判其是非对错，特别是不宜当众对对方进行批评，甚至横加干涉。必须明确的是，孔子所言“躬自厚而薄责于人，则远怨矣”，在涉外交往中绝对是行之有效的。

在国际交往中讲究批评有度，主要原因有二：一方面，外国人崇尚独善其身，反对别人多管闲事；另一方面，在风俗、习惯方面中外的是非曲直标准未必一致，有时甚至还大相径庭，因而其“对”与“错”往往都是相对而言的。

（三）距离有度

在国际交往中，距离要有度。

对人际交往中的空间距离，中国人向来讲究不多。有些时候，为了向交往对象表示亲近，有的中国人还喜欢有意向对方靠近一些。当对方是同性时，这种情景尤为普遍。然而在国际交往中，人们却对交际距离极为讲究。其基本的要求，就是要注意距离有度。

所谓距离有度，实际上就是要求大学生在正面接触外方人士时，应当视双方之间具体关系的不同而与对方保持适度的空间距离。需要注意的是，同外国人打交道时，与对方相距过近，往往会令对方产生被侵犯之感。而与对方相距过远，则难免又会使对方感觉到被冷遇。应当特别强调的是，即使与自己进行接触的外国人与自己同属一个性别，也不要贴近对方。在许多外国人看来，同性之间相距过近，甚至携手并肩而行，只能说明他们存在同性恋关系。

就一般情况而论，与正常关系的外国人士相处之时，双方之间身体所保持的距离以 0.5～1.5 米为宜。

（四）举止有度

在国际交往中，举止要有度。

在一些交际场合中，中国人往往习惯于以自己的某些举止去直接表示对交往对象的热情。有时，还会以自己的某些不合常规的举止去表示自己跟交往对象“不见外”。可是，这些做法在国际交往中却是行不通的。

所谓举止有度，就国际交往而言，主要是要求大学生规范自己的举止，并且对其多加检点。切勿使之显得过于随便，从而引起误会，或者失敬于人。

具体而言，每一位大学生在同外国人士相处时，都要特别注意如下两个方面的问题。

一是不要乱用某些意在显示亲热的举止动作。在国内，朋友在相见时互拍一下对方的肩膀，长辈见到孩子时抚摸一下对方的头顶，都是一种亲热的表示，可是不少外国人却绝对接受不了这一套。

二是不要采用某些有意表示“不见外”的举止动作。有的举止动作，诸如换衣服、脱鞋、化妆、补妆或梳头发等，仅适合在无人之处或者家人、挚交面前进行，而绝对不宜当众“表演”。在相交甚浅或是初次见面的外国人士面前这样做，显然是不合适的。

五、不宜过谦

在中国，所谓“谦谦君子”是做人最理想的模式。在待人接物方面，中国人一般都讲究含蓄和委婉、卑己而敬人。对本人的所作所为进行评价时，人们大都主张自谦、卑己，甚至还会有意略为自贬，而不提倡进行自我肯定，尤其是反对自我张扬。如果在这方面不注意，则会被中国人视为妄自尊大、嚣张放肆，甚至是不会做人。

然而，实践证明，中国人的这种过于谦虚、不愿正面肯定或者评价自己的做法，在国际交往中并不为外国人所理解，而且也不容易为对方所认可。在许多情况下，中国人面对外国人时若过于自谦，不但不会得到好评，反而会被视为缺乏自信、为人虚伪或者“的确如此”。

因此，在国际交往中，凡有必要对本人的所作所为做出自我评价时，一定要遵守“不宜过谦”的原则。与不了解中国国情的外国人进行交往时，大学生尤其要牢记这一点。

“不宜过谦”，是涉外礼仪主要原则之一。“不宜过谦”原则的主要含义是：在国际交往之中，每逢涉及自我评价时，虽然不应该自吹自擂、自我标榜、一味地高抬自己，但也绝对没有必要妄自菲薄、自我贬低、自我否定、自轻自贱，或过度地谦虚、客套。正确的做法，就是在实事求是的前提下，敢于并且善于对自己进行正面的评价或者肯定。

（一）“不宜过谦”的作用

在国际交往中，之所以要求大学生了解并恪守“不宜过谦”的原则，主要是因为它被视为可在以下四个方面体现一个人的品性。

（1） 为人诚实

外国人认为：过了头的自谦，往往意味着虚伪、做作，甚至是别有用心。而敢于正视自己所长者，则是一个诚实的人。

（2） 光明正大

外国人的普遍看法是：如果不把交往对象视为外人，不跟对方见外，而是真正接纳对方、与对方坦诚相见，就根本没有必要对自己的长处有意遮遮掩掩。

(3) **充满自信**

外国人的一般见解是：一个人要是怯于对自己进行必要的正面评价，通常只能说明其做人缺乏自信。目前，这是国际社会的一种共识。

(4) **尊重自己**

外国人的习惯做法是：在必要时，要敢于并且善于肯定自己之所长，并为自己进行适当的自我宣传。在国外，它早已被普遍视为尊重自己的一种正常表现。

(二)“不宜过谦”的应用

既然“不宜过谦”是国际交往的一项普遍原则，那么对其具体应用就要倍加重视。考虑到中国人的习惯，在国际交往中面临下列五种具体的场景时，大学生尤其需要将“不宜过谦”原则付诸行动。

(1) **自我推介**

在国际交往中，需要进行自我介绍，或者对自己的学业、工作、生活、能力、特长进行必要的自荐时，要敢于实话实说。对自己的长处一定要进行必要的肯定，不要点到为止、略而不谈或自我否定，更不要指望交往对象主动发现自己的优点。

(2) **寒暄应酬**

与外国人士进行寒暄应酬时，一旦涉及自己所忙之事时，千万不要说什么“瞎忙”“混日子”“没干什么正经事”等。如果那么说，则真有可能被对方看作不务正业、无所事事之人。

(3) **面对赞美**

当外国人对自己的相貌、打扮、学业、工作、技术，或者所在国家、城市、学校以及专业和研究方向进行称赞时，应当即落落大方地答以“谢谢”，予以否认则是毫无必要的。这种大大方方的做法，既表明自己见过世面，也是为了接纳对方。羞羞答答、面红耳赤、无所反应等小里小气的表现，显然不能达到良好的交际效果。

(4) **馈赠礼品**

向外国人赠送礼品时，不仅需要说明其特点、用途及其寓意，而且还应当强调这是自己精心为对方所选择的。千万不要画蛇添足讲什么“实在拿不出手”“没有认真挑选”“这是自家不用的东西”之类的话，否则将会大大降低礼品在对方心目中的分量。

(5) **设宴待客**

宴请外国人士时，应对上桌的重点菜肴进行必要的推介，有意识地强调“这是特色菜”“这是为您特意准备的”，以令对方感到被高度地重视。不要贬低丰盛的菜肴，说什么“没什么好菜”“不怎么会做”。实际上，外国人往往对此类中国人所特有的表述难解其意，他们甚至很可能当真，不但不领主人的情，反而会认为主人怠慢自己。

六、女士优先

熟悉国际交往的人士大都知道，在社交场合里，每一位男士都要对自己的举止行为多加检点，特别是要讲究“女士优先”。

实事求是地说，在中国，尽管“重男轻女”“男尊女卑”的封建思想还有一定的残余影响，但是就整个社会风尚而言，妇女的地位早已有了空前的提高，男女平等、尊重妇女早已成为人们的一致看法和共同行动。不过，与外国尤其是西方国家相比较，中国人对妇女所表现的尊重，通常重内容而不重形式，或者说具体的表现形式往往有所不同。这样一来，中国人与外国人打交道时，难免就会在这一问题上产生某些分歧。

（一）“女士优先”的本意

在国际交往中，“女士优先”是一项重要的涉外礼仪原则。要真正掌握此项原则，首先应解决下述问题。

(1) “女士优先” 的含义

“女士优先”的基本含义是：在一切社交场合里，每一位成年男子都有责任以自己的实际行动去尊重妇女、照顾妇女、体谅妇女、关心妇女、保护妇女，并且想方设法地为对方排忧解难。唯有如此，一位男士才会被视为具有绅士风度；反之，就会被看作没有教养的莽夫粗汉。

(2) “女士优先” 的要求

“女士优先”的原则要求：在尊重、照顾、体谅、关心、保护妇女诸方面，男士对所有的妇女均应同等相待。不仅对同一种族的妇女应当如此，对其他种族的妇女也要如此；不仅对熟悉的妇女应当如此，对陌生的妇女也要如此；不仅对有权有势的妇女应当如此，对一无所有的妇女也要如此；不仅对年轻貌美的妇女应当如此，对年老色衰的妇女也要如此。

(3) “女士优先” 的原因

从本意上来讲，“女士优先”之所以被提倡，并不是因为妇女属于弱者，值得同情、怜悯，而是因为对有教养的男士而言，妇女乃是“人类母亲”。对妇女处处给予优遇，既是对“人类母亲”的感恩，也是为人类的继往开来尽心尽力。

(4) “女士优先” 的范围

在国际交往的具体实践中，“女士优先”原则有其特定的适用范围，并非“放之四海而皆准”。下述三点尤须注意。

一是它主要适用于社交场合。换句话说，在公务、休闲等场合，人们往往忽略彼此的性别，并不讲究“女士优先”。

二是它主要通行于西方国家。

除适用于国际交往之外，“女士优先”主要通行于西方各国或受西方文化影响较大的国度，在许多东方国家里，它往往是行不通的。

三是它并非适用于校园之内。就本质而言，校园属于工作场所。大学生往来于校园之内，应被视为置身于公务场合。因此，在校园内尤其是在课堂上，大可不必对外籍师生去讲究“女士优先”。

（二）“女士优先”的表现

在国际交往的某些特定场合里，“女士优先”并不只是一种原则上的要求，它同时还要求人们在具体行动上有所表现。对于后一点，人们往往更为关注。

具体来讲，在下述各个方面，男士有必要以自己的实际行动去表现对“女士优先”原则的遵守。

（1）**问候**

在需要问候其他人时，一定要首先问候在场的女士。即使提及他人时，亦须将女士置于首位。

（2）**施礼**

在见面、道别时，如果有必要相互行礼，一般应令女士居于主导的位置。向多人施礼时，则必须以女士为先。

（3）**就座**

就座时，男士应请女士首先就座，并使之在上座就座。如有可能，则还须在其就座或离座之时予以照顾。

（4）**交谈**

与女士交谈时，男士不仅需要讲究基本的礼貌，而且还有必要检点自己的言辞。无论如何，都不允许在女士面前出言粗鲁、唐突、庸俗、低级、下流。

（5）**吸烟**

在女士面前吸烟，男士一定要首先征得对方的同意。最佳的表现是，在女士面前永远不吸烟，包括不吸电子烟。不论是否认识对方，都必须这么做。

（6）**外出**

与女士一道外出时，男士应令对方居于尊贵的位置。两人并行时，男士应当居于外侧，而请女士居于内侧。两人单行行进时，男士则应当自觉随行于女士身后。只有在遭遇特殊情况时，男士才可以“挺身而出”，行进在女士前面。

（7）**出入**

出入房门时，一般要求男士为同行的女士开门、关门，并请女士首先走进或走出房间。

（8）**携物**

男女一同出行时，通常男士有义务主动帮助女士携带较为沉重、较难拿的行李或物品。需要放置、搬动较重、较大之物时，男士亦应主动援之以手。

女士优先

第五节 求职

当前，随着我国社会主义市场经济建设的迅速发展，人才的流动已经越来越频繁。自主择业，双向选择，也已成为越来越多的大学生的选择，并且早已为世人所见多而不怪。

诚然，人最宝贵的东西是生命，每一个人的生命都只有一次。在有限的生命之中，每一个人都有权利使自己的生命走向辉煌，尽可能地迸发出更多的光和热。因此，在处理自己的事业与发展的问题时，每个人都必须重视自己，善待自己，把握自己。要努力从自己的实际条件出发，尽心竭力地争取发出更多的光和热，以便用己之长应人之需，更好地献身事业，服务社会，报效国家。

在选择职业时，大学生既要满足国家的需要、实现个人的理想，更要量力而行、审慎从事。现代社会对每个人都提出了种种挑战，与此同时，却也提供了各种百年难逢的机遇。选择职业、应聘求职时，要想力挫群雄、一举成功，在具有良好的专业素养的前提下，遵循惯例、掌握必要的技巧也不容忽视，在某些情况下求职的惯例与技巧甚至会发挥举足轻重的作用。

对大学生而言，求职的惯例与技巧可称之为求职礼仪。它的涉及面甚广，下面着重介绍其中的两个主要问题。

一、求职的准备

选择职业、应聘求职的第一步，是要进行充分的准备。只有把求职的准备工作真正做好了，才能为求职的成功奠定坚实的基础。

进行求职的准备工作，需要关注的具体环节不少。搜集信息、自我定位、写求职信、预备材料，便是其中不能缺少的四个重要步骤。

（一）搜集信息

求职应聘，都离不开有关信息的搜集。《孙子兵法》中的名言“知彼知己，百战不殆”，应用到这个问题上显然是无比正确的。

从某种意义上讲，求职之前搜集信息，就是在为求职做调查研究。如果事先不进行认真的调查研究，显然就没有令人心悦诚服的“发言权”。

为求职而搜集信息，最重要的是要想方设法获取真实而有效的信息。

(1) **真实的信息**

为求职而搜集的信息，第一位的要求是：真实、准确、无误。假若做不到这一点，那么即便搜集来的信息十分丰富，也不会有太大的用处。

要搜集到有用的真实信息，有两个问题务必注意。

一是要自己动手，尽量取得第一手信息。如果信息来源于道听途说，或是室友、网友、其他人第二手、第三手等“中转”过多的信息，往往并无多少用处可言。

二是要对信息进行必要的分析整理，以便去芜存精、去伪存真、由此及彼、由表及里。假如来者不拒，无所不信，而不加以分析、鉴别，自己获得的信息再多，也是未必准确的。

(2) **有效的信息**

为求职而搜集的信息，还必须于己有效，否则即便真实无误，用处也不大。因此，务必将有效的信息作为自己搜集的重点。

一般而论，于己有效的信息大致包括下述三种。

一是有关用人单位的信息。它主要包括单位的性质、单位的规模、单位的经营、单位的产品、单位的效益、单位的口碑、单位的问题等等。了解了这些信息，就不会“误入歧途”，而且在应聘时也容易心中有数，临阵不慌。

二是有关用人条件的信息。它包括对招聘人员的性别、年龄、学历、阅历、专业、技术、岗位、外语以及户籍等等各个方面的具体要求和限制。对此缺乏了解，则将劳而无功。

三是有关用人待遇的信息。它在此具体是指单位按规定将给予应聘合格者的福利、待遇，诸如工资、奖金、补贴、培训、进修、假期、住房、医疗、保险等。掌握了这些详情，将来求职成功后就会少买“后悔药”。

(二) 自我定位

在决定求职应聘前，首先需要进行自我定位。所谓自我定位，实际上是指在客观把握自身条件的前提下，依据一定的标准，确定出最适合自己的职业和职位。没有准确的自我定位，求职时便会盲目乱撞，于人、于己都没有什么好处。干什么都成的“万金油”，走到哪里都不受欢迎。

通常认为，求职前的自我定位，必须客观、科学、准确。在一定的时间里，它往往相对稳定。进行自我定位时，需要注意的主要有下列两大问题。

(1) **评价客观**

在进行自我定位时，首先要对自身的条件进行客观的评价。评价自我，一是要实事求是；二是要不卑不亢。

在自我评价时实事求是，就是要客观地、全面地了解自己的条件，并且对其加以正视。倘若自我评价过于主观，在求职时难免就要吃亏。

在自我评价时不卑不亢，就是既要敢于发现自己的长处，又要善于发现自己的不足。不能够妄自尊大、自以为是，也不应当妄自菲薄、自轻自贱。

(2) 服从现实

进行自我定位，主要是为了服从现实的需要。进而言之，主要是为了在应聘求职时取得成功。所以进行自我定位时，一定要服从于现实、服从于需要，绝不能为定位而定位。

进行自我定位时，一定要避免出现定位过高或定位过低两种错误倾向。二者均为脱离现实所致，并且对求职极其有害。

（三）写求职信

写求职信
与写简历

目前，用人单位在招聘时，大都要求应聘人员先行提供求职信，以供其筛选。对于直接登门拜访的应聘者，用人单位通常是不欢迎的。

由此可见，写求职信，实际已经变成了应聘时例行的头一道手续。只有通过了这一道关卡，才能够拿到应聘的“门票”。

求职信，亦称应聘函或自荐信。它是求职者在应聘新职时所写的一种特殊信件。对用人单位来讲，它直接涉及求职者留下的印象的好坏，并且决定着求职者能否通过用人单位的初选关。

撰写求职信时，最重要的是要书写规范、谦恭有礼、情真意切、言简意赅。

(1) 书写规范

写求职信的第一要旨，就是书写必须规范。这里所说的书写规范，一是要求字迹清晰；二是要求内容正确；三是要求格式标准；四是要求通篇整洁。

一般而言，求职信最好用电脑录入后打印出来。非要亲笔书写时，则务必选用带格子的正式稿纸，并使用蓝黑色或黑色墨水的钢笔。有必要时，还可附上英语译文，并将其置于正规的文件夹之内。

(2) 谦恭有礼

写求职信时，按规矩要使用书面语言。在字里行间，勿忘自谦与敬人。该用敬语、尊称的地方千万不要忽略，必要的礼貌用语亦不可或缺。

写求职信时谦恭有礼，重在体现出一种彬彬有礼的态度和个人的良好教养。仅靠堆砌礼貌用语，并不一定能够做到这一点。

(3) 情真意切

众所周知，求职信是实用性极强的一种应用文。要写好求职信，必须情真意切。

所谓情真，就是在求职信里介绍个人情况时，绝对不可言过其实。

只有客观地、实事求是地进行自我推荐，才能取信于人。

所谓意切，则是要在求职信里正面地、坦诚地、充分地向对方表明自己希望应聘新职的迫切心情，切勿给人以漫不经心、可有可无之感。

(4) 言简意赅

准确地讲，求职信其实是一种自我介绍信。因此，在写求职信时，一定要把重点放在自我介绍、自我推荐之上。与此无关的话题，写得越少越好。

为了便于用人单位的阅读，在一般情况下，一封求职信应以500字为限，并且最好安排在一页之内。此外要注意：句子要短一些，行距要宽一些（使用无格子稿纸之时），并且要适当地多分段，以便于阅读。

以电子信函的形式写求职信时，亦可参照上述各项具体要求。

（四）预备材料

不论写求职信，还是日后参加面试，为做到有备无患，应聘者往往需要事先准备好一些能够反映个人情况的材料。为求职而预备的材料应当完备充实、扬长避短。

(1) 完备充实

预备供求职之用的个人材料，应当多多益善，越是周详完备越好。当然，这并不意味着任其鱼龙混杂、杂乱无章。而是说，在争取多备必要材料的基础上，还应适当地突出重点。在一般情况下，可供求职之用的重要的个人材料大体上有下列三类。

一是可说明自身条件的材料。它主要包括本人免冠正面半身照片、身份证或户籍卡、求职证或待业证、毕业证或学历证、体检证明，以及个人履历表，等等。

二是可说明自身水平的材料。它们包括：学历证书、学位证书、专业技术证书、获奖证书、专利证书、发明证书，以及本人的著作、论文、作品，等等。

三是可说明自身见解的材料。这类材料，主要供应聘较高职位者面试时使用。它通常涉及：供在新职位上所用的建议、计划、方案，以及本人对于自己应聘职位的理解、评价，国内外有关某一专业技术或同行的现状，等等。

(2) 扬长避短

预备与求职相关的材料时，不但要实事求是，而且特别要注意扬长避短。能不能注意这一问题，往往对求职的成功与否影响甚大。

一是扬长。在准备求职材料时，要争取客观地、全面地、尽可能多地向用人单位反映自己的优点与长处。敢于扬长，善于扬长，既是一种自信与实力的体现，也是对自己和用人单位负责任的表现。不敢扬长，自恃“好酒不怕巷子深”，或者视扬长为自吹自擂，认定“壮夫不为也”，在目前人才激烈竞争的条件下，就难以脱颖而出，就容易吃败仗。

二是避短。在准备求职材料时，对于用人单位未做明确要求，应聘者稍有不足或是容易令用人单位产生不必要的误会的情况，可以避实就虚，或是索性避而不论。举例而言，假若自己个子较矮，在写求职信时就没有必要特意提及；体重过重或过轻，通常也没有必要主动去向用人单位进行介绍。

二、面试的技巧

对于中意的人选，用人单位在做出最终决定之前通常还要对其进行面试。所谓面试，即对应聘者所进行的当面考查与测试。一般认为，面试是求职过程中具有决定性的一关。只要通过了面试，求职就已经成功在望。

参加面试要精心准备、认真对待。在临场发挥中，亦有一些有用的技巧。

（一）仪表

进行面试时，应聘者的仪表必须经过认真的修饰。不论仪容、化妆，还是服饰、配饰，都必须规范、得体。具体来讲，求职者在为其面试而修饰仪表时，尤其要注意下列三点。

(1) 整洁

求职者的仪表，必须修饰得干净、齐整，而绝对不允许不修边幅。男士要切记理发、剃须，女士则要整理好发型。面试时所穿的衣物要无污迹、无破损、无褶皱。衬衫的领口与袖口，尤其要确保洁净整齐。

(2) 庄重

修饰仪表，必须围绕面试这一中心进行。求职者的身份，要求其仪表修饰必须以庄重为宜。打扮不应过艳，化妆不应过浓。选择发型与服饰时，亦应切忌过分前卫、摩登，尤其是切莫刻意追求怪异、新奇、性感。女士尤其忌穿露肩、露胸、露背、露腰、露大腿的“五露”服装与露脚趾、露脚跟的“两露”鞋子。

(3) 正规

应聘较高职位，或是去大公司求职时，修饰仪表还须注意正规与否。例如，去大公司求职，宜按常规穿着套装、套裙与制式皮鞋，化妆宜淡，发型宜雅，服装的色彩越少越好，首饰则以不佩戴为佳。反其道而行之，就可能无功而返。

（二）举止

在面试时，求职者的举止往往令人注目。它不但反映了求职者的心理活动，而且也是其修养、品性、阅历的客观写照。在举止方面，求职者主要应当注意以下四条。

(1) 自然

在面试时，求职者一定要沉得住气，要努力表现得临阵不慌、见过世面。此刻，求职者的举止动作以自然而然为好。千万不要矫揉造作、举止呆板、神情漠然，更不要慌乱不堪、手足无措。

(2) 大方

面试时，求职者的举止动作务必大大方方、有条不紊。不要瞻前顾后、东张西望、好像拿不定主意，也不要缩手缩脚、战战兢兢。一定要记住：求职者的举止大方，能够给用人单位留下其充满自信的良好印象。

(3) 文明

求职者在面试的时候，一定要克服不文明的习惯，要避免在面试的时候站没站相、坐没坐样。一定要记住：走动、就座、开门、关门时，尽量不要出声。回答问题时，不要指手画脚、手舞足蹈。进出房门的时候，勿忘始终面对考官。

(4) 优雅

在摒弃不文明的举止动作的同时，求职者在面试的过程中还应当使自己的举止动作优雅宜人、赏心悦目。优雅的举止，不但有助于塑造出求职者的高雅形象，而且还很容易使面试人员由此产生好感与认同。

(三) 谈吐

求职者在进行面试的过程中，必须对自己的谈吐加以认真的把握。对于语言、语音、语气、语调，都要倍加重视。根据交往礼仪的规范，大学生至少要特别注意如下四个方面的问题。

(1) 礼貌

在面试之际，求职者务必使自己的谈吐表现得文明礼貌，而绝对不应当粗俗、张狂、无礼。不论自我介绍，还是答复询问，均须使用必要的谦辞、敬语。在称呼考官时不应直呼其名，而应称其职务，或以“您”“老师”“前辈”和其他尊称相称。在面试之前，应当先向考官问好。在回答完对方的提问之后，一定要加上一声“谢谢”。对此类细枝末节，丝毫都不能够掉以轻心。

(2) 标准

求职者在回答考官的提问以及进行自我介绍时，还有一个标准与否的问题。面试时的谈吐标准，一是要求回答问题完整、准确，绝对不允许东拉西扯、张冠李戴。二是要求语言标准、语音标准。语言标准，就是要多用术语。语音标准，则是要求其在面试时讲普通话。

(3) 连贯

求职者在面试时，谈吐的连贯与否至关重要。求职者谈吐的连贯，在这里具有双重的含义。一是要求“前”“后”连贯，即面试时的谈吐应与求职者向用人单位提供的其他资料完全相符。二是要求谈吐自身应当一气呵成，并以吞吞吐吐为忌、首尾不能相顾为错。

(4) **简洁**

在进行自我介绍或回答提问时，求职者的谈吐应当化繁为简、简明扼要。一是能不说的话，就不要说；二是能少说的话，就不要多说；三是不该重复的话，就一定不要重复。倘若考官限定了自我介绍或回答问题的时间，务必严格遵守。宁肯用不了，也不要超过限定时间。在用人单位来看，谈吐简洁，是求职者的重要能力之一。

(四) 模拟

为了确保面试的成功，一个行之有效的办法，是进行试前的模拟。在面试之前进行模拟的最大好处，是可以通过它来熟悉程度、总结经验、找出不足，并且增强自信心。因此，在有条件的情况下，可以预先进行模拟面试。

求职者在为面试而进行模拟时，应当注意预演和探路等问题。

(1) **预演**

求职者在面试的准备工作大体完成后，即可进行一次“实战演习”，即所谓预演。必要时，可请同学或亲朋好友参加，并担任“评委”。

为面试而进行的预演，应当有两个侧重点。

一是自己的形象能否过关。选择的服装、发型乃至化妆，既要自己认可，同时也要得到“评委”的首肯。没有穿过的衣服，没有用过的化妆品，最好在此刻都提前一试，免得到时候不合适、出麻烦。

二是自己的口才是否合格。进行预演时，最好请有经验的人当场提出几个针对性较强的问题，例如，“如何评价你的优点与缺点”“为什么要选择这一职位”“对薪金有什么具体的要求”等，以检验自己的临场反应能力，并从“评委”处得到必要的指点。

(2) **探路**

有可能的话，最好于面试之前专程前往面试现场进行一次实地考察。这样做，一是为了熟悉一下环境；二是为了确定其具体方位；三是为了掌握交通线路与所需时间。这样一来，在参加面试时，大学生往往就会胸中有数、不慌不忙。

一般来说，最好在面试时提前15分钟抵达现场，以便给自己留出足够的“提前量”，可稍事休息，或者略做准备。

思考题

1. 为什么必须重视人际关系?
2. 怎样正确地进行人际交往?
3. 如何处理家庭关系?
4. 如何处理师生关系?
5. 如何处理同学关系?
6. 如何与朋友相处?
7. 为何倡导“求同存异”?
8. 怎样做到“热情有度”?
9. 大学生求职时必须遵守哪些礼仪规范?

第三章 应酬礼仪

应酬礼仪，在此是指大学生交际应酬时所必须遵守的个人行为规范。遵守应酬礼仪，可以使大学生多交朋友、广结善缘、优化自己的人际关系、进一步拓展自己可持续发展的空间。本章所讲授的内容，包括拜访、宴会、娱乐、运动等方面的礼仪规范。

学习目的

1. 重视与规范个人的交际应酬。
2. 掌握基本的应酬礼仪。
3. 在交际应酬中坚持以礼待人。
4. 避免在日常应酬中失礼于人。
5. 在交际场合中成为受别人欢迎的人。

本章小结

- 本章讲授的是应酬礼仪规范。它在此是指大学生交际应酬时所必须遵守的个人行为规范。遵守应酬礼仪，可以使大学生多交朋友、广结善缘、优化自己的人际关系、进一步拓展自己可持续发展的空间。
- 本章第一节讲授的是有关拜访的礼仪，具体涉及做客之规、待客之规等。
- 本章第二节讲授的是有关宴会的礼仪，具体涉及餐前的表现、用餐的禁忌、自助餐常规等。
- 本章第三节讲授的是有关娱乐的礼仪，具体涉及歌厅、剧院、网吧、公园、游乐场、游戏厅等场合。
- 本章第四节讲授的是有关运动的礼仪，具体涉及健身、游泳、滑雪、网球、保龄球、高尔夫球等。

在日常生活里，不论自己愿不愿意，大学生总有一些形形色色的交际应酬活动需要参加，并且必须认真地予以对待。

就一般状况而言，参加交际应酬活动，对大学生而言，至少具有以下三个方面的重要作用。

首先，扩大交际。只有参加一定的交际应酬，大学生才有机会使个人的交际圈得以扩大。

其次，获得信息。在参加交际应酬活动的过程中，人们往往会互通信息。这样一来，便会为每一位活动的参加者提供可资利用的信息资源，并开阔其眼界。

最后，深化友谊。《礼记》有言："来而不往，非礼也；往而不来，亦非礼也。"人与人之间，只有不断地交往，即来来往往、有来有往、你来我往，才有可能使双方增进了解、加强信任，并使友谊得以深化。

应酬礼仪，在此指的是大学生在进行交际应酬时必须遵守的个人行为规范。应酬礼仪的主旨，是要帮助大学生多交朋友、广结善缘、优化自己的人际关系，进一步拓展自己可持续发展的空间，并且使人们的交际行为有条不紊。对大学生们而言，学习并掌握应酬礼仪，不仅是必要的，也是必需的。

第一节　拜访

拜访，通常又称拜见或拜会。在一般情况下，拜访是指前往他人的工作地点、私人居所或者其他商定的地点会晤、探望对方，或与之进行其他方面的接触。不论在因公交往还是在因私交往中，拜访都是人们习以为常的一种交际方式。

作为交际方式之一，拜访实际上是一种典型的双向应酬活动。在拜访中，访问、做客的一方为客，称为来宾；做东、待客的一方为主，称为主人。任何一次正式拜访的顺利和成功，都难以离开宾主双方的密切配合与共同努力。对宾主双方而言，在拜访的整个进程中都必须恪守本分、善待对方，依照相应的礼仪规范认真行事。

从总体上讲，充当客人拜访他人时，一定要讲究客随主便；充当主人款待他人时，则一定要讲究主随客便。

一、做客之规

做客，既是拜访的基本组成部分，也是正常的人际交往中不可缺少的应酬。

若不谙做客之道，则难免会使拜会不尽如人意，甚至劳而无功。

所谓做客，通常是指上门拜会他人。在拜访中，做客的一方一般属于主动的一方。就做客礼仪而言，其核心之点在于：客随主便；尊敬主人。具体而言，应当在下列三个主要方面有所讲究。

（一）有约在先

在所有的做客礼仪之中，有约在先是最基本、最重要的一点。它的基本含义是：拜访他人，尤其是进行正式拜访或初次拜访时，一般均应提前与拜访对象有所约定。换言之，拜访应当以两厢情愿、双方方便为基本前提。不提倡随意进行顺访，尤其是对待一般关系的交往对象，不宜充当不邀而至、打乱对方计划的不速之客。

从某种意义上讲，做客时有约在先，既体现着客人的教养，更是对主人应有的尊重。因此，在进行拜访尤其是进行正式拜访或初次拜访时，有约在先绝对不可被忽略。

对大学生而言，在拜访时做好有约在先，主要应当对以下三个具体问题加以关注。

（1） 约定时间

在约定拜访时，一定要在两厢情愿的前提下，协商议定到访的具体时间与停留的具体时段。对主人提出的具体时间，应予以优先考虑。由客人自己提出方案时，则最好向对方多提供几种可供选择的具体方案。

在一般情况下，主人本人认为不方便的时间、工作或学习极为忙碌的时间、难得一遇的节假日、不宜打扰的凌晨与深夜，以及常规的用餐时间和午休时间等，都不宜作为进行正式拜访的时间。

（2） 约定人数

在预约拜访时，宾主双方均应事先向对方通报届时到场的具体人员、人数以及各自的身份，并征得对方的同意。在拜访中，宾主双方都要竭力避免使自己一方中出现对方不欢迎，甚至极为反感的人物。

通常，双方参与拜访的人员一经约定，便不宜再随意变动。做客的一方特别需要注意，切勿任意变更、拼凑或者扩大自己的队伍，尤其是不要临时捎带一些毫不相干的同学、校友或其他亲朋好友前去赴约。在任何时候，来宾队伍过于庞大，都会令主人手忙脚乱，甚至干扰其事先所做的安排和计划。

（3） 如约而至

拜访者一旦与拜访对象正式约定拜访的具体时间，就必须认真遵守，不再轻易更改。万一有特殊原因需要推迟或取消拜访，应当尽快以适当的方式通知对方。不要若无其事地让对方空等。除此之外，当拜访者下次与对方见面时，最好再次表示歉意，并详细说明自己上次爽约的具体原因。

拜访者在按照宾主双方的正式约定登门进行拜访时，应准时到达。在拜访时，既不要早到，让对方措手不及；也不要迟到，令对方望眼欲穿。总之，准时登门才是拜访者最得体的做法。

（二）登门有礼

具体登门拜访他人时，每一位拜访者都必须时时处处遵守有关的礼仪规范，认真地以之进行自我约束。不论宾主双方的私人关系如何，不论自己所进行的是因公拜访还是因私拜访，大学生在登门拜访时都必须认真注意如下五点。

（1） 轻装上阵

登门拜访之前，大学生一定要对本人的着装进行认真选择。越是正式的拜访，就越需要注意这一点。在正常情况下，拜访时的着装应当以干净、整洁、雅致为主要标准。应当注意的是，不够整洁、过分轻佻或随便的服装都是不宜选择的。

对衣着的某些重要细节，拜访者一定要提前检查再三，并认真加以注意。例如，衣服上的纽扣、拉锁一定要扣好或拉上，袜子一定要无洞、无味。

（2） 先行通报

登门拜访之前，需要先向拜访对象进行必要的通报。较为重要的正式拜访，在其进行之前的头一天，或当天出发之前，拜访者应当与拜访对象再次进行联络，再作确认。这一做法，同时还暗含提醒拜访对象之意。

抵达拜访对象的办公室、集体宿舍或私人居所门外后，倘若对方无人迎候，应首先采用合乎礼仪的方法，向对方通报自己的到来。通常，前去拜访的大学生可请其秘书或家人转告，也可以直接敲门或揿门铃。

大学生在敲门时，以食指轻叩两三下即可；揿门铃的话，则让铃响两三声即可。若室内没有反应，稍过片刻可再进行一次。千万不要用拳头擂门、用脚踢门、把门铃揿个不休，或者在门外大呼小叫。此种行为，必定会骚扰四邻。

即使与主人关系再密切，也绝对不要不打任何招呼便推门而入；否则既显得自己少调失教，又有可能遭遇让人尴尬的场面，令自己进退两难。

（3） 问候施礼

大学生登门拜访时，与拜访对象见面之初，应当主动向对方进行问候，并且与对方握手为礼。按照惯例，宾主双方握手时，应由主人首先伸出手来，然后再由客人对其予以回应。

倘若宾主双方初次谋面，拜访者则还须略做自我介绍。若拜访者的同行人员之中有与主人不相识者，则拜访者还有义务替双方进行相互介绍。在拜访中，如遇到主人的同学、同事、家人，不论此前是否认识对方，大学生均应主动向对方打招呼、问好，而不宜旁若无人、爱搭不理。

前往老师、同学或其他亲朋好友的私人居所做客时，如有必要，可为对方预备一些适当的小礼物，诸如鲜花、书籍、光碟等。在进门之初，一般即应向主人奉上自己准备的礼物，并加以适当的说明，不要等到告辞时再做此事。

(4) 有除有放

进入他人室内时，按照礼仪规范，拜访者应将身上的一些衣饰、随身携带的一些物品去除或放下。此种做法，被视为向主人致敬的方式之一。大学生登门做客时，需要去除或放下的物品通常有下列几种。

一是帽子。俗话讲："脱帽为礼"。在上门拜访时，戴着帽子的大学生必须自觉地这么做，只有头有疮、有伤者方可例外。

二是手套。除某些非常讲究的女性所戴的用以装饰的薄纱手套之外，其他人所戴的一切种类的手套均应在进门后摘下，以便于宾主双方握手。

三是墨镜。俗称"墨镜"的太阳镜，主要适用于室外佩戴，以供人们保护眼睛之用。进门之后如果依旧佩戴，似有拒绝与他人交流之嫌。

四是外套。大衣、风衣、棉衣、羽绒服之类的外套，多用于遮风挡尘。在室内如继续穿着，则会搞脏座椅。

五是手袋。就座后，手袋应置于自己右手下方的地板上，切勿将其放到桌、椅、床、柜之上。

(5) 应邀就座

被主人邀请进入室内时，大学生应主动随行于主人身后，切勿抢先一步，贸然充当"开路先锋"。

若主人开门之后并未主动邀请拜访者进入其室内，通常表明拜访者的到来不合时宜。此时此刻，知难而退才是拜访者的最佳选择。遇到此种情况时，拜访者切勿不邀而入，或向主人的室内进行窥视。

在一般情况下，主人会邀请来客在其指定之处就座。大学生在就座时需要注意以下三点：一是不要自行找座；二是与他人同至时应相互进行谦让；三是最好与其他人，尤其是与主人、主宾一同落座。有时落座于其后亦可，但通常不宜抢先就座。

（三）为客之道

在他人的办公室、宿舍楼或私人居所做客时，大学生对于自己的所作所为应当加以注意。总的来讲，大学生应自觉地以礼仪规范要求自己、管束自己。具体而言，则要注意围绕主题、限定范围、适时告退等三点。在这些方面如果出现大的失误，则会使大学生的整个拜访效果大受影响。

（1） **围绕主题**

任何一次登门拜访，对拜访者而言都必然有其一定的目的性。既然如此，那么，在拜访做客时，大学生就应当使自己的所作所为紧密地围绕着自己的拜会主旨而行，绝对不允许“跑题”。

在一般情况下，宾主双方尤其是拜访者一方在拜访具体进行时，均应尽快地直奔主题、接触实质性的问题，并力争达成共识，令彼此之间均有所获。不要临阵怯场、词不达意；不可随意变更主题，令双方无所适从，从而令拜访变得徒劳无益。

对正式拜访事先议定的主题，大学生更是要恪守不怠。否则，就会引起拜访对象的不满，并打乱双方原定的计划。

（2） **限定范围**

要使拜访围绕主题而行，一项得力的措施是：客人应自觉地限定个人的交际范围与活动范围。从某种程度上来说，在拜访时限定范围，也是大学生自身所应具有的基本教养。

一是限定拜访时的交际范围。做客的大学生不要对届时所遇到的主人的同学、亲属、友人表现出过多的兴趣，例如，询问对方与主人的私人关系就未必合适。

二是限定拜访时的活动范围。客人一定要自觉地尊重主人的个人隐私，限制自己在拜访时的具体活动范围。未经主人允许或邀请，大学生通常不宜在主人的办公室、宿舍楼或者私人居所之内到处乱走乱看。一般而言，办公室的内间，主人家里的卧室、书房、贮藏室等处均属外人的“禁地”。在拜访时，随手乱动、乱拿、乱翻主人的个人物品，肯定是不允许的。

（3） **适时告退**

拜访之时，大学生一定要适可而止、适时告退。一般而言，不论老师、同学、校友或其他熟人，均不宜前往对方的集体宿舍进行拜访，尤其是不宜在那里长时间地逗留。如果客人与主人双方对会见的时间长度早已有约在先，则大学生务必谨记在心，并认真遵守。假如双方无此约定，通常一次一般性的拜访应以一小时为限。初次拜访，则通常不宜长于半个小时。

若非事出有因，或宾主双方的关系异常密切，大学生一般不宜在主人家里或他人的集体宿舍留宿，尤其不宜临时或主动地表达希望留宿之意。

在拜访之中遇有他人到访，大学生应适当缩减自己的停留时间，不要妨碍主人，更不要反客为主地去找到访者攀谈一番。

大学生一旦提出告辞，任凭主人百般挽留，都要坚持离去。需要明白的是，主人的挽留有时是出自诚意，有时则可能出于礼貌的“例行公事”。无论如何，都不要一而再再而三地拖延时间，不可赖着不走。

在出门以后，大学生即应与主人握手作别。作别时，一般应由拜访者首先伸出手去与拜访对象相握，以示请对方就此留步，并对其给予自己的款待表示感谢。不要听任对方一送再送，或是长时间地在门外与主人恋恋不舍地大说特说毫无意义的废话。

二、待客之规

在拜访期间，待客是一个重要的组成部分。如果离开了拜访对象对拜访者的接待，拜会就会变得既不完整，也难以成立。

所谓待客，一般指的是拜访对象对登门拜访者所进行的接待。在拜会中，待客的一方通常属于被动的一方。待客时，拜访对象即主人有必要遵守常规的待客之道。

主人待客之道的核心在于：主随客便、待客以礼。具体来说，这一待客的主导思想应具体地落实于以下三个方面。

（一）细心安排

与来访者约定拜访之后，主人即应着手从事必要的准备工作，以便客人到访时受到周到的款待，产生宾至如归之感。一般而言，主人先期需要准备安排的主要有以下四项工作。

(1) 搞好环境卫生

在客人到来之前，主人需要对自己的家里、宿舍、办公室或其他约定的待客之处专门进行一次清洁卫生工作，以便创造出良好的待客环境，并借以完善个人的整体形象，同时体现出对来客的重视。

进行清洁卫生工作的重点，应当是自己居所的门厅、走廊、客厅、餐厅、阳台、卫生间等来客必经之处。此外，门外、走廊、楼梯等公众共享空间的卫生，亦应加以注意，不要只顾“自扫门前雪”。

清洁卫生的基本标准是：空气清新、地面爽洁、墙壁无尘、窗明几净、用具干净、摆设整齐。

进而言之，还须对会客地点的室内及其周边环境加以适当的布置。进行环境布置的总体要求是：以少为佳、整洁为上、巧妙装饰、务求实用。

(2) 备好待客用品

通常，有客来访之前，需要准备好必要的待客用品，以应客人之需。在一般情况下，必不可少的待客用品主要有以下三类。

一是吃的、喝的，即饮料、糖果、水果和点心。它们被人们戏称为中国人款待来客的“四大名旦”，通常在待客时必须做到有备无患。

二是看的、听的，即报纸、图书、唱片。它们既可供客人消闲之用，又可由宾主一道进行欣赏、讨论。

三是大家玩的，即娱乐用品。有时间、有条件的话，宾主可以在一起进行娱乐活动，以同享欢乐。如果有小朋友在场，娱乐用品亦可供他们玩耍。

(3) 安排膳食住宿

在待客时，是否需要由主人安排客人的膳食住宿，往往需要分别而论。一般的规则是：在商定正式的拜访时，宾主双方即应同时议定是否应当由主方安排来宾的膳食住宿；而在商定一般性的拜访时，则无此必要。对主人一方而言，在正常情况下，待客时是讲究所谓“备膳不留宿”的。

具体来说，接待来客时，主人一方均应为对方预先准备好膳食，并且在会面之初便向对方表明留饭之意。千万不要忽略此事，尤其不要只顾自己用餐而不顾招待来客，更不可让对方空腹而归。

一般而言，主人一方不必为来宾尤其本地来宾安排住处。不过，假如“有朋自远方来”，则须为其安排。如果家中或本校、本单位不具备留宿条件的话，须事先向对方说明。特别需要明确的是，学校的集体宿舍或学生公寓通常不允许留宿外人，大学生也不宜在老师、同学家中随便留宿。在这一问题上，通常是含糊不得的。在必要时，可代为对方外出联络住处。

(4) 准备交通工具

接待来宾，特别是接待众多的来宾或重要的来宾时，主方还须对来宾所使用的交通工具问题予以考虑。

接待本地客人时，若对方往返时乘坐自己的交通工具，应事先告之正确的交通线路，并为其交通工具安排停放地点。若对方往返时乘坐公共交通工具或者骑车、步行，亦须提前详细告知对方正确的交通路线。在必要时，主方还需要为后者安排、联络交通工具。

接待远道而来的客人时，一般应由主方主动协助对方解决交通问题。如果力所能及，则最好主动为其预约接送的专车。

为来宾安排交通工具，讲究善始善终。不但客人来时要管，客人走时也要负责。这样做，不仅是为客人排忧解难，而且也体现着主人的待客之诚与善解人意。

(二) 迎送礼让

在拜会中，对于自己抵达时主人是否表示欢迎，客人是十分敏感的。因此，在客人抵达之后，主人所要做的头一件事，就是要向对方表示热烈欢迎，并待之以礼。

为来宾送行时，主人亦须表现出应有的热情与礼貌。唯有如此，才可以使自己对来宾的友善之意贯穿拜会的始终。

具体来讲，迎送与礼让来宾，主要要求主人在以下五个方面表现得当。

(1) 迎候

对重要的客人和初次来访的客人，大学生在必要时要亲自或者请人前去迎候，以示对对方的重视。

迎候来宾的具体地点，往往有所讲究。一般而言，迎候远道来访的客人，可恭候于其抵达本地的“第一站”，即本地的机场、港口、车站，或其下榻之处，并要事先告知对方。迎送本地的客人，宜在校园门口、小区门口、大院门口、居所楼下、办公室或住所的门外，以及双方事先约定之处。迎候来宾的具体地点，一般应由主人自行通报给来宾。为了防止自己晚到一步，令宾主双方失之交臂，主人或者其代表应在来宾预定抵达时间之前15分钟左右先行到达迎宾的既定位置。

对常来常往的客人，虽不必事先恭候于室外，但一旦得知对方抵达，大学生即应立即起身，相迎于室外。不要在客人到来时“岿然不动”，也尽量不要让别人代替自己出门迎接客人。

（2） 致意

与来客相见之初，不论彼此熟悉与否，均应面带微笑，与对方热情握手。此刻，主人率先伸手与来宾相握，是对来宾热烈欢迎的一个具体表示。与此同时，主人还应当致以亲切的问候。

在一般情况下，握手、问候与表示欢迎，被视为必不可少的“迎宾三部曲”。大学生待客时若随意对此有所删减，即为失礼。

来宾抵达时，假如自己这里还有家人、老师、同学或其他客人在场，身为主人的大学生有义务进行介绍。若听任在场的人们互不搭理、自行接触，则只能说明主人考虑不周，或怠慢客人。

（3） 让座

如约而至的客人到来之后，主人应尽快将其让入室内，并安排其就座。若把客人拦在门口寒暄不止，通常被视作主人在向客人暗示其不受欢迎。

在接待来宾时，中国民间有一项古老的规矩，叫作“坐，请坐，请上座”，由此可见待客时让座问题的重要性。在具体处理主人为客人让座这一问题时，主要有以下两个方面应当注意。

一方面，主人一定要注意把“上座”让给来宾就座。所谓“上座”，在待客时具体所指通常有六：

一是“面门为上”。即宾主相对而坐时，面对房门者为“上座”，背对房门者为“下座”。

二是“以右为上”。即宾主双方面对房门并排就座时，右侧的位置在座次上高于左侧的位置。

三是“以远为上”。即宾主双方并排在房门的一侧就座时，以距门远者为“上座”，以距门近者为“下座”。

四是“居中为上”。即座椅有中央、两侧之分时，以位于中央的位置为“上座”。

五是“高座为上”。即座椅有高有矮时，以高者为“上座”。

六是“舒适为上”。即较为舒适的座椅应当被视为待客时的“上座”。

另一方面，就座时，为了表示对客人尤其是主宾的敬意，主人通常应邀请客人先行入座，或者与对方“平起平坐”，即宾主双方一同落座。此时此刻，大学生千万不要抢在来宾之前入座，更不可以不向对方让座，或是让错座。

（4） 均等

所谓均等，在此是指当主人在同一时间、同一地点接待来自不同单位、不同身份的来访者时，应当对各方来访者在礼仪上给予合乎情理的平等待遇。简言之，就是在同一时间之内接待多方的来访者时，应当在礼遇上对其平等相待。具体而言，接待多方来访者时，主人在下述两方面尤须倍加注意。

一是一视同仁。一视同仁，在此的主要含义是，主人在同一时间、同一地点接待多方来访者时，应当有意识地在态度上与行动上对其一律平等相待。若对其分亲疏、论贵贱、厚此薄彼，都是不允许的。

二是待客有序。待客有序，通常是指在与客人握手、问候以及让座、献茶时，主人要按照惯例由尊而卑地“依次而行”。在正常情况下，待客的具体次序有下列七种讲究：其一，女士先于男士；其二，长者先于晚辈；其三，老师先于学生；其四，已婚者先于未婚者；其五，职位高者先于职位低者；其六，先来者先于后到者；其七，客人先于主人。越是正规的场合，就越需要关注待客有序的问题。

一视同仁与待客有序，是待客时表现均等的两个不同侧面。二者相辅相成，并不矛盾。

(5) 送别

送别，亦称送行。作为待客的尾声，送行必须为主人高度重视。常言道“迎来送往”。可见，在待客时不能有迎而无送。否则，主人在迎宾时所付出的种种努力便可能付之东流。

一般而言，告辞的要求应由来客首先提出。这时，大学生应认真加以挽留。倘若客人执意要走，主人方可起身送行。不到万不得已，不允许大学生以自己的语言、表情、动作暗示送客之意。当客人辞行时，亦不允许坐而不起，有意不为对方送行。

送行的具体地点，通常可以有所不同。对远道而来者，可以是机场、港口、车站或其下榻之处；对本地的客人，则应为大院门口、居所楼下，或其所乘车辆离去之处。至少也要将客人送至室外或电梯门口，不然就算是对客人的失礼。

与客人告别时，大学生要与对方握手，并道以“再见”。双方在握手时，最好先由客人伸出手来。要是主人在此情况下首先伸手与客人相握，则似带有极不耐烦的逐客之意。与平时难以谋面的客人道别时，还应请其“多多保重”，并请其代向家人或同事致以问候。

在一般情况下，当客人正式离去时，大学生应主动向其挥手致意。对方离开之后方可离开。应当特别强调的是，前往机场、港口、车站为客人送行时，若对方所乘坐的交通工具尚未开动，主人抢先离去是不应该的。万一客人所乘坐的交通工具误点，或有其他意外发生，客人那时可就求助无门了。

(三) 热情相待

在接待客人时，大学生一定要表现出自己的热情、真诚之意。做到了这一点，就会让客人更好地感受到主人的友善是完全出自真心实意，而不仅仅是循规而行。

热情待客，是拜访进行之中对主人一方的基本要求之一。要真正地做到热情待客，既要求主人感情热烈，对客人的关怀、照顾无微不至，又要求主人的所作所为合乎礼仪、讲究形式，并力求形式与内容相统一。在下述三个方面，尤其需要主人有所表现。

(1) 一心一意

在拜访进行期间，主人对待客人必须始终如一地表现出一心一意。对大学生而言，客人就是主人的“上帝”，待客就是主人的“工作重心”。因此，在接待客人时，一定要真正做到时时、处处、事事以客人为中心，尽心尽力地对其关照有加。切不可在接待过程中有意无意地显得三心二意、用心不专。那样一来，必然会顾此失彼、因小失大、冷落客人，甚至令对方产生不满。

主人在面对客人时，如果爱搭不理、大打哈欠、看书看报、听广播、看电视、查邮件、发短信、读微信、刷微博、忙于处理家务、打起电话没个完、与家人或其他人聊天，甚至抛下客人扬长而去，都只能说明主人轻视或者不欢迎对方。

(2) 兴趣盎然

孔子曰：“有朋自远方来，不亦乐乎!”在待客之际，大学生有必要热情饱满，并对宾主双方的所言所行表现出极大的兴趣。

交谈，不仅是宾主相见之际的基本交际方式，而且也是主人借以表现自己对来宾的谈吐、见识充满兴致与敬佩的主要途径。在宾主交谈时，主人不仅要准确无误地表达和接收信息，而且还要扮演称职的“主持人”和最佳听众。无论如何，主人都不宜使宾主之间的交谈冷场，不宜对客人的谈吐明显地表现出毫无兴致。

作为“主持人”，主人有义务为宾主之间的交谈引起话题、寻找话题，避免大家相对静坐、无话可说。万一客人之间的交谈不甚融洽，主人则需要立即出面转移话题。

作为最佳听众，主人需要在客人讲话时洗耳恭听，并表现出浓厚的兴趣。有时，还可主动向客人讨教，以引发对方的话题。此类做法，均可令对方谈兴骤增。

(3) 主次分明

主次分明，是主人待客时不可忽略的重要注意事项之一。具体而言，其要求有下述两个。

一是主人的私人事务一般均应从属于来宾接待这一中心任务。在任何情况下，都不允许主人将私人事务的处理凌驾于来宾的接待之上。

二是主人在待客之时应将此时此刻正在接待的客人视为自己最重要的客人。它的主要含义是：主人既要接待随后而至的客人，又不能“喜新厌旧”，转而冷落甚至“抛弃”正在接待的客人。如果客人有先来后到之分，则可合并在一起进行接待；或者先请他人代为接待一下后来之人，主人随后亲自打过招呼再回来接待先来的客人。即便先来与后到的客人在身份、地位上有所差别，待客时主人所必须讲究的“先来后到”仍不容改变。当然，有可能的话，则最好不要安排多批重要的客人同时到场，免得主人应接不暇、顾此失彼。

第二节 宴会

宴会，比较严格地说，是一种正式而隆重的宾主在一起用餐的集会。根据礼仪规范，宴会应被视为一种高层次的交际应酬形式。换言之，对于任何人来讲，出席宴会往往都是“非专为饮食也，为行礼也”。

在日常交往中，人们经常会以宴会的形式款待客人，大学生也经常会有机会应邀赴宴。不论吃中餐还是吃西餐，不论宴会的具体形式是庄严隆重还是轻松随意，大学生都应当牢记：自己是置身于一种交际应酬的场合，而不是在家中与家人一道用餐。出门在外，前去出席正式宴会时，尤须切记此点。在宴会上勿忘交际之道，勿忘遵守礼仪规范，时刻严于律己，才是大学生所应有的正确态度。

考虑到目前中国大学生的实际情况，在此主要介绍餐前的表现、用餐的禁忌，以及自助餐常规。

一、餐前的表现

所谓餐前的表现，在此泛指赴宴者在接到邀请后直至用餐前一切与宴会相关的所作所为。检点自己餐前的一切表现，努力使之文明礼貌、大方得体，是对参加宴会的大学生的基本要求。下述各点，务必注意。

(1) 应邀赴宴

依照惯例，正式的宴会应以请柬邀约客人。在一般情况下，请柬至少应当提前10天以上到达客人手中，以便对方提前进行安排。

如果宴会是专门为某些特定对象而举行的，例如，洗尘宴会、庆贺宴会、生日宴会、饯行宴会等等，则主人在确定宴会的具体时间、地点与邀请对象时，需要与对方进行友好协商，并应当在原则上“主随客便”。假如不征求对方意见，便自作主张地先把请柬寄给了对方的“对头”，即便想要充当双方之间的“和事佬”，也不会有谁领情。

接到邀请自己赴宴的请柬后，通常不论能否出席，都应当尽快决定下来，并尽早向主人通报。在正式的宴会上，主人需要为全体出席者排定桌次与位次。若届时有人临时缺席，使座位空置、酒菜浪费，对主人是极不尊重的。

一旦通知主人决定赴宴，此后就不宜再作变动。若反反复复，或告之以“定不下来，到时候再说”，都是不礼貌的。

同一切正式约会一样，事先告诉主人自己决定赴宴，到时候又炮制各种借口缺席，会让主人十分失望。届时绝对不要说什么“临时有重要的事情要办”。出席宴会，会见主人，本来就是一件重要的事情，要是再讲自己还有更“重要的事情”，等于告知主人：他的盛情邀请不够重要。

假如真的不能如约赴宴，务必早日告诉主人，并为此诚心诚意地道歉。如果临时不能出席的话，亦须尽快告诉主人。事后，还应当亲自登门向主人道歉。

主人在邀请客人出席宴会时，如果在请柬上或口头通知上有什么具体要求，诸如要不要穿礼服、应当何时到场等，则应务必遵守。

规模盛大的宴会，尤其是西餐宴会，主人往往会约请客人夫妇一同参加。假定客方的配偶不在本地，或是尚未成婚，应提前告知主人。如果有必要的应酬，请自己的恋人、兄妹或同学一同出席宴会是可以的，但需要提前征得主人的同意。

比较正式的宴会，特别是举行于晚间的盛大宴会，对出席者的服饰大都有所规定。如果要求赴宴者穿礼服，通常男士应着黑色或其他深色的西装或中山装套装，女士可穿旗袍或者其他应时、应景的典雅、端庄的裙式服装。穿着汉服或本民族的传统服装，也不失为一种很好的选择。

在普通的宴会上，对着装往往没有明确的规定。即便如此，赴宴者也不可对维护自我形象掉以轻心，赴宴时的着装不要过于随便。届时所穿的上衣，至少应当有领子、有袖子，下身则不宜光腿、光脚。若以T恤配牛仔裤、跨栏背心配西式短裤、宽松式上衣配健美裤等，在风格上显得过于散漫、休闲，都是不合时宜的。

在请柬上，对举行宴会的具体地点与时间，多有明确的通知。若无此项内容，则需要打电话事先了解一下，免得到时候出现失误。

（2） 抵达现场

一般都认为：宴会出席者抵达宴会现场的时间早晚，是与对主人和其他出席者的尊重与否密不可分的。从总体上讲，出席宴会不宜晚到，但也不宜早到。晚到会让人久等，早到则会令主人因准备未妥而措手不及、手忙脚乱。具体而言，出席宴会的主宾应正点到场。稍晚一点的话，至多也不要超过5分钟。其他的宴会出席者，如作陪者等，按照礼仪规范不应当晚于主宾到场，通常应提前几分钟或正点入场。

应邀赴宴，不一定非要给主人带去礼品。如果出席规模盛大、人数众多的宴会，则更没有必要那样做。要是参加老师、同学、校友或者亲友举办的小型宴会，如家宴、生日宴会、新年宴会，则可以为主人预备上一份小礼品。此时此刻，既拿得出手、又让主人开心笑纳的礼品，当首推鲜花。除此之外，带上一件自制的小礼品也会大受欢迎。

主人或接待人员没有邀请或引导来宾入席时，切勿擅自提前闯入宴会厅。可以在宴会厅门外不远处静候，在主人的指定之处集合，或在休息厅内稍事休息。

当主人邀请大家入席时，不可争先恐后、一拥而上。依照宴会礼仪，首先入席的应当是主人夫妇与主宾夫妇。在此之后，其他人方可按照由尊而卑的顺序井然有序地入席。

(3) 依次就座

不论中式宴会还是西式宴会，桌次与位次的排列都非常讲究。通常，在每张餐桌上，居中都摆放着桌次牌。在每个人的座次前方，则会摆放写着其姓名的位次牌。客人的桌次、座次大都会在请柬上注明。入席的时候，一定要“客随主便”。不要到处乱坐，不要随便提议与他人换桌或换座，更不要在这个问题上“挑肥拣瘦”、小题大做。

在宴会上入座时，应从自己行进方向的左侧就座。拉动座椅时，应同时使用双手，轻挪轻放。不要一手拎起、拖拉或举起座椅，让周围的人担惊受怕，也不要把桌椅搞得响声大作。

与他人一同就座时，应先请同桌的女士、前辈、老师、学长、职位高者或嘉宾落座。必要的时候，还须主动协助他们拉出座椅，并照顾其入座。

就座时，椅面不要距离餐桌过近或过远。一般认为，二者之间有20厘米左右的间隔最好。在宴会上，大学生的坐姿要端庄而稳重，不要仰在椅背上，不要双手托腮左顾右盼、双臂支在餐桌上、双腿在餐桌下面动来动去、双脚到处乱踩乱蹬。此外，在进餐之前，勿动餐桌上的一切器具，也不要猜测或向周围之人“咨询”：“今天将会品尝什么？”

如果有衣帽间，就千万不要将自己的大衣、帽子、皮包带入宴会厅。如果没有衣帽间，也不能将自己带入宴会厅的东西乱放。不能把它们放在桌上、地板上或窗台上。最好不要带大的提包去赴宴：一则它可能让主人空欢喜一场，因为它可能会让人觉得是为携带礼品才带的；二则它会让人以为自己是为了连吃带拿地打包而有备而来。

除上述餐前礼仪之外，大学生在赴宴时还有三个细节必须重视：一是用餐期间不宜随便走动、东游西逛，或是去找熟人打招呼。二是在宴会过程中，如无要事不能退席，否则会被当成是向主人表示抗议。需要中途退场，应在离去之前向主人解释，并为此道歉。三是在吃饱之后，不要急于退席。只有当主人与主宾离开之后，才可以告退。在退场时，应向主人再次表达谢意。若来不及当面讲，则可事后打电话、发邮件或写信专门致谢。如果参加的是家宴，餐后至少应停留15分钟以上，再与主人谈上一会儿。宴会结束之后马上就走，等于有意表明自己是专门为吃而来的。

二、用餐的禁忌

总的来说，宴会属于一种高层次的交际应酬，因而人们在宴会上的一切举止谈吐，都应当端庄、文雅、得体。要做到这一点，就需要对用餐的不良举止从根本上加以禁止。此时此刻，若大学生坚持“有所不为”，就不会出现大的闪失。以下，介绍的是关于用餐的30则戒律。

(1) 戒用餐时响声大作

在餐桌前吃食物、喝饮料时，一定要入口量少，慢慢地享用。这样做的话，就不会发出过大的声音。若吃得忘乎所以、响声大作，自己可能觉得有滋有味，旁人看来则既不雅观，又影响食欲。

(2) 戒剔牙时毫不掩饰

在餐桌上虽然备有牙签，但并不是非用不可。即使要用，也不宜当众表演其整个过程。剔牙时，应以一只手或餐巾挡在嘴前作为屏障。剔出来的东西，应悄悄进行处理。牙签用毕，即应立即取出，切不可长时间将它噙在嘴里。

(3) 戒随处乱吐废物

用餐时遇到不易下咽之物，应以一只手或餐巾掩口，将它轻轻吐在另一只手所拿的勺子或叉子上，然后再将其放入自己面前的食盘上端，待侍者取走。不要把它吐在手上，或以手去口中直接拿取。尤其是不能把它随口吐在餐桌上，或是悄然吐在地上。随口乱吐有可能唾液飞溅，是极其不礼貌的。

(4) 戒入口食物过多

用餐时，细嚼慢咽，吃相才能好看。若一次入口的食物过多，不仅自己难受，也让他人担心。吃食物、用饮料时，一次不要取得太多，入口时尤其应当适量，应以不妨碍咀嚼、下咽为宜。用餐并不讲究“时不我待”，所以大可不必狼吞虎咽。

(5) 戒用餐时“满脸开花”

在用餐过程中，吃完一口或喝完一口之后，特别是预备与身边的“邻居”寒暄几句时，务必要用纸巾或餐巾先拭干净嘴角。如果吃得大汗淋漓，则应随时用餐巾或热毛巾把汗擦干。

(6) 戒咳嗽、打喷嚏或吐痰

在餐桌上咳嗽、打喷嚏、吐痰，是一种极其不自尊、不自爱的表现。这样做不仅不卫生，而且还有可能污染环境、传播病菌，甚至破坏他人的食欲。

(7) 戒就餐时吸烟

宴会上是不宜吸烟的。在用餐时不吸烟，包括不吸电子烟，既是对在座的不吸烟者表示尊重，也是为了避免污染空气、危害健康，使大家能够更好地用餐。

(8) 戒在用餐过程中当众“宽衣解带”

有的人在宴会上吃得开心了，喜欢放松自我，例如脱去外衣，松开领带，放松腰带，捋起袖子，敞开领口，挽起裤管，脱下皮鞋，以便减少束缚、通风透气。这一系列做法都有损于自我形象，有时还会失敬于人。

(9) 戒在餐桌上整理发型或补妆

整理发型或补妆，应于餐前或餐后在化妆间、休息厅、洗手间内进行。当众表演这一过程，会让人觉得浅薄，而且还会妨碍他人。在补妆时，他人是不便用餐的。当自己整理发型时，倘若发屑飞扬、发丝乱舞，则会让人极度反感。

(10) 戒口含食物与人交谈

在餐桌上与周围人交谈时，声音宜小不宜大。此时，不应口含食物，边吃边说。嘴里有东西时说话，难以让人听清楚，而且还有可能致使一些残渣喷出来。原则上讲，食物进口后不宜再吐出来，因此吃东西应当一次一小口。这样做，遇到有人找自己说话，就可以迅速将其下咽，然后再去与人应酬。当然，当别人口含食物时，有教养的人是不该找对方聊天的。

(11) 戒替人夹菜

在用餐时，爱吃什么，想吃多少，讲究的是大家自己照顾自己。主人只要在口头上对来宾相劝即可，千万不要热情过度、越俎代庖，不要不管对方爱不爱吃、能不能吃，动不动就下手主动替别人夹菜。此举不仅让人为难，而且还会造成餐具使用上的不卫生，实属不当。

(12) 戒对他人不断劝酒

在饮酒时，通常讲究"先干为敬，自罚一杯"。但总有个别人口头上对人友好，对别人不断地进行劝酒。他这样做，往往是想拿别人寻开心，想把别人灌醉了令其出丑。对任何人都不要这样做。尤其是不要几位男士联手，对外方人员或对一位陌生的小姐"群起而攻之"。

(13) 戒饮酒之时找人划拳

某些人有一大嗜好，饮酒时若不找几个人猜拳行令，便觉得喝不下去。在亲朋好友聚餐时这样做，或许还能算是娱乐；可是在正式的宴会上饮酒时猜拳行令、大吼大叫，则往往会破坏宴会的气氛，所以是不允许的。

(14) 戒直接下手取用菜肴

不论吃中餐还是吃西餐，绝大多数菜肴均应使用餐具取用。在一般情况下，切不可直接下手取用。遇上没见过的菜肴，不知道该如何去取，不妨耐心等待一会儿，先看看别人是怎么操作的，然后再"照此办理"。

(15) 戒站起来取菜

在有些大型宴会上，每张餐桌都很大，菜肴也会很多。想吃自己够不到的菜肴时，可以请侍者或周围的人帮一下忙，对他们只要道一声谢就可以了。千万不要自己直接起身去夹菜，更不要离开自己的座位走过去取用。

(16) 戒对食物挑三拣四

取用公用的餐盘内盛放的食物之前，先要看准目标，然后"一次到位"，又快又准地把它取过来。不论取什么东西，只要自己的餐具夹住了，就不宜再放回去。在公用的餐盘里，对食物切不可翻来翻去、挑肥拣瘦。试想，自己已经碰过的食物，别人怎么还方便吃呢？

（17） 戒餐具铿锵作响

在使用餐具时，应当小心谨慎、轻拿轻放，不要使其相互碰撞，或是在接触碗、盘、碟时令其叮当乱响。在吃西餐使用刀叉切菜时，两肘应夹在腰部两侧，以控制自己动作的幅度。

（18） 戒以餐具“指点”他人

在与人交谈时，非但不宜吃东西，而且手中的餐具也应当放下来。准确地讲，是应当先将其放在自己面前的食盘上。筷子应当并排竖放，勺子应当平放，刀叉则应呈“八”字形摆放。不要把它们摆在公用的菜盘上，或将它们插放于自己的碗、盘之中。切勿一面与人高谈阔论，一面将餐具挥来舞去。用餐具直接指向交谈对象，犹如“指教”别人，则更不准许。

（19） 戒乱用餐具

各种各样的餐具，都有各自独特的使用方法。在宴会上使用它们时，应当遵守规矩。例如，使用筷子是为了夹取食物，而不可以挑起食物；勺子只宜取用汤或流质食物，不宜用其舀菜；使用刀叉时，讲究左叉右刀，以叉子按住食物后，再以刀将其自左而右地切割成小块；单独用叉子时，则需用右手拿着它；等等。如果用筷子吃西餐，用餐刀取食牛排，必定会贻笑大方。

（20） 戒“品尝”餐具

在宴会上，餐具只能用来取用食物。它们本身无滋无味，所以切勿当众将其用嘴抿来抿去，或长时间地含在嘴里。此类做法，不但令人作呕，而且也是很不卫生的。

（21） 戒同人抢菜

在取用食物时，不可没先没后、不讲顺序、与人争抢。在他人尚未取好之前，不要争先恐后。如果与他人一同取某一食物，应退后片刻，示意对方先取。

（22） 戒端着碗、盘用餐

宴会上用餐时，应当正襟危坐，以筷子、刀叉或勺子将食物送入口中。端起碗、盘吃饭或喝汤的做法，则是不恰当的。此外，也不宜低头趴在餐桌上俯食食物。

（23） 戒捡食掉出来的食物

出于卫生方面的考虑，掉到桌上、椅子上、衣服上或地面上的任何食物都不可捡起来再吃。此外，掉到餐桌上、椅子上或地面上的餐具，尤其是西餐餐具，亦不得捡起来再用。坐在自己两侧或对面的或许是一位身着裙装的女性，自己低下头去桌子下面拾东西，很可能让对方“担惊受怕”。如果此刻还需要餐具，请侍者换一副上来就可以了。

（24） 戒一边行走一边吃喝

若非参加准许边吃边走的酒会，而是在有其固定座次的宴会上用餐，是绝对不许一边大吃大喝、一边走来走去的。

（25） 戒乱吹、乱搅汤或饮料

在餐桌上，有时会为用餐者提供热汤、热菜、热咖啡。如果嫌其太烫，可稍候片刻，或用勺子搅动一下。万万不可用口去吹、用勺子乱搅，或是用两个碗、两只杯子折来折去。除喝汤应以勺子舀食外，茶或咖啡是不应用勺子舀起来品味的。

(26) 戒双手乱动、乱放

在餐桌旁坐定之后，最好“安分守己”地把双手放在餐桌边缘，或放在自己的大腿上。切不可将其支在餐桌上、端在胸前、抱在脑后、插在口袋里，或随意扶在他人所坐的椅背上。那样做，不仅不礼貌，而且也不甚雅观。尤其值得注意的是，在正式场合与他人一同用餐时，千万不要对他人或饭菜指点不已，不要掩口而笑或与人低语，也不要用手搔痒、摸鼻子、抓耳朵，或者脚在餐桌底下动来动去。在用餐时，以手玩弄餐具也是不应该的。

(27) 戒在别人致祝酒词时表现得迫不及待

当宾主在宴会开始之初先后致祝酒词时，客人应目视发言者，认真地聆听其讲话。此刻与旁人聊天、闭目养神、埋头玩手机等心不在焉的做法，都会失敬于人。只有在宾主致完祝酒词、宣布开宴后，才可开始进餐。

(28) 戒在用餐期间不搭理任何人

既然宴会是一种常规的交际形式，那么赴宴者在有必要与他人进行交流时，就不应该一言不发，好像自己只是为吃而来。在许多宴会上，主人往往安排身份、地位相似的人坐在一起，有时还有意将不相识者组织在一块，以便大家相互结识。对于这种好机会，主动放弃是很可惜的。在适当的时候，不妨主动找身旁之人攀谈几句。当有人找自己攀谈时，亦应予以应答。当他人对自己表示友好，如敬酒或挥手致意时，应起身示敬。不过，在宴会上话也不可太多太滥、喋喋不休。尤其是在谈话对象的选择上，不宜一味地“钟情”于异性，而“目无”同性。

(29) 戒大谈特谈令人不快的事物

在用餐时，所谈论的内容应当愉快、健康、有趣。让人难以“消化”的内容，尤其是倒人胃口的内容，绝对不要提及。例如，不要谈论死亡、凶杀、令人厌恶的动物或在感官上让人恶心的东西。《论语》上说：“子之所慎：齐、战、疾。”此类话题，此刻理当回避。想去洗手间的话，切勿公然告之众人，也不要约人同去。确实需要告诉周围之人时，不妨说“出去有点事情”，或说“去打一个电话”。

(30) 戒非议席上的饭菜

俗话说：“萝卜白菜，各有所好。”在任何宴会上，都难免众口难调。遇上自己不喜欢的菜肴，避而不用即可，千万不要告知主人。当主人征求意见时，应当对饭菜多讲好话、莫提不足。对饭菜吹毛求疵，甚至说此处的饭菜做得不及某处，都会使主人十分难堪。

用餐的禁忌

三、自助餐常规

自助餐，有时亦称冷餐会。它是目前国际上所通行的一种非正式的西式宴会，在大型的交际场合尤为多见。它的具体做法是：不预备正餐，而是由就餐者自行选择食物、饮料，或立或坐，自由地与他人在一起或独自一人用餐。

自助餐礼仪，泛指人们安排或享用自助餐时所应遵守的行为规范。具体来讲，自助餐礼仪又分为自助餐的安排与自助餐的享用两个部分。

（一）自助餐的安排

所谓安排自助餐的礼仪，指的是自助餐的主办者在筹办自助餐时的规范性做法。一般而言，它包括就餐的时间、就餐的地点、食物的准备、客人的招待四个方面的问题。

(1) 就餐的时间

在交际场合，依照惯例，自助餐大都被安排在各种正式活动之后，作为其附属的环节之一，而极少独立出来单独成为一项活动。也就是说，自助餐多见于各种正式的社交活动之后，是招待来宾的项目之一。

因为自助餐多在正式的社交活动之后举行，故而其举行的具体时间必定会受到正式的社交活动的限制。不过，它很少被安排在晚间举行，而且每次用餐的时间不宜长于1小时。

根据惯例，自助餐的用餐时间不必进行正式的限定。只要主人宣布用餐开始，大家即可就餐。在整个用餐期间，用餐者可以随到随吃，大可不必在主人宣布开始用餐之前到场恭候。在用自助餐后，也不像正式的宴会那样必须统一退场。用餐者只要自己觉得吃好了，在与主人打过招呼之后，随时都可以离去。通常，自助餐是无人出面正式宣告其结束的。

一般来讲，主办单位假如预备以自助餐对来宾进行招待，最好事先以适当的方式对其进行通报。同时，必须注意一视同仁，即不要安排一部分来宾用自助餐，而安排另外一部分来宾去参加正式的宴请。

(2) 就餐的地点

选择自助餐的就餐地点，大可不必像宴会那般过分地讲究。基本的要求是：它既能容纳下全部就餐者，又能为其提供足够的交际空间。

按照正常的情况，自助餐安排在室内外进行皆可。通常，它大多选择在主办单位所拥有的大型餐厅、露天花园之内进行。有时，亦可外租、外借与此类似的场地。

在选择、布置自助餐的就餐地点时，有下列三点事项应予以注意。

一是应提供一定的活动空间。除了摆放菜肴的区域之外，在自助餐的就餐地点还应划出一块明显的用餐区域。这一区域不要显得过于狭小。考虑到实际就餐的人数往往具有一定的弹性，难以确定，所以用餐区域的面积宁可划得大一些。

二是要提供数量足够的桌椅。尽管真正的自助餐所提倡的是就餐者自由走动，立而不坐；但实际上仍有不少的就餐者，尤其是其中的年老体弱者，还是期望在就餐期间能有一个暂时的歇脚之处。因此，在就餐地点应预先摆放好一定数量的桌椅，供就餐者自由使用。白天在室外就餐时，提供适量的遮阳伞通常也是必要的。

三是就餐的地点应环境宜人。在选定就餐地点时，不但要注意面积、费用问题，而且还必须兼顾安全、卫生、温湿度等问题。若用餐期间就餐者感到异味扑鼻、过冷过热、蚊虫叮咬、空气不畅，或过于拥挤，显然都会影响到对方对此次自助餐的整体评价。

(3) 食物的准备

在自助餐上为就餐者所提供的食物，应既有共性，又有个性。

它的共性在于：为了便于就餐，以提供冷食为主；为了满足就餐者的不同口味，应尽可能地使食物在品种上丰富多彩；为了方便就餐者进行选择，同一类型的食物应被集中在一处摆放。

它的个性则在于：在不同的时间或是款待不同的客人时，食物可在具体品种上有所侧重。有时以冷菜为主，有时以甜品为主，有时以茶点为主，有时则以酒水为主。除此之外，还可酌情安排一些时令菜肴或特色菜肴。

一般而言，自助餐上所备的食物在品种上应当多多益善。具体来讲，一般的自助餐上所供应的食物大致应当包括冷菜、汤、热菜、点心、甜品、水果等几大类型。此外，还应供应酒水。

通常，自助餐所供应的冷菜有沙拉、香肠、火腿、牛肉、培根、肉松、鸡蛋、鸭蛋等；常上的汤类有红菜汤、牛尾汤、玉黍汤、面豉汤、酸辣汤、三鲜汤等；常上的热菜有炸鸡、炸鱼、烤肉、烧肉、烧鱼、时蔬、土豆片等；常上的点心有面包、菜包、热狗、炒饭、蛋糕、果仁、曲奇饼、克力架、三明治、汉堡包、比萨饼等；常上的甜品有布丁、果盘、蛋羹、冰激凌等；常上的水果有香蕉、菠萝、西瓜、木瓜、柑橘、樱桃、阳桃、葡萄、苹果等；常上的酒水则有牛奶、咖啡、红茶、可乐、果汁、啤酒、矿泉水、鸡尾酒等。

在准备食物时，务必保证供应。同时，还必须注意食物的卫生以及热菜、热饮的保温问题。

(4) 客人的招待

招待好客人，是自助餐主办者所应尽的责任和义务。要做到这一点，必须特别注意下列三个具体环节。

一是照顾好主宾。不论在任何情况下，主宾都是主人照顾的重点，在自助餐上也不例外。主人在自助餐上对主宾所提供的照顾，主要表现为陪同其就餐，与其进行适当的交谈，为其引见其他客人等等。与此同时，亦应注意给主宾留下一些供其自由活动的时间，不要始终伴随其左右。

二是充当引见者。作为一种社交活动的具体形式，自助餐自然要求其参加者主动进行适度的交际。在自助餐进行期间，主人一定要尽可能地为彼此互不相识的客人多创造一些相识的机会，并积极为其牵线搭桥，充当引见者，即介绍人。应当注意的是，介绍他人相识，必须了解彼此双方是否有此心愿，切勿一厢情愿。

三是安排服务者。小型的自助餐，主人往往可以一身二任，同时充当服务者。但是，在大规模的自助餐上，显然是不能缺少专人服务的。在自助餐上，直接与就餐者进行正面接触的主要是侍者。

根据常规，自助餐上的侍者须由健康而敏捷的男性担任。有时，侍者可由主方人员客串。侍者的主要职责是，为了避免宾客因频频取食妨碍了同他人所进行的交谈，而主动向其提供一些辅助性的服务。例如，推着装有各类食物的餐车，或托着装有多种酒水的托盘，在来宾之中巡回走动，由宾客各取所需。再者，还可以负责补充供不应求的食物、饮料、餐具等。

(二) 自助餐的享用

所谓享用自助餐的礼仪，在此主要是指大学生以就餐者的身份参加自助餐时所需要具体遵循的规范。通常，它主要涉及下述八点。

(1) 排队取菜

在享用自助餐时，尽管需要就餐者自己照顾自己，但这并不意味着他可以因此而“不择手段”。实际上，在就餐取菜时，由于用餐者往往成群结队而来，大家都必须自觉地维护公共秩序、讲究先来后到、排队选用食物，不允许乱挤、乱抢、乱插队。

在取菜之前，首先需要准备好一只食盘。轮到自己取菜时，应以公用的餐具将食物装入自己的食盘之内，然后迅速离去。切勿在众多的食物面前犹豫再三，而让身后之人久等；更不应该在取菜时挑挑拣拣，甚至直接下手或用自己的餐具取菜。

(2) 循序取菜

在自助餐上，如果想要吃饱吃好，在具体取用菜肴时，就一定要首先了解合理的取菜顺序，然后循序渐进。按照常规，参加普通的自助餐时，取菜有其标准的先后顺序，依次应当是冷菜、汤、热菜、点心、甜品和水果。因此，在取菜前，最好先在全场转上一圈，了解一下具体情况，然后再去有所选择地取菜。

如果不了解上述合理取菜的先

后顺序，而在取菜时完全自行其是，乱装乱吃一通，难免会咸甜相克，令自己吃得既不畅快又不舒服。举例而言，在自助餐上，甜品、水果本应作为“压轴戏”最后吃，若不守此规而先吃甜品、水果，那么立即就会感到吃饱了。等到后来再见到自己想吃的好东西，很可能就会心有余而力不足，只好“望洋兴叹”了。

(3) 量力而行

参加自助餐时，遇上了自己喜欢吃的东西，只要不会撑坏自己，完全可以放开肚量去吃。不限数量，保证供应，其实这正是自助餐大受欢迎的地方。因此，大学生在享用自助餐时，大可不必担心别人笑话自己，爱吃什么只管去吃就是了。

应当特别强调的是，在根据本人的口味选取食物时，必须量力而行，切勿为了吃得过瘾而过多地拿取食物，结果自己“眼高手低”、力不从心，从而导致了食物的浪费。严格地讲，在享用自助餐时，多吃是允许的，而浪费食物则绝对不允许。这一要求，被称为自助餐就餐时的“少取的原则”。

(4) 多次取菜

在自助餐上遵守“少取的原则”的同时，还必须遵守“多次的原则”。“多次的原则”，是“多次的取菜原则”的简称，它与“少取”相辅相成。可以说“多次”正是为了“少取”。它的具体含义是，用餐者在自助餐上选取某一种类的菜肴，允许其反复去取，但每次应当只取用少量。待品尝之后，如果觉得它适合自己，还可以再次去取，并且可以一而再再而三，直至自己吃饱了为止。

换言之，大学生在自助餐上选取某种菜肴时，去取多少次都无所谓，一添再添也是允许的。但要是为图省事而一次取用过量、装得太多，则是失礼之举。“多次的原则”与“少取的原则”其实是同一个问题的两个不同侧面。“多次”是为了量力而行，“少取”是为了避免造成浪费。所以，二者也被合称为“多次少取的原则”。

懂自助餐礼仪的人都知道，在选取菜肴时，最好每次只为自己选取一种。待吃好后，再去取用其他的品种。若不谙此道，在取菜时乱装一气，将多种菜肴盛放在一起，则会导致其五味杂陈、相互串味。

(5) 禁止外带

所有的自助餐，不论由主人亲自操办以之待客的自助餐，还是对外营业的正式餐馆里所经营的自助餐，都有一项不成文的规定，即只许可就餐者在用餐现场自行享用，而绝对不允许对方在用餐完毕之后将剩余食物携带回家。

大学生在用自助餐时，一定要牢牢记住这一点。在用餐时不论吃多少东西都不失礼，但是千万不要偷偷往自己的口袋、书包里装上某些自己的“心爱之物”，更不要要求侍者替自己打包。那样的表现，必定会让他人笑话。

(6) 送回餐具

用自助餐时，既然强调的是以自助为主，那么用餐者在就餐的整个过程之中，就必须将这一点牢记在心，并认真地付诸行动。在用自助餐时强调自助，不但要求就餐者取用菜肴时以自助为主，而且还要求其善始善终，在用餐结束之后，应自觉地将餐具送至指定处。

在一般情况下，用自助餐时大都要求就餐者在用餐完毕之后、离开用餐现场之前，自行将餐具整理到一起，然后一并送到指定的位置。在庭院、花园里享用自助餐时，尤其应当这么做。不允许将餐具随手乱丢，甚至任意损毁餐具。在餐厅里就座用餐，有时可以在离去时将餐具留在餐桌上，而由侍者负责收拾。虽然如此，亦应在离去前对其稍加整理为好。不要使得自己的餐桌上杯盘狼藉、不堪入目。自己取用的食物，应以吃完为宜。万一有少许食物剩了下来，也不要私下里乱丢、乱倒、乱藏，而应将其放置在适当之处。

(7) 照顾他人

大学生在用自助餐时，除了对自己用餐时的举止表现要严加约束之外，还必须对他人多加照顾。对自己的同伴，特别需要加以关心。若对方不熟悉自助餐，则不妨向其简单地进行介绍。在对方乐意的前提下，还可向其具体提出一些有关选取菜肴的建议。在自助餐上碰见了熟人，亦应如此。不过，不可以自作主张地为对方直接代取食物，更不允许将自己不喜欢或吃不了的食物“处理”给对方吃。

在用餐过程中，对于其他不相识的用餐者，应以礼相待。在排队、取菜、寻位以及行进期间，对其他用餐者都要主动加以谦让，不要目中无人、蛮横无理。

(8) 积极交际

一般来说，用自助餐时，大学生必须明确：吃东西往往属于次要之事，而与其他人进行适当的交际活动才是自己最重要的任务。出席由其他单位所主办的自助餐时，情况就更是如此。届时不应当以不善交际为由，只顾自己躲在僻静之处一心一意地埋头大吃，或者来了就吃、吃了就走，而不同其他在场者进行任何形式的正面接触。

在用自助餐时，一定要主动寻找机会，积极地进行交际活动。首先，应当找机会与主人攀谈一番。其次，应当与老师、老同学、老朋友好好叙一叙。最后，还应当争取多结识几位新朋友。

在自助餐上，交际的主要形式是几个人聚在一起进行交谈。为了扩大自己的交际面，在此期间不妨多转换几个类似的交际圈。在每个交际圈，多少总要待上一会儿，不要只待上一两分钟就走，好似蜻蜓点水一般。

介入陌生的交际圈，大体上有三种方法：一是请求主人或圈内之人引见；二是寻找机会，借机加入；三是毛遂自荐，自己介绍自己加入。不论怎样，加入一个陌生的交际圈，总得首先求得圈内之人的同意。愣头愣脑地硬闯进去，未必会受到欢迎。

第三节 娱乐

学习之余，大学生经常有机会参加各种形式的娱乐活动。很多时候，大学生参加娱乐活动并非出于个人偏好，而往往是为了交际应酬的需要。

所谓娱乐，通常是指人们在业余时间里所从事的轻松、愉快、有趣的活动。对大学生而言，参加娱乐活动的主要目的有三：自我放松；欢度闲暇；交际应酬。

从总体上来讲，每一名大学生参加娱乐活动时，都要注意下列四项基本规则：一是遵守社会公德；二是掌握游戏规则；三是坚持量力而行；四是无碍本人学业。

具体而言，不同类型的娱乐活动，往往又具有一些各自不同的礼仪规范，它们都是参加活动的大学生必须自觉予以遵守的。下面，主要介绍大学生在歌厅、剧院、网吧、公园、游乐场、游戏厅等场所参加娱乐活动时所应遵守的礼仪规范。

一、歌厅

前往歌厅一展歌喉，是许多人热衷的一项娱乐活动。去歌厅唱歌娱乐时，以下五项礼仪规范是大学生所必须认真遵守的。

（一）挑选正规歌厅

前往歌厅唱歌时，歌厅的正规与否通常非常关键。大凡正规的歌厅，不但设备完善、环境幽雅、服务到位，而且收费比较合理。倘若在选择歌厅时道听途说，随意挑选，一旦选择失误，不仅可能令自己破财，而且还会破坏大家的雅兴。

（二）点歌礼让有序

不论在公共大厅里点歌，还是在单独的包间里点歌，大学生都要遵守先来后到的顺序，并且礼让他人。在点歌时，一般应当请客人先点、女性先点、长辈先点或者老师先点，有时亦可由大家依座次点歌，或是点上一首人人皆会的歌曲进行合唱。点歌时争先恐后，或者争夺话筒，是令人耻笑的。此外，违法、违规的歌曲，不合时宜的歌曲，或内容低俗的歌曲，显然都不宜点唱。

（三）听歌聚精会神

当别人唱歌时，不论自己认识对方与否，都要洗耳恭听。当对方表现出色时，应以掌声进行鼓励。即使对方演唱得并不在行，也不要发出嘘声嘲弄对方。在他人唱歌时，交头接耳、把玩手机、走来走去甚至公然退场，都是没有教养的表现。

（四）唱歌保持风度

大学生上台唱歌时，一定要注意保持个人风度。唱歌之前，要首先问候大家。得到了在场者的掌声鼓励，要在下台前表达谢意。每次限唱一首歌。在唱歌的过程中，切莫忘乎所以、手舞足蹈，或者胡言乱语。唱歌时，有意改动歌词、曲调都是不合适的。

（五）交往尊重异性

在歌厅进行娱乐活动时，大学生必须自始至终对在场的异性表示尊重。与熟悉的异性相处时，不应当动手动脚，乱开过火的玩笑。对于现场并不熟悉的异性，则应保持正常的社交距离。

二、剧院

对大学生而言，自己独自一人或者偕家人、同学、三五知己一同前往剧院观看电影、戏剧或其他演出，乃是人生一大乐趣。前往剧院观看电影、戏剧或其他演出时，以下五项基本的礼仪规范必须遵守。

（一）预先购票

正规的剧院，为了保证观众的观看效果与人身安全，均会以发售定额入场券的方式来控制观众入场的具体人数。因此，观看正式演出之前，大学生一定要提前购票。请人观看演出，此点尤须注意。无票入场、混入剧院，或者制作、购买假票，都是不允许的。

（二）提前入场

许多影剧院都规定：开演之后，立即禁止观众入场。中场休息时，迟到者方可入内。为了不影响自己和别人观看演出，提前入场绝对是必要的。此处所说的提前入场，并非指正点进入剧院，而是要求观众最好在演出正式开始前几分钟进场。

（三）对号入座

绝大多数演出，都要求观众完全对号入座，每一名观看演出的大学生都要自觉遵守此项规定。与此同时还应注意：与别人一同观看演出，应将较好的位置让给对方。有人占了自己的座位，应有礼貌地请求对方相让。在任何情况下，都不要随意占据他人位置，也不要与他人挤占同一个座位。

（四）保持安静

不论观看电影、戏剧，还是欣赏歌曲、演出，在其进行过程中，每一名观众都要自觉地保持安静。不允许自言自语或者与身边之人交头接耳，不允许使用手机与外界进行联络，不允许在社交媒体上反复地刷屏，不允许喝饮料或享用食物。

（五）遵守规定

前往正规的剧院观看演出，通常有一些比较特殊的规定是大学生所必须遵守的。它们主要包括下列内容。

一是穿着正装。欣赏歌舞剧、音乐会时，往往要求观众衣着正规，有时还会要求观众穿着礼服。

二是禁止拍摄。出于版权等方面的考虑，一般的商业性演出，都不允许观众拍照、录像、录音或进行现场直播。

三是不准吸烟。为维护观众健康、净化现场环境，几乎所有的剧院都禁止在场内吸烟。

四是限制走动。如果没有十分特殊的原因，观众在演出进行期间不准随意走动。

五是保持克制。不论演出实际水准如何，观众都应保持克制。只有没有教养的人，才会随便起哄、闹事。

六是最后退场。观看现场演出时，宜在演员谢幕后退场。陪同他人观看演出时，则不应独自退场或先行退场。

三、网吧

在工作之余，有不少人都喜欢去网吧“网上冲浪”。大学生到网吧娱乐，对以下四则礼仪规范均应自觉地加以遵守。

（一）限定时间

在网吧里进行娱乐，不论玩游戏、查信息、发邮件，还是参加网上讨论或网上交友，大学生均应适可而止。一定要对自己在网吧里娱乐的时间有所控制，不要让自己沉溺其中，甚至难以自拔，尤其是不要因此而妨碍自己的正常学习与生活。

（二）活动有方

前往网吧娱乐，对一些基本的活动规则务必要了解。

一是非法网吧不宜前往。假如网吧自身不合法，那么消费者的权利与人身安全往往难以得到保障。

二是非法网站不宜访问。凡未依法取得互联网新闻信息服务资质、未依法进行互联网信息服务资质登记备案的非法网站，均不宜擅自进行访问。

三是非法活动不宜参与。在网上活动时，凡涉及危害国家安全、挑衅公序良俗、毁坏个人形象、损害他人名誉、传播他人隐私或涉嫌进行赌博等内容，均应主动回避，并不得随意传播、扩散。

（三）交友有规

结交网友，往往是不少人上网活动的初衷之一，也是当今社会上的一大时尚。一般而言，大学生对此应注意下列三点。

一是两厢情愿。结交任何网友，都需要当事者双方同意。在任何时候，都不应当勉强对方或对其软磨硬泡，使对方厌烦自己。

二是重在沟通。大家都清楚网络世界的虚拟性，所以结交网友重在网上沟通，不要随便将现实生活中的觅友甚至择偶的希望寄托于网络世界。对此，大学生一定要保持清醒的认识。

三是经常联系。结交网友，宜精不宜滥。与他人结为网友后，应经常进行联系。收到对方信息，宜在 24 小时之内答复。出门远行前，应给对方留言相告，不应不告而别。

（四）话题有度

众所周知，互联网作为一个虚拟世界，在网上畅游时，人们的姓名、性别、年龄、职业往往都是虚拟的。但即便如此，对网上交流的话题，也必须有所限制。一般而言，大学生对以下几种话题绝对不宜涉及：反动内容、色情内容、暴恐内容、虚假内容、涉密内容、隐私内容以及其他违法内容。

四、公园

闲暇之时，人们大都喜欢前往公园休闲或小憩。有时，人们还会与亲朋好友一道前往公园进行集体娱乐。在公园里活动，俗称游园。大学生游园时，应当遵守的礼仪规范主要有以下四则。

（一）轻装上阵

与上班、赴宴有所不同，大学生游园时的着装应以简单、轻便、舒适为基本原则。若非必需，通常不宜选择过分正式的套装或过于招摇的礼服、时装。但是，也不宜在众目睽睽之下穿着睡衣、背心、拖鞋之类过于随便的服装。

（二）保护环境

公园乃公共场所，每一个人在其中活动时，都要有意识地保护环境。对下述几点，大学生尤其需要注意。

一是不乱扔废物。凡废弃之物，应自觉投入垃圾桶，或者随身带走，而不应信手乱丢。

二是不损坏公物。对于公园里的一山一水、一土一石、一草一木，都应自觉爱护。

三是不盗窃公物。未经许可，公园之内的任何物品，都不得擅自取用或带走。

（三）自娱有法

一般来看，人们游园主要属于自娱活动。游园时，大学生的自我娱乐应注意下列两点。

一是自得其乐。在游园时，人们不论散步、健身、小憩、静坐、阅读，还是寻访名胜、观赏景致，都讲究自得其乐。

二是切勿扰人。在自得其乐的同时，游园者切勿因此而骚扰他人。诸如在公园里高声喧哗、载歌载舞、当众酣睡或者大吃大喝等行为，不但有损个人形象，而且有可能破坏别人游园的兴致。

（四）安全至上

在公园里活动，尤其是当大学生独自一人游园时，一定要牢记“安全第一”。下列四点，特别应予避免。

一是擅闯禁区。凡禁止游人前往的危房、工地、路段、险峰、水域，都不要冒险前去。

二是冒险运动。在游园时，不要擅自从事攀岩、滑翔、蹦极、跳水、跳岩等危险运动。

三是随便野炊。万一野炊时“星火燎原”，便会铸成大错。

四是结交生人。在公园里，与陌生人随意往来，有时是极不安全的，故应慎之又慎。

五、游乐场

在现代化的大型游乐场内，开设的游乐项目能够满足不同类型人们的娱乐需求，让人应接不暇。在游乐场内进行娱乐时，大学生对以下五项礼仪规范需要认真遵守。

（一）排队活动

在游乐场里，凡新颖、刺激、大名远扬的项目，必定会有众多的爱好者。为了保证人人都有机会进行体验，届时大学生自觉排队是完全必要的。在参加任何游乐项目时，都不允许大学生不排队或者乱插队。

（二）掌握规则

参加尚未尝试过的游乐项目之前，务必要耐心、认真地学习、了解有关的活动规则。这样做，既是为了更好地享受此项活动所能带来的乐趣，更是为了保证自己的人身安全。

（三）服从管理

在许多大型游乐场内，都有一些专业人士负责对游客进行管理、提供服务，或是给予技术指导。对于这些专业人士的工作，大学生一定要予以应有的尊重和支持。

（四）爱惜设施

游乐场里不少设施，不仅科技含量较高，而且价格十分昂贵。因此，在使用游乐设施时，大学生一定要对它们加倍爱惜，切莫对它们乱摸、乱碰、乱动、乱用，更不应有意对其进行毁坏。

（五）与人合作

在游乐场里，有一些游乐设施往往要求多人合作使用。遇到此种情况时，大学生应表现得积极而主动。寻找合作对象时，既可以自行选择，也可以听从管理人员的分配。不过组合一旦形成，就不宜再去要求变动。与他人合作游乐时，态度上要热情、友善，行动上要彼此配合、协调。合作之初，应问候对方。合作结束时，则应向对方告别或致谢。

六、游戏厅

在一些营业性游戏厅里，通常有各种各样的游戏可供人们选择。其游戏内容之美、形式之新、科技含量之高，往往出乎人们的想象。正因为如此，游戏厅也吸引了包括大学生在内的广大游戏爱好者。前去游戏厅娱乐时，大学生既要讲究个人爱好，又要遵守下述四项礼仪规范。

（一）内容健康

尽管在游戏厅内进行娱乐时，拥有多种多样的选择，完全可以自作主张；但是此时此刻，大学生仍须保持理智，选择既饶有趣味又内容健康的游戏。在任何情况下，不论是否有人进行监督检查，都不允许大学生选择那些格调不高、内容不健康的游戏。至于那些内容反动、格调下流或者具有有辱国格、有碍国家间正常交往、有损于民族关系、有违宗教政策、有悖公序良俗等内容的游戏，更是不能选择或推荐于人。

（二）礼待他人

在游戏厅娱乐时，大学生还应当对其他在场的一切人士以礼相待。与同伴一起游戏时，大学生一定要相互合作，并礼让对方。假如大家一起选择游戏项目，则应优先考虑同行者的爱好、能力，或由对方首先选择。自己单独前去游戏厅娱乐时，在人多的游戏项目前参加活动，一定要按顺序排队。其他人进行游戏时，最好不要在旁边围观，更不要起哄、滋事。

（三）控制情绪

在游戏厅内活动时，大学生务必要善于控制自身的情绪。不论自己或赢或输，参加游戏主要是为了令自己开心。因此，不要情绪失控，更不应为一赌输赢而在游戏厅内流连忘返。在游戏厅里参与或组织违法的赌博活动，则更是不应该的。

（四）勿忘安全

在游戏厅进行娱乐活动时，必须时刻谨记安全第一。对相关法律法规以及游戏厅的内部规定，必须清清楚楚。玩“剧本杀”与“密室逃脱”时，此点尤其重要。对于危险系数高的游戏，大学生务必退避三舍。

第四节 运动

随着社会的发展与进步，现代人对学习、工作与休息之间的辩证关系已有了越来越多的感悟。目前，不论在交际应酬中还是在学习之余，不少大学生都经常参加各种形式的运动。多数大学生已经认识到：运动不仅是一种休闲活动，还可以用来进行交际应酬，从而促进自己的人际关系。

运动，一般是指体育活动。一般说来，人们参加运动，一是为了锻炼身体；二是为了进行交际。有鉴于此，在参加各类运动时，均要求参加者认真遵守相关礼仪规范。

下面，就对大学生有可能经常接触的健身、游泳、滑雪、网球、保龄球、高尔夫球等高端运动项目的礼仪规范略加介绍。

一、健身

在日常生活中，许多大学生都喜欢在自己方便的时候前往健身房进行健身活动。

到健身房健身时，大学生主要应当自觉地遵守下列六项礼仪规则。

（一）有所约定

绝大多数正规的健身房，往往都设在大专院校之内，或者高档的宾馆、俱乐部里。前往这类健身房健身，可以购买会员证、年卡、月卡，也可以临时购票。无论如何，都必须缴付费用，凭证入内。为了确保自己有规律地定期健身，一定要提前约定时间，以便使自己的健身时间有所保证。

（二）讲究衣着

在健身房里健身，通常都要求身着正式的健身服。穿着健身服，不仅有利于健身运动，而且有利于与周围的环境相协调。在一般情况下，每一位健身者在健身时均应身着健身服。前往健身房健身时，切忌乱穿其他类型的服装，更不允许随便赤膊上阵。需要注意的是，大学生若是在除健身房以外的其他场所身着专门的健身服，往往也会令人啼笑皆非。

（三）目标明确

在健身时，每一位健身者均应有一定的目标：要么是瘦身，要么是塑形，要么是美体，要么是放松。为了实现既定的目标，往往要制定专门的方案，并且一定要循序渐进。要是目标不明确或者不按照预定的计划进行，面对五花八门的健身项目或健身器械，胡练一通，不但起不了任何作用，而且还有可能伤害自己的身体。

（四）服从管理

一般的健身房，不仅场地开阔、器材繁多，而且健身者众多。因此，一般都实行严格的管理：进门时，健身者要出示凭证或刷卡；活动时，要限定时间；运动前后，要更换服装；占用场地时，要预先约定；使用器械时，要讲究先来后到；集体锻炼时，要听从口令、统一行动。对于上述合乎情理的要求，健身者必须认真遵守，对有关方面的管理者亦应认真服从。

（五）自练为主

进行健身活动时，一般讲究自得其乐。因此，锻炼时应当以自练为主。若非集体活动或参加集体项目，通常不必在健身时与他人保持一致。按照常规，在健身房不宜洽谈有关公务或生意上的事情。在健身时，不要随意围观、评价别人，同时也不要任意打断别人的健身，或者动辄向陌生人讨教健身之道。

（六）尊重教练

一些高档健身房，往往会为初学者安排协助其进行某一项目或全方位锻炼的教练。对健身者而言，必须对教练加以尊重。在健身时尊重自己的教练，一是要虚心请教，不懂不要装懂；二是要保持耐心，不要指望一蹴而就；三是要听从点拨，认真服从教练的合理化要求。不允许对教练爱搭不理、吹毛求疵、呼来喝去，更不允许训斥、责骂、侮辱对方。

二、游泳

在各项运动项目中，游泳可以说是最普及、最受欢迎的项目之一，许多大学生往往乐此不疲。在游泳时，下列六项礼仪规则是每一名游泳者皆应自觉遵守的。

（一）安全第一

外出游泳时，不论在室内还是在室外，都要选择正规的游泳池或浴场。凡不熟悉具体情况的河流、湖泊、海域，尤其是明文禁止下水的地方，切勿擅自下水游泳。在游泳池或浴场游泳时，亦应量力而行，选择自己适应的水域深度与泳道长度。没有救生人员在场时，切勿冒险。

（二）讲究卫生

在公用的游泳池或浴场游泳时，大学生一定要注意个人卫生与环境卫生。患有皮肤病、红眼病（结膜炎）以及其他传染病时，显然不应当外出游泳。在游泳时，不应在水中洗浴，不应向水中随口吐痰，更不能在水中大小便。游泳之后，再到游泳池边洗手、洗脚亦不应当。在水畔休息或者在更衣室、淋浴房活动时，不应乱扔废弃物，不应大吃大喝或者吸烟、酗酒。

（三）衣着得体

进入公用的游泳池或浴场之前，大学生应换着较为正规的泳装。按规定，最好还要戴上游泳帽。未穿正规的泳装或者裸体游泳，都是不被接受的。应当强调的是，泳装一定要大小合身、松紧合适，面料与色彩符合要求。若是泳装过于肥大、宽松，其面料单薄，色彩为白色或是其他浅色，甚至透明，那么一下水就可能令自己走光。

（四）活动适度

游泳既然是一种运动，就应当注意活动适度。在游泳时，不要距离陌生人过近，不要随意追逐、赶超别人。在水中万一不小心碰到了别人，一定要立刻向对方道歉。在水边休息时，不要围观、盯视别人。在外人面前，不要跟自己的恋人、家人表现得过分亲热。在游泳池或浴场之外，不要身穿三角裤或“三点式”招摇过市。

（五）礼让他人

在游泳时，大学生要始终坚持以礼待人。使用更衣室、淋浴房时，应自觉地排队，并依次而行。下水之后，尽量不要进入他人活动的水域。当他人进入自己正在活动的水域时，通常应以点头或微笑的方式对对方表示欢迎。在水畔小憩时，切莫占据过多的位置或过大的地盘。凡公用的设施或区域，都应欢迎别人与自己一同使用。

（六）尊重异性

在游泳时，一定要有意识地尊重异性。对于陌生的异性，更是要表现得尊重有加。入水之后，与异性要保持距离。对于任何异性尤其是陌生的异性，不要主动上前攀谈，不要尾随其后。未经要求，切勿对异性施以援手。如果异性要求自己提供正当的帮助，可尽力相助。得到异性的帮助之后，应主动向对方道谢。在异性面前，不论与对方是否相识，都切不可以言语调戏对方，不可偷窥、盯视对方，不可对对方动手动脚。

三、滑雪

与游泳一样，滑雪是目前在中国内地最时尚、最受欢迎的运动项目之一，许多大学生对它更是情有独钟。

一般而言，参加滑雪运动均须前往正规的滑雪场。在滑雪场进行滑雪时，下述四项礼仪规则必须遵守。

（一）着装正规

参加滑雪运动的大学生必须注意：自己在滑雪时所穿的服装要符合有关规定。滑雪服既要外观醒目、紧身合体、适合运动，又要保暖、防风、防水，不要为了展示自己的个性而执意选择并不适宜滑雪的服装。

滑雪时，应戴上滑雪帽、护目镜，并要选择易于辨识的艳色服装，白色、浅色服装则最好别穿。

（二）器械专用

在正规的滑雪场滑雪时，大学生通常都应使用专用的滑雪板、滑雪杖与滑雪鞋。使用自制或替代之物，往往不甚安全，通常也是不允许的。必要时，应向滑雪场租用此类器械。

倘若自己是滑雪初学者，不会使用此类器械，最好先求助于专业教练或其他专业人士，不要不懂装懂。使用专用器械时也要审慎，切勿伤己伤人。

（三）礼待他人

在公共滑雪场上滑雪，难免会与他人有所接触。此刻，不论对同伴、工作人员，还是其他滑雪者，大学生都应以礼待之。

在滑雪时，如果与同学或亲朋好友同往，要相互照应。对初学者，尤应重点予以关照。不要对同伴不闻不问，更不允许将其孤身一人扔在滑道上。

对滑雪场上的全体工作人员，滑雪者一方面要服从其管理，另一方面则要对其服务表示感谢。

滑雪时，大学生应与其他滑雪者友善相处。使用滑道与运送车时，应当排队。滑雪时，与其他滑雪者要维持一定的间距。万一碰撞了其他人员，必须道歉。遇到求助者或需要帮助之人，则应立即援助。

（四）重视安全

在各类运动项目里，滑雪是一项危险性较高的项目。作为非专业人士，大学生在滑雪时尤须时刻重视安全。

滑雪时，不要前往不正规的滑雪场，尤其不要在荒山野岭中滑雪。当自己对滑雪技术几乎一窍不通时，那样做无疑有着极大的风险。

在正常情况下，不论自己实际水准如何，都尽量不要一人独自滑雪。万一出现问题时无人相助，将十分危险。

滑雪时，大学生一定要选择适宜于自己的滑道，不要在关闭的滑道或禁止滑雪之处滑雪。

滑雪时，自己前面的滑雪者自然拥有优先权，不要刻意催促、追逐对方。打算超越对方时，应以“走右边”或“走左边”来提前进行通报。

四、网球

与保龄球、高尔夫球一道并称为“绅士运动三大球”之一的网球，近年来已在中国十分普及。人们发现，打网球不仅可以适度地运动健身，而且也可以借机开展适当的交际活动。

作为一项绅士运动，打网球时的礼仪规则要求甚多。以下五点，都是爱好网球运动的大学生必须自觉遵守的。

（一）预订场地

通常到正规的网球场打球前，都要预订场地。在预订场地时，往往需要说明自己打球的具体时间。如果邀请他人与自己同去打网球而又没有提前订好场地，到时再东寻西找，让“英雄无用武之地”，是很没有面子的。按预定时间到达场地后，若前边打球的人尚未结束，应当稍等片刻，让对方打完手头这一局，不要催促对方或者出言不逊。若自己预定的时间已用完，后边打球的人已到，则应尽快退场，不宜拖延。

（二）着装正规

打网球时，对着装的要求很高，大都要求打球者穿着专门的网球装、网球鞋。此外，有人还喜欢使用特制的护腕与发箍。一些专门的网球俱乐部，通常还会要求会员前往俱乐部打球时身着统一的俱乐部网球装。男式的网球装多为白色的T恤、短裤，女式的网球装则一般都是白色的连衣裙。打网球时身着正规的网球装，是网球场上最基本的一种礼仪。身着正规的网球装，不仅使打球者英姿飒爽，而且有助于打球与人身安全。此外，在网球场上还有一些有关着装的戒律，诸如赤膊、赤足打网球都是不允许的。

（三）场上谦恭

在网球场上运动时，大学生一定要保持自身的风度。首先，要认真遵守比赛规则，不能为一个球的得失而对比赛对手大呼小叫。其次，不要任意自取或借用他人的球拍，因为人们往往只有使用自己的球拍打球才顺手。再次，如果在比赛时条件于己有利，例如风向或者阳光“照顾”自己等，那么遇上奇数的赛局就要主动与对手交换场地。最后，当比赛开始与告终时，要以微笑或握手等方式向比赛对手致意，但是，没有必要在场上四处奔走、欢呼雀跃、脱衣乱舞，甚至跨越球网。

（四）以礼待人

在打网球的整个过程中，大学生都要自始至终地以礼待人。由裁判裁定比赛时，不允许对裁判的判决当众质疑。请教练或陪练协助自己打球时，一定要尊重对方的劳动。如果有专门的工作人员在场上替自己捡球，不要忘记向对方道谢。打球时，如果不小心使球滚到别人的场地之内，一定要等对方打完一分后自己再去捡球。不论自己要求对方帮自己捡球，还是对方主动帮忙，都要当即感谢对方。别人的球滚到自己场地之内，切莫责备对方。方便的话，要尽快将球投回去。请别人与自己一起打网球，要提前几天预约，并且不要勉强对方。在网球场上，最好不要请陌生人帮助自己或与自己赛球。

（五）文明观赛

在现场观看正规的网球比赛，是不少大学生的个人嗜好。网球比赛既热烈又刺激，观赏比赛是一种很好的业余消遣方式。大凡正规的网球比赛，都要求观赛者身着正式的服装，不允许其衣着过于随便。在观赛时，观赛者必须提前购票，凭票入场，并在指定的座位上就座。比赛进行期间，不允许观赛者乱动乱走。只有当一局结束或一场比赛告终时，观赛者方可鼓掌。观赛者需要暂时离座，一定要等到比赛者交换场地之时。随意离座、随便鼓掌，往往会有碍比赛者的情绪，并干扰比赛的连贯性。此外，坐在看台上大吃大喝、高谈阔论，都是不允许的。

五、保龄球

作为一项老少咸宜的运动项目，打保龄球已经成为大学生时下交际、应酬、休闲的时髦选择之一。人们普遍青睐打保龄球的主要原因，不仅在于其形式文明高雅，而且在于打保龄球时能够自主控制消费额度。此外，它对体能的要求也并不很高。

有机会打保龄球时，大学生一般应遵守以下四项礼仪规则。

（一）先来后到

任何一家保龄球馆，都有固定数量的球道。大学生准备前去打球时，尤其是当自己邀请别人一道前去打球时，最好先向球馆预订好球道，这样做就可以避免在现场排队等候。按规定时间到达预定的球道后，倘若前面打球的人尚未结束，千万不要打断、驱赶对方，而是应当适当地宽让对方一会儿。不过，当自己后面有人等候球道时，则最好适可而止、尽早相让，而不要指望对方在时间上宽让自己。在任何时候，抢占别人球道或打完球后赖着不走，都会贻笑大方。

（二）更换鞋袜

打保龄球时，大学生必须提前更换自己的鞋袜。打球者要事先换上一双干净整洁、无异味、无污迹、无残破的袜子。上场打球前，为了维护球道寿命，球馆按常规都会要求打球者换上专用的保龄球鞋，以其他类型的运动鞋充当代用品是不允许的。一般而言，打保龄球时除了鞋袜，在其他方面对打球者的衣着并无任何要求，不过打球者一定要穿得整齐、端庄、利索。不论所带的衣物还是其他随身之物，切勿过多。打球前，最好将大衣、外套、棉服、雨伞、提包、笔记本电脑等物品存入衣帽间或更衣柜。切勿在现场随处乱放私人物品，否则既容易丢失，又有可能妨碍别人。打完球后，应将租用的球鞋与球交回原处。

（三）保持安静

作为一项室内运动项目，在保龄球馆里每一个人都有义务自觉地保持安静。在球馆之内，千万不要让自己随身携带的手机大声鸣叫，或随时随处接打电话。最好不要在别人打球时与其搭话，或者在一旁高谈阔论。需要与别人交流技艺或相互鼓励时，一定要压低讲话的音量。为他人的优异成绩欢呼鼓掌时，亦应点到为止，不要高声喧哗、乱喊乱叫，甚至狂吹口哨、发出嘘声。

（四）强调技巧

打保龄球时，非常讲究具体技巧，大学生在这方面也要遵守一些基本的礼节。在每次掷球时，应使用自己选定的同一个球，不要错拿、错用别人选定的球。掷球前，要拿好拿稳，以免失手伤人。在任何时候，都不应在助走道之外掷球，更不允许故意摔球或胡乱掷球。掷球时，切莫超过犯规线。当自己的右侧已有他人准备掷球或自己前面已有先上球道者，应当礼让别人。切莫在左右两侧球道上的人掷球的同时，自己也去掷球，那样做的话大家都可能会走神。在掷球时，切勿嬉皮笑脸，乱做怪相，更不要乱蹦乱跳或全身伏地。在任何情况下，都不要侵入别人正在使用的球道。掷球之后，即应转身返回球员席，不要在球道或助走道上停留过长时间，也不要倒行。

六、高尔夫球

目前，打高尔夫球在社会上已被公认为一项既有情调又最上档次的运动。与此同时，随着社会的进步，它也日益变得普及化、平民化、年轻化，许多大学生都已有过在高尔夫球场上一试身手的经历。

在正规的高尔夫球俱乐部里打球时，以下五项礼仪规则被公认为人人都应遵守。

（一）目的明确

在生意场上，以往曾经有过一种很时髦的讲法：打高尔夫球时，是大人物敲定生意的最佳时机。实际上，这种讲法只是某些人的主观愿望而已。作为一项目前费用颇高的运动项目，人们邀请他人与自己去打高尔夫球当然不会无的放矢。但是，打高尔夫球其实只是为人们建立较为密切的私人关系创造一种机会，此外不能再指望过多，不要试图立竿见影地在球场上与别人达成交易。还应强调的一点是，邀请他人与自己一道去打高尔夫球，必须以本人精通此道为前提。要是自己缺乏自知之明，仅仅为了附庸风雅而在高人面前班门弄斧，很有可能会弄巧成拙。反之，倘若别人不擅此道并且无此要求，最好也不要强邀对方。这些问题虽然距离大学生较远，但大学生对此也不可不知。

（二）装备齐全

打高尔夫球时的重要开支之一，就是各项专门装备。打球时，对于球员的衣着并无过多的要求。不过为了运动方便，人们都会自觉地放弃面料厚重、款式复杂、透气性差的服装。绝大多数人都爱戴帽子，爱穿棉质的 T 恤衫和长裤。为了防止损坏场地，上场打球的球员一定要穿专用的高尔夫球鞋。打球时使用的高尔夫球、球杆、旗杆、球车，通常都是特制的。需要使用时，可向俱乐部借用，但应认真爱护，不可损坏或带走。

（三）保护场地

大凡行家都清楚，要打好高尔夫球，场地的好坏至关重要。在打球时，每一名球员都有自觉维护场地的义务。在球场内驾驶球车时，只能在专用的车道上行驶，不得四处乱开。每车一般只宜坐两人，并放置两个球袋。在一些区域，球车不宜乱停。不论行进、击球还是休息时，都要爱惜场地上的草皮。在任何情况下，都要对球道、球洞倍加爱护。对于自己行进或击球时所留下的痕迹，可能的话，应在离去前补平。

（四）注意安全

与参加其他运动一样，大学生打高尔夫球时应以保障安全作为基本前提。在试杆或者击球前，一定要提前检查周边地带。地面上的石块、树枝等硬物都要捡走，不然就可能在挥杆击球时被顺势带起来伤人。与此同时，还应确保挥杆所及之处与落球之处无人活动，以防对方遭到球杆或球的击打。打高尔夫球时的最大乐趣，并不在成绩如何，而在于陶冶心灵、保持定力。因此，球员需要控制好个人情绪，不要因为击球时令球飞出界外或掉入沙坑、水池而抱怨场地，甚至拂袖而去。

（五）遵守顺序

打高尔夫球时，在优先权方面有着一定的规定。若无特殊约定，单独一人的球员没有优先权，而应让比赛的球员优先通过。两人一组的比赛，一般较三人一组或四人一组的比赛拥有优先权。打 18 洞完整的比赛者优先。凡赢得前一洞者，对下一洞拥有先打的权利。成绩相同时，可选择赢得某一洞者先打。如某一组在球场上不能正常行进，并落后前一组超过一个洞，通常应让落后一组先打。拥有发球优先权者，可在对手或同组球员之前发球。当球员打完一洞后，应立即离去，以便让位于人。

思考题

1. 如何认识交际应酬？
2. 做客有哪些礼仪？
3. 待客有哪些礼仪？
4. 用餐时有哪些禁忌？
5. 吃自助餐有哪些常规？
6. 在剧院观看演出有哪些要求？
7. 健身主要有哪些礼仪规范？

第四章 个人礼仪

个人礼仪，在此是指大学生平时用以要求自身的基本规范。在人际交往中，个人礼仪乃是大学生待人接物的立身之本，是其自我要求、自我表现之本。本章所讲授的内容，包括修饰、服饰、语言、交谈等方面的礼仪规范。

学习目的

1. 重视与规范个人行为。
2. 自觉地维护个人形象与当代中国大学生的整体形象。
3. 掌握基本的个人礼仪。
4. 在正式场合个人的修饰与打扮得体。
5. 避免在个人形象上贻笑大方。

本章小结

- 本章讲授的是个人礼仪规范。它在此是指有关大学生平时用以要求自身的基本规范。对大学生而言，个人礼仪是其待人接物的立身之本，是其自我要求、自我表现之本。
- 本章第一节讲授的是有关修饰的礼仪，具体涉及仪容、美发。
- 本章第二节讲授的是有关服饰的礼仪，具体涉及正装的选择、便装的选择、饰物的选择。
- 本章第三节讲授的是有关语言的礼仪，具体涉及礼貌用语、文明用语。
- 本章第四节讲授的是有关交谈的礼仪，具体涉及交谈的主题、交谈的方式。

古人曾经强调："正人，必先正己。"大学生学习礼仪、运用礼仪，其要求也是如此。只用礼仪去要求别人，而从来不用礼仪来要求自己，永远都不可能真正地学好、用好礼仪。

个人礼仪，在此是指每一名大学生平时用以要求自身的基本规范。对于大学生而言，个人礼仪是其待人接物的立身之本，是其自我要求、自我表现之本。

个人礼仪的宗旨，是要为人际交往的每一位参与者努力塑造出一种尽可能完美的个人形象。因此，个人礼仪亦可被视为有关个人形象塑造的常规礼仪。

一般而言，一个人的形象主要与别人对他的评价与看法有关。而人们对于一个人的评价与看法，通常又与对他的第一印象直接相关。具体来看，人们对于一个人的第一印象，主要来自对其修饰、服饰、语言、交谈等方面的综合认识与印象。因此，个人礼仪主要包括上述内容。大学生要塑造和维护个人的形象，亦应从这些方面着手。

第一节　修饰

在现实生活里，人人都需要进行必要的自我修饰，以更好地维护其个人形象。对大学生而言，个人修饰所涉及的问题主要有仪容、美发等。

一、仪容

所谓仪容，通常是指人的外观、外貌。在人际交往中，每一名大学生的仪容都会引起交往对象的关注，并将影响到对方对自己的整体评价。在个人的修饰之中，仪容乃是重中之重。

个人礼仪对个人仪容的基本要求是：仪容美。而要做到仪容美，自然就要注意修饰个人的仪容。修饰仪容的基本规则是美观、整洁、卫生、得体。

修饰个人仪容时，除美发之外，通常应引起注意的还有面部、手臂、腿部三个具体部位。

（一）面部的修饰

目前，仪容在很大程度上指的就是人的面部。由此可见，面部修饰在仪容修饰中举足轻重。

修饰面部，首先要做到清洁。即要勤于洗脸，使之干净清爽，无汗渍、无油污、无泪痕、无其他任何不洁之物。修饰面部，具体到各个不同的部位，还有一些不尽相同之处。

(1) 眼睛

眼睛是人际交往中被他人注视最多的地方，亦是修饰面容时的首要之处。它的修饰重点有三。

一是保洁。保洁，在此主要是指眼部分泌物的及时清除。对这一点，一定要铭记于心，并随时注意。此外，若眼睛患有传染病，则应自觉回避社交活动，免得让他人近之不宜、避之不恭。

二是修眉。若感到自己的眉形刻板或不甚雅观，可对其进行必要的修饰，但是不提倡进行“一成不变”的文眉，更不允许剃光眉毛去标新立异。此外，文面、文身一般也在禁忌之列。出入正规场合较多者，意欲在身上进行纹饰时，亦应三思。

三是眼镜。若有必要，可佩戴眼镜。眼镜不仅要美观、舒适、方便、安全，而且还应随时对其进行揩拭或清洗。在正式场合，按惯例不应戴太阳镜或变色的近视镜、远视镜，不应佩戴被称为美瞳的装饰性彩色平光隐形眼镜等，免得让人“不识庐山真面目”，或给人以拒人千里之外之感。

(2) 耳朵

耳朵虽位于面部两侧，但仍在他人视线范围之内。耳朵的修饰需要注意的具体问题有二。

一是卫生。在洗澡、洗头、洗脸时，不要忘记清洗一下耳朵。必要时，还须清除耳孔之中不洁的分泌物。但是，切忌在他人面前进行操作。

二是耳毛。有些人，耳毛长得较快，甚至还会长出耳孔之外。在必要时，应对其进行修剪，切勿任其自由发展。

(3) 鼻子

涉及个人形象的有关鼻子的问题，主要有以下两个。

一是清洁。平时，应保持鼻腔的清洁，不要让异物堵塞鼻孔，或让鼻涕到处流淌。不要随处吸鼻子、擤鼻涕，更不要在人前人后挖鼻孔。

二是鼻毛。参加交际应酬之前，勿忘检查一下鼻毛是否长出鼻孔之外。一旦出现这种情况，应及时进行修剪。不要对其置之不理，或是当众下手去拔。

(4) 嘴巴

嘴巴是发言之所，也是进食之处，大学生应当对其多作修饰，并细心照顾。

一是护理。牙齿洁白，口腔无味，是护理上的基本要求。要做好下列三点：第一，每天定时刷三次牙，以去除异物、异味。第二，经常使用漱口水、牙线、洗牙等方法保护牙齿。第三，在重要应酬之前忌用烟、酒、葱、蒜、韭菜、榴梿、虾酱、臭豆腐等气味刺鼻的东西，免得让交往对象受罪。

二是异响。人体之内发出的所有声音，例如，咳嗽、哈欠、喷嚏、吐痰、清嗓、吸鼻、打嗝、排气的声响，都是不雅之声。它们统称为异响，在交际场合应禁止出现。需要指出的是，禁止异响，重在自律，而不必强求于人。在大庭广众之前，若他人不慎发出了异响，最明智的做法是置若罔闻。若本人不慎发出了异响，则最好及时承认，并向身边之人抱歉。若显得若无其事，反而让他人相互猜疑。

三是胡须。唇间长有胡须，是男子的生理特点。男大学生若无特殊宗教信仰和民族习惯，则不要蓄须，应及时地剃去胡须。在交际场合，胡子茬为他人所见是十分失礼的。若女大学生因内分泌失调而长出类似胡须的汗毛，也很不雅观，应及时治疗，并予以清除。

(5) 脖颈

脖颈与头部相连，属于面部的自然延伸部分。修饰脖颈，一是防止其皮肤过早老化，与面容产生较大反差；二是使之经常保持清洁卫生，不要只顾脸面而不顾其他。

(二) 手臂的修饰

在正常情况下，手臂是人的肢体中使用最勤、动作最多的一个部分，而且其动作还往往被附加了多种多样的含义。因此，手臂往往被人们视为人际交往中的"第二枚名片"。从某种程度上讲，它甚至比人们常规使用的印在纸片上的名片更受重视。

修饰手臂，可以具体到手掌、肩臂与汗毛三个部分。

(1) 手掌

手掌，是手臂的中心部位，也是"制作"形形色色的手语的关键部分。它的修饰重点有四。

一是洗涤。在日常生活里，手掌是接触其他人和其他物体最多的部位。出于清洁、卫生、健康的考虑，手掌自然应当勤于洗涤。用餐前、方便后、接触过肮脏物体、遭受"污染"之时洗手，则更是起码的要求。否则，就会使自己与"不卫生"画上等号。

二是指甲。指甲应定期修剪，大体上应每周修剪一次。不要长时间不剪指甲，使其看上去脏兮兮、黑乎乎的。也不要无故蓄留长指甲，它不仅毫无实用价值，而且不美观、不卫生、不方便。修剪手指甲，应令其不超过手指的指尖，反之即可视为过长。若指甲的外形不美观，也可以进行适当的修饰。

三是死皮。手指甲周围有时会产生死皮，发现之后应立即将其修剪掉。但不宜当众操作，更不应直接用手去撕、用牙去咬。

四是伤残。对于手部要悉心照料，不要让它常带伤残。若皮肤粗糙、红肿，应及时进行护理、治疗。如果长癣、生疮、发炎、受伤、变形，则不仅需要治疗，而且还应避免使之接触他人。这是因为，不管以之与别人进行直接的还是间接的接触，都会令对方感到不快，甚至产生反感。

(2) 肩臂

个人礼仪规定：在参加各种非常正式的活动时，大学生的手臂，尤其是肩部，不应当裸露在衣服之外。也就是说，在此类场合不宜穿着半袖装或无袖装。而在其他非正式场合，则无此限制。

修饰肩臂，最重要的就是这一点。在其他场合活动时，大学生着装时肩臂的露与不露，则应依照具体所处场合而定。

(3) 汗毛

因个人生理条件的不同，有些大学生手臂上的汗毛生长得过浓或过长。它一般无关大局，没有必要非去“干涉”不可。不过，若其情况反常，特别有碍观瞻的话，则最好还是要采用适当的方法进行脱毛。

还要强调，在他人面前，尤其是在外人或异性面前，腋毛是不应为对方所看见的。它绝对属于“个人隐私”，不甚雅观，被人见到是非常失礼的。根据现代人着装的具体情况，女大学生特别要注意这一点。在正式场合，一定要牢记，不要穿着会令腋毛外现的无袖装。而在非正式场合，若打算穿着暴露腋窝的服装，则务必先行脱去或剃去腋毛。

(三) 腿部的修饰

中国人看人的习惯性做法是，“远看头，近看脚，不远不近看中腰”。由此可知，腿部在近距离之内常为他人所注视，在修饰仪容时对其自然不能忽略。

修饰腿部，应当注意脚部、腿部和汗毛三个具体方面。

(1) 脚部

修饰脚部，必须对以下三点予以关注。

一是裸露。严格地说，在正式场合不允许光着脚穿鞋子。那样做，既不美观，又有可能被人误会。在社交场合女性光脚穿鞋，或穿一些可能使脚部过于暴露的鞋子，往往被视为卖弄“性感”。

不仅如此，一些有可能使脚部过于暴露的鞋子，诸如拖鞋、凉鞋、镂空鞋，也因此而不得登上大雅之堂。总之，不甚雅观的脚趾、脚跟，切勿随意裸露在鞋子之外。

二是清洁。在正常情况下，应注意保持脚部的卫生。鞋子、袜子要勤洗勤换，脚要每天洗一次，袜子则应坚持每日一换，以防止其臭气熏人。平时，不要穿残破、有异味的袜子。

在非正式场合光脚穿鞋时，要确保其干净、清洁。

不要在他人面前脱下鞋子、趿拉着鞋子，更不要脱下袜子抠脚，此类不良习惯都极其有损个人形象。

三是脚指甲。脚指甲要勤于修

剪，至少要做到每周对其修剪一次。不要让脚指甲藏污纳垢，或长于脚趾尖。

(2) **腿部**

在正式场合，不允许男大学生的着装暴露腿部，即不允许其穿短裤。女大学生可以穿长裤、裙子，但在非常正式的场合不得穿短裤，或穿暴露大部分大腿的超短裙。按惯例，越是正式的场合，女性的裙子应当越长。在庄严、肃穆的场合，女大学生的裙长则应超过膝部。

女大学生在正式场合穿裙子时，不能光着大腿不穿袜子，尤其不能让光着的大腿暴露于裙子之外。在非正式场合，特别是在休闲活动中，则无此规定。

(3) **汗毛**

男性成年以后，腿部汗毛即腿毛大都过重。因此，男大学生在正式场合不能穿短裤或是卷起裤管，以免不雅。

女性一般无此问题。若因内分泌失调而腿部汗毛变得浓黑茂密，则最好将之脱去或者剃除。此外，可以选择深色的丝袜加以遮掩。在正规场合，女大学生绝对不要光腿穿着裙装。

二、美发

美发，一般是指人们对头发所进行的护理与修饰。其目的在于使之更加美观大方，并适合自身的特点。美发的礼仪，指的就是有关人们的头发的护理与修饰的规范。在正常情况下，人们观察一个人往往是“从头开始”的，位居头顶之处的头发自然不会被错过，而且还会给他人留下十分深刻的印象。正因为如此，一名大学生如果不想使本人形象受损，就不能够在外出应酬时不重视此点。

从可操作的角度来讲，美发礼仪主要分为护发与做发两个有机组成部分。前者主要与头发的护理有关，后者则重点关注头发的修饰。任何一名大学生如果不打算使自己失礼于人的话，对美发礼仪就应该认真地学习和遵守。

（一）护发

护发，在此是指头发的维护。护发礼仪的基本要求是：应使头发经常保持健康、秀美、干净、清爽、卫生、整齐的状态。要真正达到以上要求，就必须在头发的洗涤、梳理、养护等几个方面加以注意。

(1) **洗涤**

任何一个健康而正常的人的头发，都会随时产生各种分泌物。此外，它还会不断地吸附灰尘。后者与分泌物或汗液混杂在一起，甚至产生不雅的气味。此类情况一旦出现，无疑会影响到头发的外观。请设想一下，若一名大学生的头发看上去肮脏不堪，甚至成缕成片莫名其妙地黏在一起，何人会对他产生好感呢？

保持头发干净、清洁的基本方法，是要对它按时进行认真的洗涤。洗涤头发，最好每日一次，并自觉坚持。即使一时难以做到，也不宜拖得过久。

洗涤头发，一是为了去除污垢；二是为了清除头屑；三是为了防止异味；四是为了使头发清爽蓬松。此外，它还有助于保养头发。

要洗好头发，有如下三点必须注意。

一是水质的选择。洗涤头发，宜使用 40℃左右的温水。水温过低或过高，都对头发有害。洗发时，尤其需要注意水质，各种矿泉水，包括含碱或含酸过多的矿泉水，均不宜用来洗头。

二是洗发剂的使用。目前，人们洗头时大都会采用某些洗发剂。选用的洗发剂，除要适合自己的发质外，还应具有去污性强、营养柔顺头发、刺激性小、易于漂洗等优点。采用洗发剂洗头，一定要将其漂洗干净。

三是头发的变干。洗头之后，最好令其自然晾干。此种做法，最益于保护头发。若打算令头发迅速变干，则可用电吹风吹干，但温度不宜过高，否则会损伤头发。

(2) 梳理

要使一个人的头发看上去整洁秀美、清爽悦目，将其认真梳理整齐，令其线条分明、层次清晰，是极为重要的。不论从哪一方面来讲，在正常情况下，一个人的头发蓬乱如草、凌乱不堪，都会使他人难以接受。正因为如此，每一名大学生都必须认真地梳理自己的头发。

就梳理自己的头发而言，大学生有必要注意下列三点。

一是选择适当工具。梳理头发，不宜直接用手指抓挠，而应选择专用的发梳、发刷等梳理工具。其选择的主要标准是：不会伤及头发、头皮。在外出时，大学生最好随身携带一把发梳，以备不时之用。

二是掌握梳理技巧。梳理头发，不但是为了将其理顺，使之成型，而且也是为了促进头部的血液循环与皮脂分泌，提高头发与头皮的生理机能。要做到这一点，就必须掌握必要的梳理技巧。例如，梳头时用力要适度，用力不宜过猛；梳子与头发可形成一定的角度，以适应头部形状的起伏变化；梳子应向某一个方向同向运动；等等。

三是避免当众操作。梳理头发是一种私人性质的活动。他人所了解的应当是其结果，而不是它的过程。若在外人面前梳理自己的头发，使残发、发屑纷纷飘落的情景尽落他人的眼底，是极其不礼貌的。

(3) 养护

身为炎黄子孙，绝大多数中国人都具有“黑头发、黑眼睛、黄皮肤”等共同的种族特征。按照传统的审美标准，每一名中国人都应当拥有一头浓密的乌发。可是，这并非人人都能够办到。

大学生如果想做到这一点，就

必须重视头发的养护。养护头发，其实是治标兼治本的。

一是头发要护。养护头发中的“护”，在此指的是头发的保护。要保护好头发，就必须有意识地使之免于接触强碱或强酸性物质，并尽量防止长时间曝晒。洗头时使用洗发剂之后，会使头发的养分受到一定的损失，致使其干燥、分叉、断裂甚至脱落。为此，可在洗头之后，酌情使用适量的护发剂。此外，某些质量较好的发乳、发露、发油、发胶以及生发水、亮发蜡等，只要使用得法，也会产生一定的护发作用。

二是头发要养。养护头发之中的“养”，通常指的是头发的营养。如果说“护”是治标之法，那么“养”则重在治本。真正要养护好头发，关键还是要从营养的调理与补充等方面着手。一般认为，若食用过量的辛辣刺激之物，将有损于头发。烟、酒对头发的危害则尤为严重。如欲减少发屑，应少吃油性大的食物，多吃含碘丰富的食品。欲使头发乌黑发亮，则适宜多吃富含蛋白质和维生素、微量元素的食物，尤其是要多吃核桃一类的坚果，或者多吃黑芝麻一类的“黑色食品”。

(二) 做发

做发，亦称做头发，在此是指头发的修剪与造型。对大学生而言，做发礼仪的基本要求是：经过修饰之后的头发，必须以庄重、简约、典雅、大方为其基本风格。不论修剪头发，还是选择发型，大学生都必须严格遵守上述要求。

(1) 修剪

头发的修剪，俗称理发。它指的是对头发进行适当的修整，并以将其剪到一定长度为主要特征。在正常情况下，每个人的头发都会不断地进行新陈代谢、生长不已。因此，每到一定的时间，人们就必须理发。

大学生在修剪自己的头发时，通常有以下三个方面的具体问题应引起重视。

一是定期理发。根据头发生长的一般规律，常人在每半个月左右理一次头发最为恰当。每次理发的间隔最长不宜长于一个月。如果长年累月拒绝理发，个人的形象必将被破坏。有些特殊情况，例如求职应聘、参加演出、拜访要人，或者出席重要的庆典、宴会时，为显示自己郑重其事，特意临时再理一次发，也是非常必要的。

二是慎选方式。具体说来，理发又分为剪、剃、刮、洗、染、焗、吹、烫等各种不同的方式。大学生对其中一些具体方式可以根据个人爱好，进行自由选择。而对另外一些具体方式，则需要三思而后行。例如，大学生在理发时，如果打算把自己的头发染得更黑一些，是比较正常的，因为它符合中国人传统的审美习惯。然而，若执意把自己的黑头发染成黄、红、绿、蓝等各色，甚至将其染成数色并存的彩色，或模仿卡通人物的发型，或做成“杀马特”型，则未免与自己的当代中国大学生身份不相符。在正式场合，例如，实习、面试、参加重要活动等，尤其不宜染彩发。

三是长度适中。既然理发是以剪短头发为其主要特征的，那么男大学生在理发时应将自己的头发修剪到多短为好，就不能够不予以讨论。实际上，对于男大学生头发的标准长度，已有成规在先。一般的要求是：既不宜理成光头，也不宜将头发留得过长。为了显示出男大学生的精明干练，同时也为了体现其年龄特点，通常提倡男大学生头发以短为宜，“长发男儿”则是不受欢迎的。不仅如此，男大学生在理短发时，还必须做到：前发不覆额，侧发不掩耳，后发不及领。对女大学生而言，则提倡剪短发，并要求其在正式场合头发长度不宜超过肩部。头发过长尽管会让自己“女人味”倍增，但却是人际交往中所不提倡的。不是说女大学生绝对不可以留披肩发，而是建议她们在正式场合露面前最好对其稍加处理，例如，可以暂时将其盘起来，或者束起来。

(2) 发型

头发的造型，通常称为发型，有时也叫作发式。一个人在美发的时候，首先所要面对的问题就是如何塑造自己的发型。将发型称为美发的关键环节，一点都不过分。在实际生活中，大学生必须认识到：发型不仅反映着自己的个人修养与艺术品位，而且还是个人形象的核心组成部分之一。

大学生在为自己选定发型时，除了考虑个人品位和流行时尚之外，还必须对本人的性别、年龄、发质、脸型、身材、身份等因素加以重点考虑。

一是性别。在日常生活中，发型一向被视为区分男女性别的重要标志之一。虽然近几年来发型的选择逐渐地呈现出日益多元化的倾向，明星人物和新潮青年们在选择自己的发型时，纷纷地“敢为天下先”：成年男子要么留披肩发，要么梳起小辫子；妙龄少女则或者理板寸，或者剃光头。此类做法甚至一时蔚然成风。但素来以讲究典雅与品位而著称的大学生应当不为所动、不去仿效。以发型而分男女，对大学生而言依旧应当是一种人人必须遵守的主流社会惯例。

二是年龄。大学生在为自己选择发型时，必须客观地正视自己年龄的实际状况，切勿“以不变应万变”，从而使自己的发型与年龄相去甚远。举例来说，一位女大学生若将自己的头发梳成“马尾式”或是编成一条辫子，自可显现出自己的青春和活力；若选择仅仅适合中老年妇女的某些雍容华贵的发型，则会令其与自己的年龄极不协调。

三是发质。发质，一般是指头发的性质。选择发型之前，必须首先了解自己的发质。中国人的发质通常被分成硬发、绵发、沙发、卷发四种类型，它们各具自己的特点，对发型的选择也有不同的要求。

第一种发质，硬发。它的特点是头发又粗又硬，稠密并富有弹性。它尽管可被用来塑造多种发型，但因其粗密，所以在塑造发型时应对其“删繁就简”。

第二种发质，绵发。绵发俗称软发，其特点是头发既软又细，不很稠密，弹性也不大。它在造型上难度较大，尤其不宜塑造外观平直的发型，但却适于展示头发之美。例如，此种发质的女士若选择“波浪式”发型，往往效果绝佳。

第三种发质，沙发。它的主要特点是头发干涩稀疏、晦暗无光，并且呈蓬乱之状。由于此类发质缺陷较多，头发的直观效果不佳，故切勿以之塑造中、长类型的发型。

第四种发质，卷发。它又叫“自来卷”，主要特点是长短不一，但却自然地呈现出弯曲之态。这种具有天然之美的发质，几乎可以塑造任何发型。

四是脸形。人的头发生在头顶，下垂到脸旁，因而发型与脸形相辅相成。选择恰当的发型，既可以为自己的脸形扬长避短，更可以体现发型与脸形的互补之美、和谐之美。具体来讲，不同脸形的人在为自己选定发型时，往往会有一些不同的要求。

第一，圆脸之人。若是圆脸形的人，其五官集中，额头与下巴偏短，双颊饱满。可选择垂直向下的发型。顶发若适当丰隆，可使脸形显长。宜侧分头缝，以不对称的发量与形状来减弱脸形扁平的特征。面颊两侧不宜隆发，不宜留头帘。

第二，方脸之人。若是方脸形的人，其面部短阔，两腮突出，轮廓较为平直。在设计发型时，应重点侧重于以圆破方，以发型来增长脸形。可采用不对称的发缝、翻翘的发帘来增加发式变化，并尽量增多顶发。但勿理寸头，耳旁头发不宜变化过大，额头不宜暴露，不宜采用整齐平整的发际线。

第三，长脸之人。若是长脸形的人，往往会给人以古典感，脸形较美。为其设计发型时，应重在抑长。可适当地保留发帘，在两侧增多发量，削出发式的层次感，顶发不可高隆，垂发不宜笔直。

五是身材。身材有高、矮、胖、瘦之别。身材不同的人，在选择发型时，往往会有许多不同的考虑。

第一，身材高大者。若为身材高大者，在发型方面往往可以有比较多的选择。可以去做直短发，甚至可以理寸头，也可以长发披肩。由于具有身材方面的优势，此种身材者所做的发型多会令其敏捷、精神，而无笨重、迟钝之感。

第二，身材矮小者。若为身材矮小者，在选择发型时往往会受到一定的限制。最好是为自己选择短发型，以便利用视觉偏差使自己“显高”，千万不要去做长发型，尤其是女士们不要去做长过腰部的披肩发，否则只会令自己显得更加矮小。

第三，身材高瘦者。若为身材高而瘦者，可适当地利用某些发型，例如，直发、长发或波浪式卷发，让自己显得丰盈一些。不要总是将头发削得又少又短，或是将其盘在头顶，那样做会越发显瘦，使自己显得“孤苦伶仃”。

第四，身材矮胖者。若为身材矮而胖者，一般不宜留长发，更不应该将头发做得蓬松丰厚。有可能的话，应做短发型，并且最好露出自己的双耳来。那样一来，不但可使自己看上去更高一些，而且也可以使自己的胖不过分突出。

六是身份。发型往往与身份有关。社会上对大学生形象的基本要求是：阳光、大方、庄重、典雅。这一基本要求，在大学生为自己设计发型时亦须考虑。

在设计发型时，大学生若能对以上几个方面的问题综合考虑，则必然会使自己的发型既符合惯例，又易得到他人的认可。

第二节　服饰

服饰，是对人们衣着及其所用装饰品的一种统称。子曰：“君子正其衣冠”。在校园内外，大学生的服饰通常都不允许“各凭所好”，而是有其种种特定的要求和限制。

一、正装的选择

在正式场合，对大学生衣着的主要规定，是要求其身着正装。换句话说，大学生在正式场合，通常应以正装为本人的主要衣着。

正装，一般泛指人们在正式场合的着装。对大学生而言，正装即意味着在正式场合里，按照有关规定，应当穿着与本人角色相称的正式服装。

按照规定，大学生选择正装时，必须优先考虑四个基本要素，即正式、角色、实用与规范。缺少了其中任何一个要素，正装便不成其为正装。

首先，是正式。所谓正式，指的是大学生的正装必须给人以郑重其事之感。大学生所穿的正装若使人觉得过于随便，其功能自然会大打折扣。

其次，是角色。所谓角色，指的是大学生的正装必须庄重、朴素、大方，以便与其实际角色相得益彰。若是过于前卫花哨，便与大学生的实际角色相去甚远。

再次，是实用。所谓实用，指的是大学生的正装必须切实合用，对其实际学习与生活应当有所裨益，至少也不应当使之成为大学生实际学习与生活的绊脚石。大学生的正装如果只是中看不中用，那么它还有什么继续存在下去的价值呢？

最后，是规范。所谓规范，则指的是大学生的正装在其具体的款式、面料、色彩、搭配与穿着上，都有着一定的规矩。大学生只有遵守此类规矩，才会使自己的形象被其交往对象认可。

从总体上来看，大学生平常可以选择的正装大体上可以分为如下两类。

一类是统一指定的正装。在绝大多数情况下，它又叫作校服、制服，或工作服、职业服。它通常是由社会组织为其成员统一制作的，在款式、面料、色彩上完全相仿，在正式场合按规定所必须穿着的服装。

另一类则是自行选择的正装。它所指的是社会组织要求其成员在正式场合身着正装，但又未对其做出较为统一的规定，而可以由其成员根据个人特点、偏好与理解，在一定的范围之内自行选择的正装。

在此所要强调的是，大学生在身着其自行选择的正装时，必须在以下三方面加以特别注意。

（一）外观整洁

平时，大学生身着的正装必须外观整洁。在正常情况下，任何服装都应当以其外观整洁作为重要评价指标之一。一个人平日的衣着，即便款式、面料、做工并无任何特色，但只要它做到了干净、爽洁、平整，同样也会为交往对象所接受。相反，即使某人衣着的款式、面料、做工俱佳，但只要不够整洁，甚至折痕遍布、肮脏不堪，也必会贻笑于人，被视为懒散之人。

要保证正装的外观整洁，平时就应当谨防出现下述情况。

(1)　布满褶皱

大学生所穿的正装，与流行一时的褶皱装在风格上是有所不同的。前者唯有外观平整，才会发挥其作用。因此，大学生在穿着正装前，要进行熨烫；在暂时将其脱下时，则应认真把它悬挂起来。若是平时对其不熨不烫，脱下之后随手乱丢，使之折痕遍布，皱皱巴巴，定然使其外观上十分难看。

(2)　出现残破

同样的道理，讲究正统保守的正装，是不能与成心剪破、挖洞、打补丁的“乞丐装”一样标新立异的。大学生若是我行我素地穿起出现明显的外观残破的正装，如被刮破、扯烂、磨透、烧洞，或者纽扣丢失等，则极易给人以很坏的印象。在外人眼里，此乃态度消极、敷衍了事的突出表现。

(3)　遍布污渍

有不少时候，大学生在其日常生活之中难免会使自己身着的正装沾染上一些污渍，例如油渍、泥渍、汗渍、雨渍、水渍、墨渍等。身着正装的大学生还有可能会无意之中使正装“挂彩”，沾上饭渍、酱渍、汤渍等。这些污渍，往往会给人以不洁之感，有时甚至还会令人产生不好的联想。

（4） **沾有脏物**

与遍布污渍相比，正装上沾有脏物，往往会造成更大的负面影响。当正装上沾有的脏物显而易见时，例如，上面沾有灰垢、泥块、木屑、饭粒时，对于正面接触大学生者的视觉冲击力就更大。

（5） **充斥体味**

正装充满异味，例如汗酸、体臭等，属于一种“隐形”不洁状态。它表明，着装者疏于换洗服装。在某些情况下，特别是当大学生需要与他人进行交往时，若是浑身上下异味袭人，则会对交往对象多有妨碍。

（二）文明着装

大学生的正装，务必讲究文明着装。在日常生活中，大学生身着的正装不仅要强调美观问题，而且还要重视雅观与否。

正装穿着雅观，是对大学生的一项基本要求。所谓着装雅观，主要是指衣着文明，既十分雅致，令人赏心悦目，又不落俗套，不失自己的身份。大学生在身穿正装时要讲究文明礼貌，具体而言，就是要在对其进行选择、穿着时，努力避免失之雅观。当大学生所身着的正装是由其自行选择时，这一方面的问题则更为重要。

根据相关的个人礼仪规范，大学生在身着正装时要使之显示出自己的文明高雅的气质，主要应当避免在选着正装时触犯下述四个方面的禁忌。

（1） **过分裸露**

穿着于正式场合的正装，是不宜过多地暴露身体的。前文已指出：正装的基本特征是，上衣有领子、有袖子、不使用拉链，下衣则不露出大腿。在这一方面，它与时装截然不同。一般而言，凡可以展示性别特征、凹凸线条的身体部位，或者令人反感、有碍观瞻的身体隐私部位，均不得在身着正装时有意暴露在外。胸部、腹部、背部、腋下、大腿，是主流社会公认的身着正装时不准外露的五大禁区。在特别正式的场合，脚趾与脚跟同样也不得裸露在外。

（2） **过分透视**

正装若过于单薄或透明，往往就会让自己的内衣甚至身体的要害部位“公之于众”，使人十分难堪。女大学生尤须高度重视这一方面的问题，否则会使交往对象产生某种错觉，甚至可能引火上身，无意之中遭受“性骚扰”。

（3） **过分瘦小**

一般来讲，大学生所穿着的正装，其肥瘦大小必须合身。正装若过分地肥大，会使着装者显得无精打采，呆板滑稽。正装若过分地瘦小，则又有可能让着装者“捉襟见肘”、行动不便。就现状而言，一些大学生在自选正装时往往爱挑过于瘦小者，结果使自己“原形毕露”，甚至连内衣的轮廓也突显出来，这种做法，未免过分招摇。若其做得过了头，就会令人反感。

(4) 过分艳丽

大学生在自选正装时，需要对其色彩、图案方面加以注意。一般的规则是，大学生的正装不宜抢眼，所以其色彩不宜过多、过艳，其图案不宜过于繁杂、古怪。通常，最保险的做法是，正装选择深色，并且其外观上最好不带任何图案。如果反其道而行之，使自己所着正装的色彩、图案过于艳丽花哨，令人目不暇接、眼花缭乱，便会给人以轻薄、浮躁之感。

文明着装

(三) 穿着得当

大学生的正装，理当穿着得当。要求身着正装的大学生必须穿着得当，简单地说，就是规定其不但要身穿正装，而且还要把正装穿好。具体来说，大学生要穿好正装，有以下两个问题应予以重视。

(1) 身着正装

要求全体出席者必须身着正装的场合，在这一方面通常都会有许多详尽的规定，诸如什么时候应当穿正装，穿正装时有何具体注意事项等。对于这一类规定，大学生应当严守不怠。

在一个按规定统一着装的单位里，假如有个别成员不穿正装，或者不按有关规定着装，那么除了说明其目无法规之外，往往还意味着其所在的单位管理不严。所以，有关单位一定要有令必行，既然规定了全体成员统一着装，就要严格督促检查，不允许任何人有所例外。

(2) 会穿正装

所谓会穿正装，在此特指在身着正装时，必须遵守其约定俗成的穿着方法。做不到这一点，反倒不如不穿正装。

举例而言，在男大学生以长袖衬衣与西裤为正装时，按照标准的穿法，衬衫的衣扣（除领扣之外）与袖扣皆应扣好；若打了领带，则领扣也必须扣上。将衬衫的下摆放在西裤的裤腰之外，或卷起自己的袖管、裤管，都是不合规矩的。

再如，女大学生如果以裙式服装作为自己的正装，一般应当穿着皮鞋或布鞋。若穿上一双凉鞋、旅游鞋，不论它多么时髦、多么名贵，都是极其不搭配的。此外还应注意，在选袜子时，必须优先考虑袜筒的高度。因为依据成规，女性在穿裙式服装时，宁可不穿袜子，也不能穿上一双高度低于裙摆的袜子。此所谓“三截腿”，不仅极为失礼，而且也毫无美感可言。

二、便装的选择

便装，又称便服。在绝大多数情况下，人们所说的便装，通常都是相对于正装而言的、适合于在各类非正式场合所穿的服装。一般来说，便装在穿着时没有多少严格的限制或规定，因其使人感到轻松而随便，所以它才有“便装”之称。

实际上，便装主要是指大学生在日常生活之中所穿的服装。平日里，大学生所穿最多同时也是时下最为风行的便装主要是夹克衫、T 恤衫、牛仔装、沙滩装、运动装等。严格地说，大学生在家中或宿舍所穿的家居装、卧室装，亦应被包括在便装之内。

在多数情况下，大学生都身穿便装。然而，这一客观事实并不能证明大学生在选择、穿着便装时可以毫无顾忌。

按照常规，大学生在为自己选择便装时，必须在适用的场合、合理的选择、正确的搭配三个方面予以系统的考虑。

（一）适用的场合

大学生在选择便装时，必须优先考虑其适用场合。这个问题如果说得再直白一些，则可以被理解为“大学生在什么时候才适合于身着便装”。

在实际生活中，大学生因身着便装与场合不符而犯规的情况屡见不鲜：有的人在本不应该身着便装之时，却身着便装抛头露面；有的人自认为自己的衣着正式而高档，其实穿的却是最典型的便装；还有一些人，则在本该身穿便装的场所，却煞有介事地穿起正装。凡此种种，不仅会贻笑大方，而且也会在一定程度上有损自我形象。

依照个人礼仪规范，非正式的场合方可身着便装，仅在某些特定的情况下方能有所例外。

所谓非正式场合，一般都是与正式场合相对而言的。有时，它又称作休闲场合。要真正明确它的含义，首先需要了解正式场合之所指。

正式场合，泛指一切进行正式的人际交往的时间。通常，它又分为公务场合与社交场合两种。

公务场合，主要是指人们在自己的工作单位上班、上学的时间。在这类场合，正统、庄重、保守，是对上班族着装的基本要求。只有校服、制服、套服以及其他一切符合这一要求的服装，才是公务场合的适当之选。

社交场合，通常有两种含义。从广义上来讲，它指的是一切的人际交往场合。从狭义上讲，它指的则是人们在工作、学习之余与别人进行应酬活动的时间。当社交场合与公务场合相提并论时，一般应根据狭义的含义来对其进行理解。诸如观看演出、应邀赴宴、参加聚会、与人约会、拜访他人等，都属于极其典型的社交活动。在社交场合里，着装的基本要求是时尚、典雅和别致。许多不宜在公务场合穿着的服装，例如，礼服、时装、民族服装和自己所缝制的服装等，在社交场合穿着才算是适得其所。不论多么独特、前卫、另类的服装，人们在社交场合都大可一试。有些经常参加社交活动的比较讲究的人士，为了展现自己的与众不同之处，其社交着装绝对不会像公务着装那样“一衣到底”，而是会频频更换。此种做法，亦可算作其着装的别致之处。

明白了正式场合之所指，了解了公务场合与社交场合的具体含义，再回过头来界定休闲场合，就比较容易了。实际上，休闲场合并不仅仅是指人们休息、消闲的时间。除去公务场合、社交场合之外的一切活动时间，皆可包括在休闲场合之内。严谨地讲，休闲场合乃是指人们在工作与学习之余的个人自由活动的一切时间。它既包括了在自己家中的独处，也包括了在公共场合与其他不相识者的共处。居家休养、外出度假、运动健身、观光旅游、逛街散步以及采买购物等，都属于颇具代表性的休闲活动。

显而易见，在休闲场合，人们所推崇的是无拘无束，自得其乐。因此，休闲装的基本要求，便被规定为舒适、随意、自由。有一位礼仪专家曾对此做过十分浅显的诠释：“在休闲时，最重要的是一定要穿上衣服。除此之外，人们完全可以想怎么穿就怎么穿，因为这是您的个人自由。”

讨论至此，大家必定一清二楚：便装与休闲装乃是同一类型的服装，二者的区别仅仅在于具体名称上有所不同。根据个人礼仪规范，大学生只有在其个人自由活动的时间里身着便装才是最为适宜的。鉴于大学生平时所参与的正式活动不多，因此在其校园活动中身着便装通常也是允许的。

(二) 合理的选择

大学生在选择便装时，必须认真考虑其合理与否。

一般而言，人们在选择自己的便装时教条较少。话虽然是这么说，但在实际生活中，人们在为自己选择便装时却绝对不可率性而为、无所顾忌。即使身着便装之时，人们也并非什么便装都可一试。人们在挑选或穿着便装时，通常会首先考虑它是否适合自己。

依照个人礼仪规范，大学生在考虑便装对自己合宜与否时，重点需要兼顾的是自己的性别、年龄与身材特点。

(1) 性别

人分男女，自古皆然。性别之分，可以说是人类最为基本的一种区分。这一区分，在人类的衣着方面一向有着重要的体现。

就总体而言，便装的性别特征并非十分明显。不少样式的便装，诸如衬衫、T 恤衫、夹克衫、羊毛衫、运动衫、西装短裤等，大都可以不分男女，允许男女混穿。即既可以由男性穿着，也可以由女性穿着。便装的这一特点，被人们称之为“便装中性化”。

除此之外，仍有一些便装有着明显的男女之分。例如，紧身、露脐的小背心与细带、裸背的太阳裙，便是公认的女式便装。一名成年男子如果冒昧地将其穿在自己身上，显然便有冒充少女之嫌。

(2) 年龄

通常，人们在选择便装之时，对自己的年龄往往不是考虑得很多，这主要是因为确有许多便装是老少皆宜的。即便有的便装是纯为年轻人设计的，但老年人将其穿在自己的身上，亦可青春焕发，故而也为常人所接受。

然而，凡事过犹不及。在选择便装时，本人的年龄与其是否相称，是绝对不可以置之不顾的。大学生在为自己选择便装时，大体上还是应当使之与自己的年龄相符，而不宜使二者相去甚远。

从总体上讲，依据对着装者的年龄要求，可将便装分为以下两类。

第一类便装，一般对着装者的年龄限制不多，各种年龄者均有机会穿着。这类便装多是流行已久的式样经典的便装，例如夹克衫、T恤衫、牛仔裤等。

第二类便装，则对着装者的年龄有所限制。它并不适合于所有年龄段的人。这类便装，多为刚刚时兴起来的比较前卫的便装。例如，紧身低胸的小背心、剪成毛边或剪出洞洞的牛仔短裤、高至膝盖的黑色高统毛袜，配上一双厚底的牛仔靴，由少女来穿比较适宜；而一位老大妈若这么穿，便会被视为为老不尊。

(3) 身材

每个人的身材各有不同，在选择便装时，尽管不需要专门“量体裁衣”，却依然有必要力求使之与自己的身材相协调，为自己藏拙避短。

与正装相比，便装的穿着自有其独特的风格。在一般情况下，便装在造型上经常走的是两个极端：要么刻意宽松、肥大，以宽衣大裤的夸大造型，强调其舒适之美；要么推崇短小、紧身，以小衣小裤的另类造型，突出其前卫的风格。按照穿着正装时的标准尺寸去寻觅便装，往往会南辕北辙，不得其法。

大学生需要注意的是，在为自己选择便装时，虽然不必过分地使之合身合体，但却必须重视其能否为自己的身材扬长避短。其中最重要的一点是，宁可不以之为自己的身材扬长，也要力求以之为自己避短。例如，背部有巨大胎记者穿露背装，腿部变形者穿迷你裙，肯定都是无益于美化其自身的错误选择。

（三）正确的搭配

大学生在选择便装时，必须充分考虑其正确搭配。服装的搭配，通常是指人们在穿着服装时，出于一定的目的，而将同时需要穿着的多件服装，以一定的规律组合在一起，使其彼此之间和谐、匹配、呼应，以求发挥最佳的穿着效果。

在现代生活里，人们对穿着打扮普遍重视。“会穿衣服”，便是世人给予穿着打扮得体者的一种好评。准确地说，任何一个“会穿衣服”的人，其服装都是经过深思熟虑、在个人良好的艺术修养的基础上精心搭配出来的。所以说，“会穿衣服”被理解为“会搭配衣服”更为确切。

大学生在选择便装时，如欲对其进行正确的搭配，通常需要兼顾下列四个问题。

（1） 风格协调

大学生所选择的便装，在其风格上应协调一致。任何款式的便装，都有其主导性风格。例如，牛仔装的奔放、仿古装的怀旧、运动装的矫捷、沙滩装的热烈、乞丐装的出位、家居装的慵懒等，都是使其自成一体的鲜明风格。

有条件的时候，穿着便装应力求使之风格上一致。至少不要使自己同时穿的多件便装风格上自相矛盾。例如，要是上穿运动衫，下配睡裤或睡裙，便会给人以荒唐之感。

（2） 色彩和谐

大学生所选择的便装，在色彩上理应和谐。在任何情况下，服装的色彩都是人们所关注的首要方面。因为便装在本质上追求的是回归自然、自由自在，所以它在色彩方面更为注重的是贴近自然、还原自然。

大学生在为自己所选择的便装进行组合、搭配时，除了要兼顾本人对色彩的偏爱及色彩的流行之外，重要的一点，是要在配色方面保持理智。要使不同的便装在色彩方面或者统一，或者呼应，力求使之在总体上相互协调。若使其五色杂陈、相互抵触，则是得不偿失的。

（3） 面料匹配

大学生所选择的便装，在面料上应彼此匹配。服装的面料在其整体美之中通常居于一定的位置，面料选择是否得体，往往会直接影响到人们对服装的总的看法。

在面料选择方面，便装有着较大的余地。除去棉、麻、丝、混纺等常规选择之外，毛、皮、革、塑以及各类纤织物，均可为便装所选用。大学生在为自己选择便装时，一定要对面料加以适当的考虑。

大学生在选择便装时考虑其面料，不仅要对其舒适程度、外观美感、价格因素给予重视，而且还必须令同时所穿的数件便装在面料上大致趋同。如果将轻柔而平滑的真丝上装与粗犷的疙瘩呢裙配在一起，二者之间反差过大，看上去就会让人感觉不舒服。

（4） 力戒犯规

大学生所选择的便装，在搭配上应力戒犯规。对便装进行组合搭配时，人们往往可以自行其是，这是便装大受欢迎的重要原因之一。但也有一些便装搭配的成规，即其约定俗成之法，是人们在着装时不可以漠视的。

有关便装搭配的成规，就其具体内容来说，主要包括以下三类：一是有关上衣与下衣搭配的成规。例如，穿夹克衫时，通常不宜配以短裤。二是有关外衣与内衣搭配的成规。例如，穿短袖的T恤衫时，不宜内穿衬衣。否则二者衣领层层相叠，非常难看。三是有关衣服与鞋袜搭配的成规。例如，穿牛仔裤时宜配以皮鞋或球鞋，不宜穿布鞋或凉鞋。穿短裤、凉鞋时，一般则不必再穿袜子，女性尤其不宜穿长筒袜或连裤袜，否则便是多此一举。

三、饰物的选择

在日常生活里，大学生是否允许佩戴饰物？假定大学生可以佩戴饰物的话，具体在其佩戴时又有哪些要求？是不是任何品种的饰物，大学生只要有经济能力，均可佩戴？这一系列有关饰物方面的问题，一直是许多大学生迫切希望了解的。

大学生对饰物的使用，实际上早有定论在先，其主要规范是：符合身份、以少为佳、区分品种、佩戴有方。由此可知，大学生并非不能佩戴任何饰物。但在其佩戴饰物时，却又不能肆意而为。

（一）符合身份

大学生平时佩戴饰物时，一定要使之符合本人身份。

饰物，亦称首饰、饰品。在一般情况下，它指的是人们在穿着打扮时所使用的装饰之物。饰物的基本作用，共有下列五种。

一是美化自身。作为装饰用品，饰物大都精美雅致。如果对其正确地选择、组合、佩戴，通常都可以发挥美化自身形象的功能。

二是体现情趣。绝大多数饰物都以其独具特色的艺术造型而见长。在选戴一款饰物时，人们的艺术眼光如何，自然不言而喻地体现了出来。

三是反映财力。饰物，尤其是贵重的饰物，往往是可用金钱来估价的。所以，从某种意义上讲，人们所佩戴的饰物可被视为其个人经济状况的真实写照。

四是区分地位。不同社会地位的人士，在选戴饰物时的讲究、偏爱常常互有不同。在正常情况下，依据一个人所佩戴的饰物，大致上便可以对其所处的社会地位有所了解。

五是暗示婚否。在一些国家或地区，通过观察人们所佩戴的首饰，往往即可了解其婚否。

了解了饰物的上述特征，有助于大学生佩戴饰物时使之符合本人的身份。

在佩戴可以美化自身、体现情趣、反映财力、区分地位、暗示婚否的饰物时，大学生尤其要注意恪守自己的本分，万万不可在佩戴饰物时无所顾忌。

（二）以少为佳

大学生在佩戴饰物时，一定要牢记以少为佳。

在佩戴饰物时，因为饰物不止一个品种，便出现了佩戴几种饰物为好的问题。即使佩戴同一品种的饰物，往往也存在佩戴几件为宜的问题。对于这两个实际问题，个人礼仪中是有一定的规范可循的。

一般而言，大学生在佩戴饰物时，在正常情况下，讲究的应当是少而精。在许多情况下，则以不佩戴任何饰物为佳。

之所以这样规定，主要存在两个方面的原因。一方面，佩戴饰物时以少为佳，是大学生的自身身份使然。其实，并非所有人都应讲究佩戴饰物以少为佳。一位新嫁娘在装扮自己时，饰物佩戴得再多，也能为大家所接受。但若是一位正在求学阶段的女大学生所佩戴的饰物多过一名新嫁娘或时装模特，别人又会怎样看待她呢？

另一方面，佩戴饰物以少为佳，也是饰物佩戴的自身规律所提出来的一项要求。饰物佩戴，实际上在具体数量上有着一定的限制。在佩戴饰物时若对此不管不顾，一味地贪多，使其品种、件数超量，则很有可能会直接有损于饰物的装饰效果，不但没有增添任何美感，反而杂乱无章，并且会有“显派”之嫌。

依照常规，大学生佩戴饰物时通常有着基本的上限与下限。所谓上限，指的是最多可以佩戴几个品种的饰物，每一个品种可以佩戴几件。在一般情况下，大学生在选择、佩戴饰物时，不宜超过两个品种，佩戴某一具体品种的饰物则不应超过两件。

例如，一名女大学生在佩戴饰物时，若无特殊要求，一般可以是单一品种的戒指，或者是将戒指与项链、戒指与耳钉组合在一起使用。如果既佩戴了戒指、项链，又佩戴了耳钉，甚至再加上一对手镯和一条脚链，彼此之间就难以协调，甚至会看上去乱七八糟。要是一只手上戴四枚戒指、两三只手镯，或者脖子上戴着两条项链，两耳上各有四只耳环，还会产生符合其身份的美感吗？

所谓下限，是相对于上限而言的，它指的是佩戴饰物时有关其品种、件数在数量上的最低限制，或曰其底线。通常，大学生佩戴饰物时可以以“零”为下限，即可以不佩戴任何一种、任何一件饰物。对日常生活与学习中的大学生来讲，理应如此。对于男大学生来讲，尤其有必要如此。因为在一般情况下，男大学生佩戴饰物往往更难为人们所接受。

（三）区分品种

大学生若佩戴饰物，一定要注意区分其品种。

在日常生活里，人们所佩戴的饰物多种多样。目前，最为常见的就有戒指、项链、耳环、耳钉、手链、手镯、胸针、发饰、脚链等。

大学生在选戴饰物时，因其具有特殊身份的缘故，不可以对上述各种饰物自由地进行选择。对此时的大学生而言，有些饰物可为其所用，而另外一些饰物则不宜为其所用。当大学生为自己选戴饰物时，应当对不同的品种予以不同的对待。下面，就来简介一下有关的注意事项。

(1) 戒指

戒指，又称指环，是一种戴在手指上的环状饰物。除个别特殊的行业外，一般人皆可佩戴戒指。对大学生来讲，戒指可以说是唯一被允许经常佩戴的饰物。

(2) 项链

项链，有时又叫颈链，它指的是一种戴于脖颈之上的链状饰物。在其下端，往往还带有某种形状的挂件。一般允许女大学生佩戴项链，而且不论将其戴于衣内，还是戴在衣外都是允许的。男大学生通常不宜佩戴项链。即便佩戴的话，也只宜将其戴在衣内，而不宜令其显露在外。

(3) 耳环

耳环，一般是指戴在耳垂之上的环状饰物，有时它又名耳坠。通常，耳环被视为最能显示女性魅力的饰物。正因为如此，它只为女性所专用。当前，有一些新潮的男性喜欢佩戴耳环。其具体做法通常是只戴一只耳环，并仅在左耳佩戴。对此，不提倡男大学生加以效仿。

(4) 耳钉

耳钉，指的多是戴在耳垂上的钉状饰物。与耳环相比，耳钉小巧而含蓄。在一般情况下，允许女大学生佩戴耳钉；男大学生则最好不要佩戴。

(5) 手链

手链，亦称手串，一般指的是戴在手腕上的链状或串状饰物。由于大学生平时在学习与生活中动手的机会多，在手上佩戴手链，既可能使其受损，又可能妨碍自己，故此大学生佩戴手链被公认为不妥。

(6) 手镯

手镯，又叫手环。它通常指的是人们佩戴在手腕上的环状饰物。出于与手链佩戴相似的原因，大学生通常不宜佩戴手镯。

(7) 胸针

胸针，又叫胸花。它一般是指人们佩戴在上衣左侧胸前的一种饰物，男女皆可佩戴。对大学生而言，佩戴胸针大多都被允许。但若被要求佩戴身份牌或校徽的话，则一般不宜再同时佩戴胸针。不然的话，胸针很可能就会“大出风头”，而令其他标牌、徽章“相形见绌”。

(8) 发饰

发饰，通常指的多是女性在头发上所使用的兼具束发、别发功能的各种饰物，常见的有头花、发带、发箍、发卡等。女大学生平时选择发饰宜强调其实用性，而不宜偏重其装饰性。通常，头花以及色彩鲜艳、图案花哨的花带、发箍、发卡，都不宜选用。

(9) **脚链**

脚链，又叫足链。它指的是佩戴在脚腕之上的一种链状饰物，多受年轻女性的青睐。通常认为，佩戴脚链可吸引他人对佩戴者腿部及步态的关注。因为这一原因，一般不提倡女性大学生佩戴脚链。

除上述九种最为常见的饰品外，时下社会上还流行佩戴鼻环、脐环、指甲环、脚戒指等。它们多为标榜前卫、张扬个性的选择，尚未形成社会主流，因此大学生均不宜佩戴。

(四) 佩戴有方

大学生在佩戴饰物时，一定要力求佩戴有方。

在佩戴饰物时，大学生除了要对以上各点多加注意之外，还应当同时掌握一些基本的佩戴技巧。只有这样，在佩戴饰物时，才有可能既使自己充满自信，又为他人所欣赏。

大学生在佩戴饰物时，特别有必要谨记下列四点。

(1) **穿校服的要求**

穿校服时，大学生一般不宜佩戴任何饰物。校服代表着正统、庄重、保守。因此，在穿校服时，大学生以不佩戴饰物为好。从根本上来讲，校服不需要被刻意装饰。一名身穿校服的大学生，要是佩戴了不少饰物，看上去披金戴银，校服的风采便会被冲淡，甚至被抹杀。

(2) **穿正装的要求**

着正装时，通常不宜佩戴工艺饰物。工艺饰物，在此特指那些经过精心设计、精心制作，具有高度的技巧性、艺术性，在造型、花色、外观上别具一格的饰物。一般而言，工艺饰物多适合人们在社交应酬之中佩戴，借以突出佩戴者本人的鲜明个性。然而，正装的基本风格却是追求共性，不强调个性，所以大学生在身着正装时通常不宜佩戴工艺饰物，特别是不宜佩戴那些被人们视为另类、出格的工艺饰物，诸如造型为字母、骷髅、刀剑、宠物、猛兽、异形、女性身体的饰品等。

(3) **校园内的要求**

在校园内的日常生活与学习中，大学生不宜佩戴珠宝饰物。根据质地进行具体的区分，饰物有珠宝饰物、金银饰物以及仿真饰物之别。所谓珠宝饰物，通常是对以珍珠、宝石一类材料制作而成的饰物的泛指。一般而言，珠宝饰物价格昂贵，往往尤为他人所关注，所以它更适合已婚人士在社交场合佩戴。将珠宝饰品与礼服、时装搭配组合在一起，才可谓珠联璧合。

在校园内，即便允许佩戴饰物，通常大学生也只宜选戴金银饰物、工艺饰物或者索性不戴饰物，而绝对不宜佩戴珠宝饰物或仿真的珠宝饰物。否则，不但与自己所处的环境相互矛盾，而且也会令他人据此挑剔自己。

(4) **协调性的要求**

佩戴饰物，不宜彼此失调。大学生如果佩戴饰物，应当力求少而精。即便准备同时佩戴两种饰物或两件饰物时，也要尽力使之彼此和谐、相互统一。

在这一问题上，重要的是应当关注以下三点：一要使二者在质地上大体相同；二要使二者在色彩上保持一致；三要使二者在款式上相互协调。这就是所谓协调性的要求。做到了这三点，饰品的佩戴才可以称之为恰到好处。

第三节 语言

语言，是人类所特有的用来表达思想、交流情感、沟通信息的基本工具。它是一种特殊的社会现象，是由语音、词汇、语法构成的一定的表达系统。在一般情况下，语言有口头语言与书面语言之分。在大学生的各种人际交往之中，礼貌用语与文明用语均不可或缺。

一、礼貌用语

语言礼貌，是现代文明社会的标志之一。在人际交往的过程中，恰到好处地使用礼貌用语，可以表现出本人的亲切、友好、和蔼与善意，还能够传递出对交往对象尊重、敬佩的信息，因而有助于双方之间互相产生好感、相互达成谅解。在人际交往中，准确而适当地运用礼貌用语，是对大学生的一项基本要求。

礼貌用语，通常是有其特殊界定的。要求大学生使用的礼貌用语，主要是指表示大学生自谦恭敬之意的一些约定俗成的语言及其特定的表达形式。在一般情况下，大学生在与他人进行交谈时，礼貌用语的运用极为普遍。

(一) 主要特点

大学生在其人际交往中所使用的礼貌用语，大致上具有以下三个主要特点。

(1) **主动性**

在人际交往中，使用礼貌用语应当成为大学生主动而自觉的行动。只有如此，礼貌用语的使用方能口到、心到、意到。正是出于这一原因，大学生在与其交往对象进行语言交际时应率先主动地采用礼貌用语。

(2) **约定性**

在人际交往中，大学生常用的礼貌用语往往都是约定俗成的。所以，大学生对其只能完全遵从，而绝对不宜“另辟蹊径”。不然，就难以得到认同，而且也难以发挥其有效沟通的功效。

(3) **亲密性**

大学生在运用礼貌用语时，还必须力求做到亲切而自然。要让交往对象听在耳中、暖在心里，并心领神会。运用礼貌用语时讲究亲密性，必须是诚心所致、不落俗套，而非甜言蜜语、阿谀奉承。

（二）常见类型

按照个人礼仪的规范，大学生在其人际交往中使用的礼貌用语，往往有其特定的适用场合。而不同场合里所使用的礼貌用语，在具体内容上又各有其特殊的要求。

常规的礼貌用语

如果要根据特定的使用场合来进行区别，大学生常用的礼貌用语一般可以分为问候用语、迎送用语、请托用语、致谢用语、征询用语、应答用语、赞赏用语、祝贺用语、推托用语、道歉用语十种类型。以下，将分别对其主要内容及其运用时的基本要求进行扼要介绍。

(1) **问候用语**

问候用语，又叫问好或打招呼。它主要适用于人们在公共场所相见之初彼此向对方询问安好，致以敬意，或者表达关切之意。

在日常交往中，一般要求大学生对问候用语勤用不怠。具体来讲，适宜使用问候用语的主要时机有五：一是主动接触他人时；二是他人有求于自己时；三是他人进入自己所在区域时；四是他人与自己相距过近或是四目相对时；五是自己主动与他人进行联络时。

问候应当是相互的，即问候应当有来有往，有问有答。在正常情况下，应当由身份较低之人首先向身份较高之人进行问候。在人际交往中，自然应当由大学生首先向其交往对象进行问候。如果被问候者不止一人，则大学生所进行的问候有三种方法可循。一是统一进行问候，而不再一一具体到每个人。例如，可问候对方“大家好”“各位老师午安”。二是采用“由尊而卑”的礼仪惯例，率先问候身份高者，然后问候身份低者。三是以“由近而远”为顺序，首先问候与本人距离近者，然后由近而远地依次问候其他人。

当交往对象首先向大学生进行问候时，大学生有必要采用适当的内容和形式回敬对方一句问候。不要忘记，在这种情况下，“来而不往，非礼也”。

问候他人时，具体内容应当既简练又规范。通常，适用于大学生采用的问候用语，主要分为下列两种形式。

一是标准式问候语。所谓标准式问候语，即直截了当地向对方进行问好的用语。其常规做法，主要是在问好之前加上适当的人称代词，或者其他尊称。例如，“你好”“您好”“各位好”“老师好”“阿姨好”“先生好”“陈校长好”“程主任好”等。

二是时效式问候语。所谓时效式问候用语，即在一定的时间范围之内发挥作用的问候用语。它的常见做法，是在问好、问安之前加上具体的时间，或是在二者之前再加上尊称，例如，“早上好”“早安”“中午好”“下午好”“午安”“晚上好”“周末好”“院长早安”“各位老师下午好”“潘教授晚上好”等。

一些非正式的问候用语，例如，“吃饭了吗”“来了”“忙什么呢”“收成好吗”“日子过得怎么样”等，均不宜在正式场合采用。

(2) 迎送用语

迎送用语，主要适用于大学生在正式场合欢迎或送别其交往对象。具体而言，它们又可划分为欢迎用语与送别用语，二者分别适用于迎接之时或送行之际。

应当强调的是，在具体的人际交往中，大学生不但要自觉地采用迎送用语，而且必须将欢迎用语、送别用语配套一并使用。做到这一点，才能使自己的礼貌待人有始有终。

一是欢迎用语，又叫迎接用语。顾名思义，它自然适用于交往对象光临时。在交往对象光临之初，大学生的欢迎用语是不能不用的。一般而言，大学生在使用欢迎用语时，有两点应予注意。

其一，欢迎用语往往离不开“欢迎”一词的使用。在平时，最常用的欢迎用语有“欢迎”“欢迎光临”“欢迎您的到来”“见到您很高兴”“恭候大驾光临”等。

其二，在交往对象再次到来时，应以适当的欢迎用语表明自己记得对方，以使对方产生被重视之感。具体做法，是在欢迎用语之前加上对方的尊称，或加上其他专用词。例如，“王院长，欢迎光临”“汪博士，我们又见面了”“欢迎再次光临”“欢迎您又一次光临本校”等。

二是送别用语，又叫告别用语。它仅适用于送别他人之际。在使用送别用语时，经常需要同时相时采用一些适当的告别礼。

最常用的送别用语主要有“再见”“慢走”“欢迎再来”“一路平安”“一路顺风”“多多保重”等。

使用送别用语时，通常有两点应当注意：一是不要忘记使用；二是不要滥用。

(3) 请托用语

请托用语，通常指在请求他人

帮忙或是托付他人代劳时，照例应当使用的专项用语。在日常生活中，任何大学生都免不了会有求于人。不论寻求理解还是寻求帮助，诚恳地使用请托用语，对大学生而言都是非常必要的。

在一般情况下，大学生经常使用的请托用语主要可以分为三种。

一是标准式。它的内容，主要就是一个“请”字。将其用于祈使句之前，例如，“请稍候”“请让一下”等，往往更容易为对方所接受。

二是求助式。这一形式的请托用语，最为常见的有“劳驾”“拜托”“打扰”“借光”“请关照”等。它们是在向他人提出某一具体的要求时才被使用的，例如，请人让路、请人帮忙、打断对方的交谈，或者要求对方照顾一下自己时。

三是组合式。有些时候，大学生在请求或托付他人时，往往会将标准式请托用语与求助式请托用语混合在一起使用，这便是所谓组合式请托用语。“请您帮我一个忙”“劳驾您替我扶一下这件东西”“拜托您为这位大爷让一个座位”等，都是较为典型的组合式请托用语。

(4) 致谢用语

致谢用语，有时又称道谢用语、感谢用语。在人际交往中，使用致谢用语，意在表达自己的感激之意。适当地运用致谢用语，可以使自己的心意为他人所领会，同时也可以展示本人的修养，“礼多人不怪”。应当道谢之时，若是不说一句致谢用语，则会使人极为不快，甚至产生反感。

对于大学生而言，在下列六种情况下，理应及时使用致谢用语向他人表明本人的感激之意：一是获得他人帮助时；二是得到他人支持时；三是赢得他人理解时；四是感到他人善意时；五是婉言谢绝他人时；六是受到他人赞美时。

致谢用语在实际运用时，内容上可能会有变化。但从总体上讲，可以被归纳为三种基本形式。

一是标准式。它的主要内容，通常只包括一个词——“谢谢”。在任何需要致谢之时，均可采用此种致谢形式。在许多情况下，如有必要，在采用标准式致谢用语向人道谢时，还可以在其前后加上尊称或人称代词，如“李博士，谢谢”“谢谢谭老师”“感谢您”等。这样做，可使其指向性更为明确。

二是加强式。有时，为了强化感谢之意，可在标准式致谢用语之前加上某些副词，此即所谓加强式的致谢用语。若运用得当，往往会令人感动。最常见的加强式致谢用语有“十分感谢”“万分感谢”“非常感谢”“多多感谢”“多谢”等。

三是具体式。具体式的致谢用语，一般是指因为某一具体事宜而向人致谢。在致谢时，致谢的原因通常会被一并提及，例如，“这次实验有劳高教授了”“让张老师替我们费心了”“上次我的论文修改给您添了不少麻烦”“那件事情太让您为我操心了”等。

(5) 征询用语

在人际交往中，大学生往往需要以礼貌的语言主动向其交往对象进行征询。进行征询时，唯有使用必要的礼貌语言，才会取得良好的反馈。征询用语，就是大学生此时应当采用的标准礼貌用语，有时，它也叫作询问语。

大学生遇到下述五种情况时，一般应当采用征询用语：一是主动提供帮助时；二是了解对方需求时；三是给予对方选择时；四是启发对方思路时；五是征求对方意见时。必须注意的是，大学生在具体使用征询用语时，务必把握好时机，并应兼顾交往对象态度的变化，切勿随意滥用。

在正常情况下，大学生应用最广泛的征询用语主要有以下三种。

一是主动式。它多适用于主动向交往对象提供帮助之时，例如，“需要帮助吗”“我能为您做点儿什么”“您需要什么”“您打算喝一些什么”“您想要哪一种稿纸”等。它的优点是节省时间，直截了当；缺点则是如果时机稍微把握不好，便会令人感到唐突、生硬。

二是封闭式。它多用于向交往对象征求意见或建议之时。它往往只给对方一个选择方案，以供对方及时决定是否采纳。例如，“您觉得这书怎么样”“您不来上一杯咖啡吗”“您是不是很喜欢这种颜色”“您想不想先来试一试这台电脑”“您不介意我来帮助您吧”等。

三是开放式。它也叫选择性的征询用语。它的具体做法，是提出两种或两种以上的方案，以供对方有所选择。这样做，通常意味着尊重对方。例如，“您需要这种，还是那种”“您想要大号的，还是小号的”“您喝红茶，还是绿茶”“您要借《牛津词典》《朗曼词典》，还是《英汉大词典》”等。

(6) 应答用语

应答用语，在此特指大学生在交际应酬中用来回应交往对象的呼唤，或是在答复其询问时所使用的专用语。在人际交往中，大学生所使用的应答用语是否规范，往往直接反映着他的态度与技巧。

在整个交际过程中，大学生随时都有可能使用应答用语，由此可见其使用范围之广。大学生在使用应答用语时，基本的要求是：随听随答，有问必答，灵活应变，热情周到，尽力相助，不失恭敬。

就应答用语的具体内容而论，它主要可以分为以下三种基本形式。在某些情况下，它们相互之间可以交叉使用。

一是肯定式。它主要用来答复交往对象的请求。重要的是，一般不允许说“不”字，更不允许对交往对象置之不理。这一类的应答用语，主要有“是的”“好”“随时为您效劳”“听候您的吩咐”“很高兴能为您服务”“我知道了”“好的，我明白您的意思”“我会尽量按照您的要求去做”“一定照办”等。

二是谦恭式。当交往对象对于被提供的帮助表示满意，或是直接对大学生进行口头表扬、感谢时，一般宜用此类应答用语进行应答。它主要包括“这是我的荣幸”“请不必客气”“这是学生应该做的”“请多多指教”“您太客气了”“恩师过奖了”等。

三是谅解式。在交往对象因故向自己致以歉意时，应及时予以接受，并表示必要的谅解。常用的谅解式应答用语，主要有“不要紧”“没关系”“不必”“我不会介意”等。

(7) 赞赏用语

孔子曾经明言：君子者，“乐道人之善”。赞赏用语，主要适用于人际交往中称道或肯定他人之时。及时而恰当的赞赏，会被视作接受、欣赏自己的交往对象，或对其所作所为做出正面的认可。从实际效果来看，它既可以激励别人，促使其正视自己、好上加好，也可以改善交往双方的人际关系。

应当指出的是，大学生在使用赞赏用语时，讲究的主要是少而精和恰到好处。切不可视之为讨好交往对象的一剂灵丹妙药，以为多多益善。实际上，在运用它时宁缺毋滥。

在实际运用中，常用的赞赏用语大致上分为下列三种具体的形式。有时，它们可以混合使用。

一是评价式。它主要适用于大学生对交往对象的所作所为在适当之时予以正面评价。经常采用的评价式赞赏用语主要有“太好了”“真不错”“对极了”“相当棒”“实在是美”“十分漂亮”“太合适了”“您真有眼光”“为您点赞”等。

二是认可式。当交往对象发表某些见解之后，往往需要由大学生对其是非直接做出评判。在对方的见解的确正确时，一般应对其做出认可。例如“还是您懂行”“您的观点非常正确”“看来您一定是一位内行”“真是您说的那么回事”“没错，没错”“有道理，很有道理”等。

三是回应式。回应式的赞赏用语，主要适用于交往对象夸奖大学生之后由后者回应对方。例如，“哪里，哪里，学生做得还不够”“我做得并不像师姐您说得那么好”“还是学长棋高一筹”“承蒙老师夸奖，真是不敢当。不过得到您的肯定，的确让我开心”等。

(8) 祝贺用语

在交往过程中，大学生往往有必要向其交往对象适时地使用一些祝贺用语。在不少场合，这么做不但是一种礼貌，而且也是人之常情。在人际交往过程中，向交往对象道上一句真诚的祝贺，通常能为“人逢喜事精神爽”的对方锦上添花。

祝贺用语非常之多，适合大学生使用的主要有以下两种具体形式。

一是应酬式。在各种一般性的场合，它往往被用来祝贺交往对象顺心如愿。其具体内容各异，因此在使用它的时候，通常要求对对方的心思多少有所了解。常见的应酬式祝贺语，主要有“祝您成功”“祝您好运”“一帆风顺”“心想事成”“身体健康”“龙马精神”“事业成功”“生意兴隆”“生活如意”等。

二是节庆式。它主要适合在节日、庆典以及对方喜庆之时使用。它的时效性极强，但却通常缺少不得，例如“节日愉快”“活动顺利”“仪式成功”“新年好”“周末好”“假日愉快”“春节快乐”“生日快乐”“新婚快乐”“白头偕老”“福如东海”“寿比南山”“旗开得胜”“马到成功”等。

(9) 推托用语

在人际交往中，大学生经常会遇上难以满足交往对象某些要求的情况。有时，可能是对方的要求过高；有时，则可能是因为我方条件不允许。遇到这种情况，大学生一定要牢记“未必尽如人意，但求无愧我心”这句话。在解释原因或回绝对方时，则一定要讲究方式方法。

拒绝别人时所惯用的语言，称为推托用语。具体而言，它的使用也是一门艺术。推托的本意，是借故拒绝。在拒绝他人时，如果语言得体、态度友好、理由充分，拒绝往往便可以“逢凶化吉”，使被拒绝者的失望心理迅速淡化。反之，如果拒绝得过于冰冷、生硬，直言“不知道”“做不到”“我不懂”“不归我管”“问别人去”“关我何事”“爱找谁找谁去”等，则很有可能令交往对象不快、不满，甚至酿成口角。

在日常交往中，大学生所适宜采用的推托用语主要有三种具体的形式，很多时候它们亦可交叉使用。

一是道歉式。当对方的要求难以被立即满足时，不妨直接向对方表示自己的歉疚之意，以求得对方的谅解。

二是转移式。所谓转移式的推托用语，即不具体地纠缠于对方所提及的某一问题，而是主动提及另外一件事情，以转移对方的注意力。例如，“您不再喝点别的吗”“这种软件其实跟您刚才想要的差不多”“您可以去对面的实验室看一看”等。

三是解释式。解释式推托用语，就是在推托对方时说明具体的缘由，尽可能地让对方觉得自己的推托合情合理。例如，“学校有规定，学生证不能外借”“我假期需要回老家探亲，不能接受您的邀请”等。

(10) 道歉用语

在人际交往中，因种种原因而带给他人不便，或妨碍、打扰对方时，大学生必须及时向对方表达自己的歉意。其常规做法，便是使用规范的道歉用语，向对方赔礼。

道歉用语有多种多样，在需要使用时，大学生切忌做过头，并要根据不同对象、不同事件、不同场合而认真地进行选择。

最常用的道歉用语，主要有“抱歉”“对不起”“请原谅”“失礼了”“失言了”“失陪了”“失敬了”“失迎了”“恕罪了”“不好意思”“多多包涵”“十分失礼”“很是惭愧”“太不应该了”“真过意不去”等。

绝大多数的道歉用语，都可以单独使用。如果需要，它们亦可与其他礼貌用语或其他语句组合在一起使用。

二、文明用语

在正式场合，人们通常都讲究使用文明用语，大学生在其交往过程中也是如此，不然的话，就可能影响到大学生的声誉。

所谓文明用语，具体是指在选择、使用中既能表现出使用者良好的文化素养、待人处世的友善态度，又能令人产生高雅、温和、脱俗之感的语言。简言之，文明用语就是要求人们使用语言时必须讲究文明。

文明当先，是大学生在其交际应酬中具体使用语言时所应当遵守的基本规范之一。要想在使用文明用语方面真正有所提高，除要不断地努力学习，对自己严格要求之外，最为重要的是要认真地在口齿清晰、用词文雅两个方面多下功夫。只有在这些主要方面表现得完全合乎礼仪规范，才可以真正做到用语文明、文明用语。

(一) 口齿清晰

大学生在使用口语时，不论遇到何种交往对象，均应做到文明待人。

就大学生的口语运用而言，可以将其划分为正式口语与非正式口语两种。二者既有共性，同时也各自存在着一定的个性。

在个性方面，正式口语显然主要适用于正式的口头交际之中，它通常是指有关各方经过协商、议定主题、明确目的、约好时间与地点的正式口头交谈。双方事先会为此进行多方面的准备，在交谈中，讲究郑重其事、语言规范、直奔主题。

非正式口语，则是属于有关各方事先未经任何准备而进行的一种十分自由的随机性交谈，它可长可短，可谈可不谈。其形式随和、轻松，几乎可以无话不谈。它比较容易表达人们各自的观点，有利于人们的相互了解与接近。

在共性方面，大学生在其人际交往中，往往有可能会在面对交往对象时需要正式口语与非正式口语并用。要想使自己所运用的口语发挥其应有的功效，一般来讲，大学生有必要在运用口语时掌握它的三个主要特点。

一是通俗活泼。浅显易懂，生动形象，犹如家常话一般，是口语最重要的特点。具体来讲，口语之中极少出现术语、典故，更忌讳故弄玄虚、高深莫测。口语多为现想现说，临时组合而成。讲口语，自然不必字字推敲、句句斟酌，只要善于运用生活中的平常话语，恰当地表明个人见解即可。必要时，可辅之以表情、动作。所以，与书面语言相比，口语十分通俗活泼。

二是机动灵活。大学生在运用口语与他人进行交际时，往往既要适当地表达自己的本意，又要善于随机应变，在交谈过程中随时对自己所运用的口语的具体内容与形式进行适度的调整。从表面上来看，口语大都语句简短、结构松散、多有省略之处。有时，它甚至会出现话题转变、内容脱节、词序颠倒、语言啰唆等现象。然而，由于口头交际具有一定的双向性、互动性，这些问题往往瑕不掩瑜，反而更能显示口语生动、活泼的特性。

三是简明扼要。简要明快、突出重点，应当被视为成功地进行口语运用的一项主要条件。在正常情况下，人们在运用口语时，主要考虑自己本意的表述，而对于具体的表述形式则并不十分在意。口头交际的有关各方通常相对而视，因此其中一方口头正在表达的内容及其含义，在场者往往可以通过当时特定的环境心领神会。这样一来，讲口语时，自然不必讲究逻辑严密、修饰得体，不必长句、复句不断，不用特别在乎修辞方式。实际上，口语大多言简意赅、一句一意，但求词能达意即可。

应当强调的是，大学生在具体运用口语时，不仅需要了解口语的上述基本特点，更重要的是要努力使自己在运用口语与人交际的过程中真正做到口齿清晰。唯有做到了这一点，自己的所言所语才能被交往对象听清楚、搞明白，真正实现双向沟通，否则就极有可能劳而无功。

口齿清晰，不但是文明用语的基本要求之一，而且也是将来大学生在其工作岗位上做好自己本职工作的先决条件之一。对此，大学生均应予以高度的重视。

大学生要做到口齿清晰，主要有赖于语言标准、语调柔和、语气谦恭三方面合乎规范。

(1) 语言标准

语言标准，是语言交际的前提。语言不标准，就有可能让交往对象听不懂自己的话，甚至会因此而产生一些不必要的误会，从而影响交际的质量。

语言标准，对大学生而言，主要的要求有二：讲普通话；发音正确。在这两个方面做好了，才能称得上是语言标准。

一是讲普通话。普通话，是中国法定的现代汉语的标准语言。它以北京语音为标准音，以北方话为基础方言，以典范的现代白话文为语法规范。推广全国通用的普通话，是中国的一项基本国策。中国地大物博，人口众多，方言、土语极多。不同地方的人到了一起，时常会因为双方之间存在语言障碍而苦恼。此刻，双方如果都采用普通话进行口头交际，语言障碍便会迎刃而解。在日常交往中，除面对外国友人、少数民族人士、个别听不懂普通话的人士之外，大学生一定要在与人交谈时自觉而主动地使用普通话。一个人面对不懂本地方言土语的外地人而又执意不讲普通话，只能表明自己保守排外。

二是发音正确。它本身包含双重含义：一方面，要求大学生在运用口语时不能念白字；另一方面，则要求大学生在讲普通话时，要注意其阴平、阳平、上声、去声四种基本声调的区别。只有发音完全正确，才能算是讲好了普通话。例如，“妈”这个词的正确发音应为阴平声；如果把它念成了去声，便变成了“骂”字，意思就相去甚远了。

(2) 语调柔和

语调柔和，也是口齿清晰的基本要求之一。语调，一般指的是人们说话时的具体腔调。通常，一个人的语调主要体现于他在讲话时语音的高低、轻重和快慢。大学生欲使自己语调柔和，主要应当在语音的高低、轻重、快慢方面多加注意。

一是音量适中。音量，实际上指的是一个人讲话音量的高低轻重。个人礼仪要求，大学生在进行口头交际时，在音量方面，应使对方既可以听得清楚，又感觉舒适悦耳。

在讲话时，大学生的音量如果过高、过强，往往会显得生硬、粗暴，而且还有可能会让对方感觉不适。相反，如果大学生的音量过低、过弱，则又会显得有气无力，令对方感到沉闷，甚至还会产生一种被怠慢的感觉。

大学生在交谈时，要真正做到音量适中、不高不低、不强不弱，一般并不困难。重要的是，必须注意因人而异、因时而异。与常人在正常条件下交谈，音量适中即可；而与耳背之人交谈，或在人声嘈杂之处与人交谈，则在音量上显然应当适度提高。

二是快慢有度。讲话的快慢，通常指的是语速问题。大学生在与人交谈时，必须注意保持适当而自然的语速。运用普通话与人交谈时，通常每分钟所讲的字数以 160～200 为宜。在交谈期间，还应注意适时地进行必要的停顿。语速过慢或过快，都有可能被理解为自己感到厌烦，而且也会破坏交谈对象的情绪。

(3) 语气谦恭

语气，即人们说话时的口气。在大学生的交谈中，语气一般具体表现为陈述、疑问、祈使、感叹、否定等不同的语句形式。

在人际交往中，语气往往被人们视为具有某种言外之意，因为它往往会真实地流露出交谈者一定的感情色彩。大学生在与交往对象口头交谈时，一定要在自己的语气上表现出热情、亲切、和蔼和耐心。特别重要的是，不要在有意无意间使自己的语气显得急躁、生硬和轻慢。

一是忌语气急躁。它是指大学生在与他人交谈时，语气上显得焦急、暴躁、激动，或者很不耐烦。例如，“抓紧时间”“快点，我还有别的事”“想不想要”“挑够了没有”“我要上课去了”等。

二是忌语气生硬，它是指大学生在与交往对象交谈时，语气上显得勉强、生冷、僵硬，或不够柔和。例如，“着什么急”“喊什么”“等着”“废话”“别乱动”等。

三是忌语气轻慢。它是指大学生在与其交往对象交谈时，语气上显得轻狂、歧视、怠慢，或失敬于人。例如，“我怎么不知道”“你听说过没有”“你见过吗”“瞧一瞧你自己”等，都是大学生不宜采用的轻慢他人的语气。

（二）用词文雅

在任何情况下进行交谈时，大学生都必须借助于一定的语句与词汇。没有语句与词汇的选择与使用，不仅难以表达自己的思想，而且还会使交谈难以进行下去。

大学生要做到文明用语，非常重要的一点是要努力做到用词文雅。离开了用词文雅，文明用语便会成为无本之木，并无从谈起。

用词文雅，对于大学生而言，主要包括两个方面的基本要求：尽量选用文雅词语；努力回避不雅之语。前者属于对大学生的高标准要求，后者则是任何大学生平时都必须做到的。

一是要尽量选用文雅词语。它指的是多用雅语，亦即要求大学生在与其交往对象交谈时，尤其是在与之进行正式的交谈时，用词用语要力求谦恭、敬人、高雅、脱俗。在注意切实致用，避免咬文嚼字、词不达意的同时，应有意识地采用一些文雅的词语。这样做，可展示自己的良好教养。

例如，在正式场合欢迎交往对象到来时，使用雅语“欢迎光临”，显然比说“您来了”要郑重其事得多。而对一位上了年纪并看上去很有文化的老人使用雅语“敬请赐教”，自然也比对对方直言“有什么意见快提”更为中听。

二是要努力回避不雅之语。它主要是指大学生在与人交谈时，不应当采用任何不文雅的语词。至于粗话、脏话、黑话、怪话与废话，则更是在任何情况下都切切不可出自大学生之口。

（1） 不讲粗话

粗话，一般是指那些意在侮辱他人人格的粗野或带有恶意的话语，也就是所谓的骂人话。大学生在其交际应酬中，不论遇到何种情况，都不允许骂骂咧咧，不可以在口语中夹杂骂人的话。即便别人首先辱骂了自己，也不允许与对方相互对骂。

（2） 不讲脏话

脏话，在此主要是指庸俗、低级、下流的话语，其中尤以涉及男女关系者为代表，并以色情、淫秽内容为主。在人际交往中，不论同性还是异性，大学生与之交谈时都不能带任何脏字、不能说任何脏话。有些话语具有双关性质或暗示作用，极易引起他人的误会，亦不可使用。

（3） 不讲“黑话”

“黑话”，通常泛指帮会、地痞、流氓、盗匪以及其他黑社会人员在其相互交往中专门使用的暗语，或含义隐晦的某些话语。从角色定位的角度上来讲，只有涉“黑”之人才会讲“黑话”，而讲“黑话”的人则与黑社会不无关系。大学生若在其人际交往中有意对他人讲“黑话”，不仅会使自己显得匪里匪气、身份叵测，而且也会惊扰对方，令其心生疑惑或戒心。

(4)　不讲怪话

怪话，在这里实际上指的主要是牢骚话。在日常生活中，大学生绝不能因为个人的委屈、不满而当着交往对象的面阴阳怪气地乱讲怪话，以泄私愤。至于因对交往对象有意见，便对对方指桑骂槐、旁敲侧击，则更是有悖礼仪规范的。

特别需要强调的是，某些主流社会尚未普及的网络语、缩略语、流行语、外来语，以及某些方言、俚语，在使用时难免令人莫名其妙。它们亦可被视为“怪话”，并应尽量避免使用。

(5)　不讲废话

废话，一般是指无用之言、多余之语，或在没话找话时所讲的话。大学生务必牢记，在交际应酬中，不宜主动去谈与交际的具体内容无关的题外话。若没话找话、大说废话，则只能说明自己无聊之至。

除此之外，大学生还应在总体上注意，运用文明用语时，语言内容要文明，语言形式要文明，语言行为要文明。只有三者并重、三位一体，才能够真正地使自己做到用语文明、文明用语。三者之中缺少任何一点，都是不可以的。

第四节　交谈

一般性的人际交往，通常都始自交谈。所谓交谈，是语言交际的主要形式，它一般是指两个或两个以上的人所进行的对话。它是人们彼此之间交流思想、传递信息、进行交际、讨论功课、开展工作、建立友谊、增进了解等的最重要的一种形式。没有交谈，人与人要进行真正的沟通几乎是不可能的。

从总体上讲，交谈是人的知识、阅历、才智、教养与应变能力的综合体现。在中国古代，人们就讲究在人际交往中要对交往对象“听其言，观其行”。所谓言为心声，只有通过交谈，交往对象彼此之间才能够了解对方，并为对方所了解。所以说，交谈在人际交往中的重要位置是其他任何形式都难以替代的。

在主题和方式两方面，个人礼仪规范对交谈有着一系列详尽的规定。以下，将分别介绍有关交谈主题与交谈方式的礼仪规范。

一、交谈的主题

交谈的主题，又叫交谈的话题，具体指交谈的中心内容。一般而论，交谈主题具体数量上的多少可以不定，但通常在某一特定时刻宜少不宜多，并且最好只有一个。唯有话题少而集中，才有助于交谈的顺利进行。话题过多、过散，将会使交谈者无所适从。

（一）宜选的主题

在交谈之中，以下五类具体的主题都是适宜大学生选择的。

(1) 既定的主题

既定的主题，即交谈双方业已约定，或其中某一方先期准备好的主题。例如，求人帮助、征求意见、传递信息、讨论作业、论文进展、研究课题一类的交谈，往往都属于主题既定的交谈。选择此类主题，最好由双方商定，至少也要得到交谈对象的认可。它适用于正式交谈。

(2) 高雅的主题

高雅的主题，即内容文明、优雅，格调高尚、脱俗的话题。例如，文学、艺术、哲学、历史、考古、地理、建筑、收藏、植物、观鸟等，都属于高雅的主题。它适用于各类交谈，但要求面对知音，切勿不懂装懂或班门弄斧。

(3) 轻松的主题

轻松的主题，即谈论起来令人轻松愉快、身心放松、饶有情趣、不觉厌烦的话题。例如，文艺演出、流行歌曲、体育比赛、电影电视、休闲娱乐、旅游观光、名胜古迹、风土人情、名人逸事、烹饪小吃、天气状况等。它适用于非正式交谈，允许各抒己见、任意发挥。

(4) 时尚的主题

时尚的主题，即以此时、此刻、此地、此交际圈正在流行的事物作为谈论的中心。此类话题适合于各种交谈，但其变化较快，在具体把握上亦有一定难度。

(5) 擅长的主题

擅长的主题，在此特指交谈双方尤其是交谈对象有研究、有专长、有兴趣、有可谈之处的主题。须知，话题选择之道，在于应以交谈对象为中心。例如，与导师交谈，宜谈研究课题；与医生交谈，宜谈健身祛病；与学者交谈，宜谈治学之道；与作家交谈，宜谈文学创作；等等。它适用于各种交谈，但忌讳以己之长对人之短，否则“话不投机半句多”。交谈是一种意在交流的谈话，故不可仅有一家之言，否则难以形成真正意义上的交流。

（二）忌谈的主题

在各种交谈之中，大学生对下列几类具体的主题理应忌谈。

(1) 个人隐私

个人隐私，即个人不希望被他人了解的纯属于私人之事。在交谈中，若双方是初交，则有关对方收入、年龄、婚恋、家庭、健康、学历，以及学习成绩、学术成果、父辈地位、社会背景等涉及个人隐私的主题，切勿加以谈论。

(2) 捉弄对方

在交谈中，切不可对交谈对象尖酸刻薄、油腔滑调、乱开玩笑、出言无忌。总之，既不要挖苦对方，也不要调侃取笑对方。不要成心让对方出丑，令对方下不了台。俗话说，“伤人之言，重于刀枪剑戟”。以此类捉弄人的主题为中心展开交谈，定将损害双方关系。

(3) 非议旁人

个别人喜欢在交谈之中传播闲言碎语、制造是非、无中生有、造谣生事，或非议其他不在场的人士。其实，大家都知道“来说是非者，必是是非人”。非议他人，尤其是非议自己的老师、同学、前辈，往往并不能证明自己待人诚恳，反倒表明自己乃是搬弄是非之人。

(4) 倾向错误

与他人交谈时，尤其是与外人交谈时，不宜涉及国家关系、地域优劣、民族矛盾、宗教冲突、学校好坏、专业短长等主题。某些明显地具有倾向错误的主题，例如，生活堕落、思想反动、政治错误、违法乱纪，以及有悖公序良俗之类的主题，大学生亦应避免。

(5) 令人反感

有时，在交谈中因为不慎，会谈及一些令交谈对象感到伤感、不快的话题，以及令对方不感兴趣的话题，这就是所谓令人反感的主题。遇上此种情况不幸出现，应立即转移话题，必要时还要向对方道歉。千万不要将错就错，一意孤行。此类话题，常见的有凶杀、惨案、灾祸、疾病、死亡、挫折、失败、灵异、鬼怪等。

二、交谈的方式

进行交谈，还有必要兼顾其具体方式。在此，有一些技巧可以为大学生所运用。

（一）双向共感

交谈，究其实质属于一种人际合作。因此，在交谈中切不可一味宣泄个人情感，而不去考虑交谈对象的反应。

个人礼仪规定，在交谈中应遵循双向共感原则。这一原则，通常具有以下两重含义。

(1) 双向

但凡成功的交谈，都是双向交流的。双向，在此是要求人们在交谈中坚持双向交流、有来有往、来来往往，并在可能的前提下，尽量使交谈围绕交谈对象进行。无论如何，在交谈时都不要妄自尊大、以自我为中心，切切不可忽略对方的存在。

(2) 共感

欲使交谈可持续，其内容一定要令各方皆感兴趣。共感，在此是要求交谈中谈论的中心内容应当求同存异，应当使彼此各方都感兴趣，并能够愉快地接受，积极地参与。在与人交谈时，不能只顾自己，而不看对方的反应。遵守此项原则，是使交谈取得成功的关键。

（二）神态专注

在交谈中，各方都希望自己的见解为他人所接受。从某种意义上讲，“说”的一方并不难，往往难就难在“听”的一方。古人曾就此有感而发：“愚者善说，智者善听。”

一般而论，“听”的一方在交谈中若能够表现得神态专注，就是对“说”的一方最大的尊重。要做到这一点，大学生主要应重视如下三点。

(1) 表情专注

在倾听时，大学生一定要目视对方、全神贯注、聚精会神。不要用心不专。

(2) 动作配合

当交谈对象的观点高人一筹，为自己所接受，或与自己不谋而合时，应以微笑、点头等动作对对方表示支持、肯定，或暗示自己与其“心有灵犀”。

(3) 语言呼应

在对方“说”的过程中，大学生不妨以“嗯”声或“是”字表示自己在认真倾听。在对方需要理解、支持时，应以“对”“没错”“真是这么回事”“我也有同感”加以呼应。必要时，还应随后在自己讲话时适当引述对方刚刚所发表的见解，或直接向对方请教高见。这些常规方法，实质上都是以语言同对方进行积极的合作。

（三）措辞委婉

在交谈中，不应直接陈述令对方不快、反感之事，更不能因此伤害其自尊心。必要时，在说法上应当力求含蓄、婉转、动听，并留有余地。总之，交谈时务必要善解人意，这就是所谓措辞委婉。

例如，在用餐时要去洗手间，不宜直接说“我出去方便一下”，而应说“我需要出去一下”“出去有点事”或“去打个电话”。若来访者停留时间过长，从而影响自己，需要请其离开，不宜直接说“你该走了”“你待得太久了”，而应当说“我不再占用你的宝贵时间了”等，这些均属委婉语的具体运用。

在交谈中，运用委婉语可采用以下方式：其一，旁敲侧击；其二，比喻暗示；其三，间接提示；其四，先肯定，后否定；其五，多用设问句，不随便使用祈使句；其六，表达上充分地留有余地。

（四）礼让对方

有道是“礼让、礼让，无让不礼”。在交谈中，要争取以交谈对象为中心，处处礼让对方、尊重对方，大学生尤其要注意以下几种情况。

（1） 不一人独白

既然交谈讲究双向沟通，那么在交谈中就要目中有人、礼让他人。要多给交谈对象发言的机会，让大家都有交流的机会。不要一人独白、侃侃而谈；不要只顾自己尽兴，而始终不给其他人张嘴的机会。

（2） 不导致冷场

不允许在交谈中走向另一个反面，即从头到尾保持沉默、不置一词，从而使交谈变相冷场，破坏现场的气氛。不论交谈的主题与自己是否有关、自己是否有兴趣，都应热情投入、积极合作。万一交谈因他人之故冷场暂停，切勿闭嘴不理，而应努力“救场”。届时可转移旧话题，引出新话题，以便使交谈“畅行无阻”。

（3） 不随意插嘴

出于对交谈对象的尊重，在对方讲话时，尽量不要中途予以打断，尤其不要突然地、未经允许地上去插上一嘴。此种做法，不仅干扰了对方的思绪，破坏了交谈的效果，而且往往还会给人以为人强势、自以为是、喧宾夺主之感。确须发表个人意见或进行补充时，应待对方把话讲完，或得到对方首肯后再讲。不过，插话的次数不宜多，时间不宜长。与陌生人的交谈，则绝对不允许打断对方或插话。

（4） 不与人抬杠

抬杠，在此是指喜欢与人争辩，喜欢固执己见，喜欢强词夺理。在一般性的交谈中，应允许各抒己见、言论自由、不做结论，重在集思广益、活跃气氛、取长补短。若以“杠头”自诩，自以为一贯正确，无理辩三分，得理不让人，非要争个面红耳赤、你死我活，则会大伤和气，是有悖交谈主旨的。

（5） 不责难他人

孔子说过：“躬自厚而薄责于人，则远怨矣。”在交谈中，大学生一定要善于聆听他人的意见。若对方所述无伤大雅、无关大是大非，一般不宜当面对其予以否定，或百般责难，不要因此让对方下不了台。现代礼仪有一项重要的规则，叫作"不随意纠正"。它的含义是，对交往对象的所作所为，应当求大同、存小异。若其无关宏旨、不触犯法律、不有违社会公德、不违反公序良俗、不涉及生命安全，一般没有必要判断其是非曲直，更没有必要当面对其予以责备或加以否定。在交谈中不去任意否定交谈对象的见解或任意责难对方，就是该原则的具体运用。

（五）适可而止

《礼记》所载有教养者的标准之一是："君子约言"。其含义是：与人交谈，应有所约束；提倡少讲空话，多干实事。

与其他形式的人际交往一样，交谈也必定受制于时间。虽然说亲朋好友之间的交谈往往是"酒逢知己千杯少"，但实际上它仍需要见好就收、适可而止。这样做，不仅可使下次交谈还有话可说，而且还会使每次交谈都令人回味无穷。

普通场合的小规模交谈，以半小时以内结束为宜，最长不要超过 1 小时。交谈的时间一久，交谈所包含的信息与情趣便难免会被"稀释"。

令交谈适可而止，主要有四点好处：一是可以为大家节省时间，以免耽误正事；二是可以使每名参加者都有机会发言，以示平等；三是可以使大家的发言提炼精华，少讲废话；四是可以使大家对交谈意犹未尽，对本次交谈保持美好的印象。凡此种种，都充分地说明交谈适可而止不仅必要，而且必须为大学生所付诸行动。

思考题

1. 讲究个人礼仪与塑造个人形象有何关系？
2. 大学生为何需要修饰个人仪容？
3. 个人仪容修饰有何重点？
4. 怎样文明着装？
5. 什么是礼貌用语？
6. 什么是文明用语？
7. 如何选择交谈的主题？
8. 如何兼顾交谈的方式？

主要参考书目

1. 中共中央文献研究室．习近平关于社会主义精神文明建设论述摘编．北京：中央文献出版社，2022.

2. 中华人民共和国教育法．北京：中国法制出版社，2021.

3. 礼记选．苏州：古吴轩出版社，2016.

4. 戴雯，张鹏利．大学生礼仪指导与实践．北京：首都经济贸易大学出版社，2020.

5. 张岩松．大学生礼仪修养．北京：清华大学出版社，2020.

6. 彭林．中华传统礼仪概要．北京：商务印书馆，2017.

7. 萧芳芳．洋相：英美社交礼仪．武汉：湖北科学技术出版社，2015.

8. 周国宝，王莉莎，赵娜．现代国际礼仪：英文版．北京：北京师范大学出版社，2014.

9. 王旭．看电影学礼仪．广州：南方日报出版社，2012.

10. 张国斌．外交官说礼仪．北京：华文出版社，2009.

11. 张晓梅．晓梅说礼仪．北京：中国青年出版社，2008.

12. 葛晨虹．中国礼仪文化．北京：经济科学出版社，2001.

13. 鲍德瑞奇．礼仪书．修文乔，韩卉，译．北京：中国人民大学出版社，2012.

14. 克尼格．克尼格礼仪大全．曹晓寒，刘昭霞，译．北京：中国商业出版社，2004.

15. 阿克斯特尔．礼仪与禁忌．吕佩英，译．上海：上海译文出版社，1998.

16. 马特维耶夫，帕诺夫．怎样使您彬彬有礼．张亚和，陈晓兰，邬南，译．上海：上海人民出版社，1989.

第1版后记

大·学·生·礼·仪

2000年6月，我所编著的《大学生礼仪》作为教育部高教司所组编的“大学生文化素质教育书系列”第一批书目之一，由高等教育出版社出版。此后，它作为大学生礼仪教材，曾被国内多所大专院校选用。迄今为止，该书已出版6年。它有其所长之处，亦被发现存在一些不足之处。

自2005年10月起，我用了近一年的时间，在前者的基础上，本着提升素质、与时俱进、服务于学生的指导思想，写成了这本新的《大学生礼仪》，并交由中国人民大学出版社作为“21世纪实用礼仪系列教材”之一出版。

我所写的这本新的《大学生礼仪》主要特点有三：

第一，坚持面向当代大学生。我国的社会主义教育事业，从来就是为我国人民服务、为我国学生服务的。有鉴于此，本教材的写作自始至终坚持以学生为本。面向我国当代大学生，努力适应我国当代大学生的实际需要，自始至终是首位的选择。

第二，坚持面向当代社会。毛泽东同志曾教导我们：读书是学习，使用也是学习，而且是更重要的学习。在写作本教材的具体过程中，我一方面力求与时俱进，关注新情况、解决新问题、传授新知识，另一方面则努力贴近生活、面向社会、服务国家，始终坚持讲道德、讲文明、讲教养、讲沟通。

第三，坚持面向世界。本教材的写作，既注意符合我国国情，以提升大学生个人素质为出发点；又重视尽可能多地传授国际惯例，以求提升我国当代大学生的国际视野，尽可能地满足其日益增加的走向世界、参与国际交流的迫切需要。

尽管我为本教材的精益求精不遗余力，但毕竟我的个人能力有限，不足之处依然在所难免，在此敬请各位读者见谅。

最后，感谢各位前辈、各位同行对我的热情鼓励与各位读者对我的大力支持。中国人民大学出版社社长贺耀敏先生、总编辑周蔚华先生曾多次给予过本教材宝贵的建议，李宏、司马兰、王爱玲、姜颖昳等同志作为本书的策划编辑、文字编辑一直在为它添砖加瓦、严格把关，在此我对他们亦深表谢意。

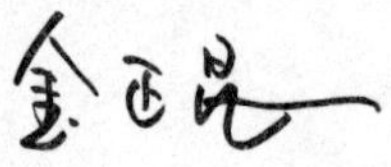

2006 年 9 月 28 日于北京

第2版后记

我所撰写的《大学生礼仪》自2007年3月由中国人民大学出版社正式出版以来，已被越来越多的大专院校选定为教材，并已重印数次。现根据广大任课教师与学生在使用该教材过程中的反馈，以及大学生礼仪课程与教材自身建设的需要，对其进行了认真的修订，并予以再版。

在此次修订的具体过程中，我着重关注以下三点：

其一，坚持本教材的定位。在本教材初版时，我即再三强调其定位：一是它所面向的是大学生；二是它所面向的是当代的大学生；三是它所面向的是当代中国的大学生。在此次修订中，我依旧坚持这一原则。

其二，坚持本教材的重点。在具体进行本教材编写时，我所着重突出的重点内容有四：一是注重大学生内在素质的提升；二是注重大学生外在形象的构建；三是注重大学生交际能力的培养；四是注重大学生沟通能力的优化。总之，本教材着重讲中国传统、讲国际视野、讲行为规范、讲规范行为。本次修订，依旧围绕这些重点进行。

其三，坚持本教材的更新。为了使本教材更好地适应广大大学生的实际需要，本次修订除对个别文字性错误有所更正之外，在其具体内容上亦有所调整、有所增减，其具体涉及之处，小到段落，大到章节。这样做的目的，就是为了保证本教材可以有所更新，并且与时俱进。

需要强调的是，一方面，在本教材的修订过程中，我是尽心尽力而为的。另一方面，由于本人水平有限，修订后依然难免存在这样或那样的缺点与错误。在此，我恳请广大专家、学者、同行与大学生们继续关注本书，继续提出批评、指正。

最后，再次感谢中国人民大学出版社各位领导对我的大力关心与支持；感谢本书策划编辑与文字编辑李宏、司马兰、王爱玲、李学伟、姜颖昳等同志对我的热情鼓励与帮助；感谢本教材使用者对我的充分信任与鞭策！

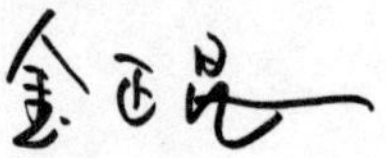

2010 年 12 月 16 日于北京

第3版后记

大·学·生·礼·仪

2007年3月，中国人民大学出版社首次出版了我的《大学生礼仪》。2011年5月，该教材又在中国人民大学出版社进行了再版。迄今为止，它已发行了数万册。现在，应广大大学生读者与中国人民大学出版社的要求，经过我近一年的修订，《大学生礼仪》的第三版终于呈现于大家的面前。

在此需要特别向广大读者汇报的是，在本书的此次修订中，增删的相关内容多达三分之一以上。具体而言，我主要关注以下三点：

第一，坚持与时俱进。党的十八大所通过的《中共中央关于全面深化改革若干重大问题的决定》指出：当前我国的教育改革，必须“全面贯彻党的教育方针，坚持立德树人，加强社会主义核心价值体系教育，完善中华优秀传统文化教育，形成爱学习、爱劳动、爱祖国活动的有效形式和长效机制，增强学生社会责任感、创新精神、实践能力”，“改进美育教学，提高学生审美和人文素养”。此乃本版《大学生礼仪》修订所依据的基本指导方针。

第二，适应学生需求。有道是：“教育，首先应当以学生为本。”目前，我国广大大学生学习、掌握、运用礼仪的热情空前高涨，其所处的社会环境与此也相得益彰。要使这种局面得以巩固、发展并获得成效，就必须使大学生所使用的礼仪教材更加规范、科学，更加精益求精，更加真正地符合广大大学生的实际需要。

第三，照顾学生特点。作为一本专供大学生使用的礼仪教材，本书的基本对象自然主要是大学生。因此，在本次修订的具体过程中，我所优先考虑的是既要兼顾“道”（基本理论）与“术”（基本技巧）的传授，坚持“知”与“行”的统一，又要照顾广大大学生社会实践经验不足的特点。为此，本次修订既删除了一些明显过时的内容，更增加了许多实用性、时效性较强的章节。

在本次修订的具体过程中，我一方面尽心尽力、不厌其烦，另一方面则注意积极汲取近年来国内外有关大学生礼仪研究的各种最新成果，并且虚心向同行讨教。虽然如此，由于本人水平的确有限，这次新版的《大学生礼仪》依然不甚完美，它依然会存在着这样或那样的缺点与不足。在此，恳请使用本书的广大同学、教师以及专家、学者批评指正。

借此机会，我要再次感谢广大大学生读者与礼仪教师对我的支持，感谢专家、学者、同行以及我的朋友们对我的鼓励、帮助与信任。与此同时，我还要特别感谢中国人民大学出版社各位领导的支持与信任，特别感谢本书策划编辑翟江虹老师与责任编辑汤慧芸老师为本书所付出的辛勤劳动。

再次非常诚挚地感谢大家!

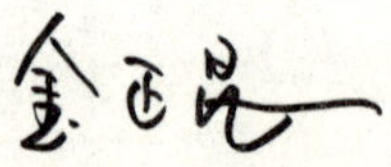

2014 年 1 月 16 日于苏州

第4版后记

子曰："君子上达，小人下达。"著名文学家、反法西斯老战士海明威也曾说过："优于别人，并非高贵。真正的高贵，乃优于过去的自我。"大哉斯言！

我写的《大学生礼仪》第三版，迄今出版已逾4年。这4年来，社会在进步、国家在发展，中国正在走向世界的中心；与此同时，当代中国大学生的眼界更加开阔，其个人素养也在不断地提升。在此背景下，我用了大半年的时间，对《大学生礼仪》第三版进行了较为全面的修订，现交付中国人民大学出版社出版。

就总体上讲，第四版的《大学生礼仪》具有以下两个方面的明显特点。

特点之一，它注重内容调整上的与时俱进。今日之中国，业已进入中国特色社会主义新时代；今日之世界，正呈现出政治民主化、经济全球化、文化多元化、科技信息化、生活数据化等诸多特征。有鉴于此，本版《大学生礼仪》在相关内容上进行了较大程度的删繁就简，并力求与时俱进，以便使大学生们可以更好地学有所得，面向现代化、面向世界、面向未来、面向祖国和人民的需要。

特点之二，它注重阅读手段上的与时俱进。当代大学生，属于"互联网一代"，酷爱"数字化阅读"。因此，本版《大学生礼仪》在多媒体技术应用上进行了积极尝试：在本书的一些章节里，读者通过扫描相关的二维码，即可观看与该部分文字直接相关的、由我本人亲自进行示范或讲授的视频。

与此同时，在具体内容的安排上，我力求坚持当代礼仪的中国化，坚持对中国优秀传统文化的传承，坚持古为今用、推陈出新。

总而言之，我真诚地希望：经过本次修订的《大学生礼仪》第四版，在其内容与形式上均有所变化、有所成长。

感谢广大读者的继续支持！感谢广大专家、学者与同行的不断鞭策！感谢中国人民大学出版社各位领导与本书策划编辑翟江虹的热情鞭策！感谢本书责任编辑的辛勤工作！

感谢我可爱的伟大的祖国！感谢我与各位所处的伟大时代！

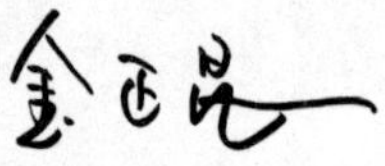

2018年2月16日于广州

第5版后记

荀子曾经明确地指出："礼者，所以正身也；师者，所以正礼也。无礼，何以正身？无师，吾安知礼之为是也？"他的这一教诲，一直以来都督促着我在当代礼仪的学习、研究、传播之路上砥砺奋进。

有鉴于此，自 2020 年 3 月以来，我陆续对"21 世纪实用礼仪系列教材"开始了又一次的修订。到 2022 年 7 月末为止，我已相继完成了《大学生礼仪》第五版、《服务礼仪教程》第六版、《社交礼仪教程》第七版、《政务礼仪教程》第七版、《商务礼仪教程》第七版的定稿。

在本次的修订中，我所关注之处主要包括下述四个方面。

第一，新内容的增加。近年以来，我国经济发展迅速，社会不断进步，国人的交际范围进一步扩大，具体的交际方式与交际工具随之也多有发展、更新、换代，社交媒体、线上授课、在线支付、视频通话、网络电话、共享单车等等均已成为当代人日常生活与工作中不可或缺的要素。在本次修订之中，与此相关的一系列礼仪规范，均有所增加。

第二，新资讯的更新。《礼记》有言："礼，时为大。顺次之，体次之，宜次之，称次之。"因此，本次修订中对一些时效性较强的，有关国情、时事、法规、文化、民风等方面的信息，在力所能及的前提下，均进行了适时的更新或补充。

第三，"过气"处的删除。在此次修订中，我发现有的内容，特别是某些案例，由于时过境迁，现在来看已成"明日黄花"，甚至是不合时宜。凡此种种，我都一一予以删除。

第四，谬误点的改正。老子说过："知不知，上；不知知，病。"子曰："过而不改，是谓过矣。"人不怕犯错误，就怕知过不改、将错就错。本着这一理念，凡本次修订中所能够发现的有关文字、数据、表述等方面的谬误，我都逐一加以改正，以免误人子弟。

孟子尝言：“不以规矩，不能成方圆。”我一向认定：学礼仪，就是要学规矩；讲礼仪，必然要讲规矩；守礼仪，则肯定要守规矩。关于礼仪，“重要的事情一定要说上三遍”，那便是：规矩，规矩，规矩。为体现此点，我在本次修订中再三凸显了中国人传承优良传统的规矩、当代中国人处世做人的规矩、国际上与人合作的规矩。

人所共知，在我进行此番修订的这几年中，我们大家多有不易。因此，我特别感谢中国人民大学出版社的各位领导与本丛书策划编辑翟江虹老师，本书责任编辑汤慧芸老师、谢旋老师在此期间对我一如既往的指导、鼓励与支持！

与此同时，我也非常感谢广大读者、各位前辈、诸位同仁对我不离不弃的鞭策与指教。“三人行，必有我师焉。”特别、特别、特别地感激大家！

承蒙大家的厚爱，我得以再接再厉地服务于我国的礼仪教育事业。“路漫漫其修远兮”，我愿与大家一道为礼仪在今日中华大地上的进一步传播与普及而继续努力。

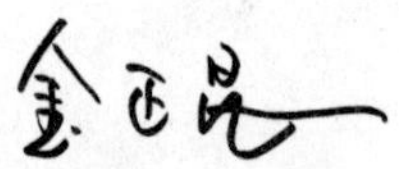

2022 年 7 月 23 日

图书在版编目（CIP）数据

大学生礼仪：微课版/金正昆著．--5版．--北京：中国人民大学出版社，2023.1

21世纪实用礼仪系列教材

ISBN 978-7-300-31327-6

Ⅰ.①大… Ⅱ.①金… Ⅲ.①大学生-礼仪-高等学校-教材 Ⅳ.①G645.5

中国版本图书馆CIP数据核字(2022)第253969号

21世纪实用礼仪系列教材

大学生礼仪

第5版·微课版

金正昆　著

Daxuesheng Liyi

出版发行	中国人民大学出版社		
社　　址	北京中关村大街31号	**邮政编码**	100080
电　　话	010－62511242(总编室)		010－62511770(质管部)
	010－82501766(邮购部)		010－62514148(门市部)
	010－62515195(发行公司)		010－62515275(盗版举报)
网　　址	http://www.crup.com.cn		
经　　销	新华书店		
印　　刷	北京七色印务有限公司	**版　　次**	2007年3月第1版
规　　格	185 mm×260 mm　16开本		2023年1月第5版
印　　张	15插页1	**印　　次**	2023年1月第1次印刷
字　　数	295 000	**定　　价**	49.80元